1. 陕西省教育厅 2019 年度专项科学研究计划项目 "一带一路跨境电子商务在线纠纷解决机制的构建"（项目编号：19JK0442）。

2. 西安建筑科技大学一流专业项目 "西部地区高校涉外法律人才培养机制研究"（项目编号：1609419123）。

3. 陕西省新型城镇化和人居环境研究院新型城镇化专项研究基金资助项目（项目编号：XGYJ09）。

S
TUDY ON THE EXTRATERRITORIAL
EFFECT OF ANTI-MONOPLY LAW

反垄断法域外效力研究

魏婷婷 著

中国政法大学出版社

2020·北京

图书在版编目（ＣＩＰ）数据

反垄断法域外效力研究/魏婷婷著. —北京:中国政法大学出版社,2020.11
ISBN 978-7-5620-9743-3

Ⅰ.①反… Ⅱ.①魏… Ⅲ.①反垄断法－研究－中国 Ⅳ.①D922.294.4

中国版本图书馆 CIP 数据核字(2020)第 228903 号

出 版 者	中国政法大学出版社
地　　址	北京市海淀区西土城路 25 号
邮寄地址	北京 100088 信箱 8034 分箱　邮编 100088
网　　址	http://www.cuplpress.com (网络实名：中国政法大学出版社)
电　　话	010-58908586(编辑部) 58908334(邮购部)
编辑邮箱	zhengfadch@126.com
承　　印	固安华明印业有限公司
开　　本	880mm×1230mm　1/32
印　　张	9.5
字　　数	260 千字
版　　次	2020 年 11 月第 1 版
印　　次	2020 年 11 月第 1 次印刷
定　　价	49.00 元

近年来，中美贸易摩擦日益增多，美国奉行单边主义政策，对我国企业采取各种限制措施，并不断扩充美国国内法域外适用范围，试图运用国内法影响国际法规则。在此背景下，我国重要立法域外效力的缺失以及对域外效力重视不足的短板将直接导致部分国内法律难以在司法实践中发挥功效，致使我国企业在国际商事纠纷解决中难以获得法律保护而明显处于劣势地位。因此，加强反垄断法域外效力研究，一方面有助于完善我国反垄断法立法体系，拓展我国反垄断法域外法律适用，维护我国企业利益。另一方面从国际法视角肯定反垄断法域外效力的有效性并积极推动我国反垄断法域外适用，解决涉外垄断行为引发的法律冲突，有利于我国反垄断法律法规的健全与完善，具有重要理论价值和现实意义。

本书首先从反垄断法域外效力的基本理论入手，通过分析反垄断法内涵以及基本性质，进而引申到界定反垄断法域外效力的定义，并提出研究的价值和主要目标。随后从社会学、经济学和法学维度进行现实考察，分析得出反垄断法域外效力在世界各国的承认与接受是社会发展和国际合作的必然产物，也是为了满足经济一体化和高新技术发展的需要，从而肯定了反垄断法域外效力发展的必要性。其次，本书选取美国和欧盟地区涉外垄断经典案例进行分析，借此归纳出目前影响各国反垄断法域外效力的重要因素主要是国家政治、经济冲突，法律意识形态及法律执行标准等。再次，本书通过借鉴美国与德国、美国与欧盟的双边合作范式，北美自由贸易区、经济合作与发展组织、欧盟三个区域的多边合作模式，从而探索出有助于解决涉外垄断行为的国家及地区间的双边和多边合作模式，并以此作为化解国际反垄断执法冲突的主要途径。同时，基于对我国近年来在市场经济中出现的滥用市场支配地位、垄断协议、经营者集中三种常见的涉外垄断行为的案例分析，并结合涉外垄断行为私法效力认定与强制性规定，揭示出我国在司法实践中发挥反垄断法域外效力面临着法律意识淡薄、执法分工不明、实体法律规范不全以及国际反垄断执法合作不足等问题。最后，针对上述问题，本书提出了必须打破传统地域管辖原则和属人原则，合理运用效果原则与国际礼让原则来化解管辖权冲突，同时还提出要搭建反垄断法域外效力体系，积极完善我国反垄断法域外效力的立法结构，强化反垄断法域外效力的执法力度，引入私法程序增加民事救济途径等具体建议。此外，还要积极促进国际执法与合作，设置地区间的反垄断诉讼纠纷解决机制，搭建反垄断国际合作平台，最终实现维护国际竞争秩序的目的。

Contents 目 录

一、本书的研究背景和目的

首先，近年来，在经济全球化发展的背景下，国际竞争加剧，美国单边主义经济政策倾向日益严重，国际垄断行为时有发生。由于国际资本的流通速度加快，跨国垄断形成，垄断行为仅通过本国国内法规制已经远远不够。随着社会的进步、市场经济的发展，从纯粹的国内法起步到域外效力的延伸，反垄断法也在不断更新进步。目前，跨国公司正积极扩大规模，实力较强的企业通过国际并购来增强自身实力，随之而来的是国际卡特尔等垄断现象的出现，反垄断法的国内发展已经难以适应快速发展的经济生活，这便体现出了反垄断法域外效力研究的必然性和重要性。

其次，本书研究反垄断法域外效力的问题，意在将我国反垄断法研究引入国际视角，研究主旨在于解决涉外垄断行为的行为地国家和受影响国家之间的利益冲突问题。目前，我国现有研究主要是从国内法的角度进行探讨，但是，近年来，随着国际经济一体化进程的不断发展，反垄断法不能局限在一国范围之内，这就为反垄断法域外效力研究提供了实践基础。但是，由于我国目前针对反垄断法域外效力尚未建立专门的法律体系，导致我国跨国公司、涉外企业的利益难以得到有效保护，特别是在"一带一路"倡议提出后，外贸纠纷加剧，域外研究匮乏的现实问题更为突出。因此，为了能够更好地解决国际经济发展中存在的问题，笔者将对不同国家反垄断法的效力冲突、影响原则、审查标准，以及执行措施等方面的理论进行深入探讨。

最后，反垄断法域外效力的研究对我国具有重大意义，具体来说突出表现为以下两个方面：从理论层面上讲，搭建国际反垄断执法合作的平台，主要目的是构建符合我国国家、社会公共利益以及我国国情的反垄断法域外制度。根据前期资料搜索，将国内法与国际法相互结合，从国际法的视角研究反垄断法域外效力的法律问题，在理论界尚属崭新的视角，具有很强的理论研究价值。从实践层面上讲，随着近些年国际经济市场竞争的加剧，反垄断法律规制问题从某种意义上来说，目的在于应对国际经济市场创新带来的风险，保障交易的公平。为了维护我国企业在国外的利益，必须推动建立与其他国家的反垄断法合作制度，加强与国外反垄断组织的交流与合作。根据我国目前的状况分析，由于还缺少国际反垄断执法经验，在国际合作上应该确立符合我国国情的合作方针与政策。因此，反垄断法域外效力的研究具有实践意义。

二、本书的研究路径、方法和创新点

首先，本书的研究路径是以反垄断法域外效力存在的问题为导向，从产生背景、现实状况、困境成因等方面分析问题，并着重针对我国反垄断法域外效力及适用提出观点。在目前国际竞争法发展的过程中，导致利益冲突的主要根源在于国家间政治目标、经济利益、法律文化以及执法理念不同。通过对反垄断法域外效力产生的社会背景、经济背景以及法律背景进行分析，可以看出，要想从根本上化解各个国家执法机构因规制垄断行为不足产生的冲突，弥补国际反垄断合作中存在的不足与缺陷，必须要结合司法实践的状况，合理运用效果原则、国际礼让原则，依靠国内制度与国际执法、合作的完善。从某个角度说，反垄断法的域外效力冲突研究对如何防范跨国公司实施反竞争行为限制我国企业发展具有重要作用。此外，为了切实解决反垄断法域外效力冲突所引发的问题，笔者将从反垄断法的基本理论入手，从社会学和经济学的角度考察反垄断法域外法律效力的成因，并探讨其有效性；从国际合作的角度化解由域外效力承认与接受的不同带来的法律适用冲突问题；对垄断行为及垄断责任进行详细阐述，并结合我国《涉外民事关系法律适用法》中强制性规定的认定问题，讨论涉外垄断行为能否适用强制性规定；提出反垄断法域外效力的制度设计，从引入基本原则入手，完善我国反垄断法域外效力体系，并从加强国际执法与合作的角度提出我国政府完善和促进反垄断法发挥域外效力的措施。

其次，本书的研究方法主要表现在以下四个方面：第一，案例分析的研究方法。本书涉及的反垄断法域外效力的内容属于当前的社会热点，亟须国际法学界通过对实践的研究得出普适性结论，从而指导实践。在本书创作的过程中，笔者对国内外目前出现的典型案例和情况进行了分析，详细剖析了目前反垄断法域外效力存在的具体操作问题，使研究成果能够达到理论指导实践之目的。第二，比较研究的方法。研究反垄断法域外效力必然要将国内法与国外法结合起来，本书不但剖析了我国反垄断法域外效力的问题，还以美国、欧盟、德国等国外反垄断法域外法律效力作为切入点进行比较分析，通过厘清上述国家和地区的研究现状和经验，在借鉴国外研究的基础之上，完善我国的反垄断法域外法律体系。第三，文献研究方法。与反垄断法国内部分的研究相比，反垄断法域外部分的理论研究相对薄弱，尤其是我国对此部分的立法几乎是空白的。本书在全面收集各个国家及区域性合作组织研究的基本文献资料基础上，对已有的研究成果进行了全面分析，并在文末总结出了自身观点，力求对解决涉外反垄断问题提出可行性建议。第四，历史研究的方法。国际社会关于反垄断法域外效力问题的国际双边合作和多边合作经历了一个漫长的发展过程，其中许多立法意见和草案的讨论都成了目前我国完善涉外反垄断的重要参考。因此，要想深入研究此论题，就必须对以前历史上出现过的协议文件进行整合，运用历史研究的方法进行分析。

最后，本书的创新点主要体现在结构创新和理论创新两个方面。在结构上采用"提出问题—分析问题—解决问题"的研究思路，以问题为导向，围绕反垄断法域外效力在实践中存在的诸多问题进行由浅入深的探讨，并理清问题的主要成因，通过对其他国家及地区反垄断法域外适用的经验措施的研究，为化解此类法律冲突提供参考依据。内容上的创新主要表现在将强制性规定运用到我国反垄断法的域外适用中，探讨涉外垄断行为能否通过适用强制性规定的方式直接适用我国反垄断法。笔者于文末通过对实践中存在的问题进行分析，着重提出我国反垄断法域外效力的建设不但要加强立法体系、配套法律建设，还要提升执法力度，增加民事救济途径，增强国际执法合作，将国内与国际反垄断措施结合起来，积极参与到双边、多边和区域合作的国际反垄断机制建设中。

三、国内外研究概况和发展趋势

国际上关于反垄断法域外效力的研究主要集中在发达国家，发展中国家的研究较少，我国国内的专题研究也并不多，至今并无专门细致的研究。此外，专门针对域外效力的探讨学术论文相对较多，但是专著甚少，因此，系统化理论的缺失为本书的写作奠定了研究价值。下面是国际与国内研究概况，主要有以下几个方面：

1. 国际研究现状

首先，率先对反垄断法域外效力进行分析的是美国学者艾力克·内瑞普教授。其主要针对美国反垄断法域外效力及法律适用的成因、发展规律以及国家权力对反垄断的影响等方面进行了探讨，并出版了相关著作《国际法下的竞争域外控制》。他认为，尽管反垄断法的域外效力可能引发国家利益冲突，但是反垄断法域外效力的存在是合理的，域外效力的研究对国际合作与国家安全具有重要意义。其提出美国联邦反托拉斯法已经有一百二十多年的历史，期间除了国会立法和各项修正案，还有大量由联邦法院颁布的判例构成的普通法，以及联邦两大反托拉斯执法机构发布的各种法律。这些法律文件逐渐承认反垄断法的域外效力。他从"大历史观"角度阐述了一百二十多年来美国反垄断法域外效力产生及发展的问题，期望通过这种宏观、全面的考察，阐明反垄断法发挥域外效力对经济一体化的作用，并且揭示出联邦反托拉斯法域外效力得到承认必须建立在各国政治经济体制、经济发展水平、法律体系以及市场大小和民族文化不同的基础之上，这些因素共同影响着域外效力的接受与承认。他还认为，研究反垄断法的域外效力需要在仔细考察其制度和理论发展的同时，结合本国的国情，看哪些法律规定是可以直接适用的，哪些则是必须得到修正才能适用的，这对于研究我国反垄断法发挥域外效力具有重要的意义。在研究中，他还指出，受到政治文化的影响，域外效力的发挥也会有更多的阻碍，但是，从全球一体化的角度来讲，域外效力的研究具有必然性，它可以为经济全球化进程提供法律保障。因此，为了更好地保障各国的经济往来，反垄断法域外效力的研究具有很强的现实价值。

其次，对反垄断法域外效力进行更加深入研究的是学者理查德·艾普斯坦和米契尔·戈瑞伍，两者于 2004 年共同编著了《竞争法冲突》一书。他们认为，随着国际合作的加深与经济一体化的形成，反垄断法域外效力研究势在必行，并且提出美国在竞争规则中必须采取有效的法律，以缓解反垄断法域外效力的冲突。同样是关于美国在竞争规则中发挥的作用，该书作者从冲突形成的多方面原因入手，将基本理念与具体制度结合起来，从解决冲突的方法、执法机构设置、实施过程等方面提出，在反垄断法域外效力的研究中，必须要承认各国由于经济发展水平的不同，会在同一个竞争政策问题上有着不一样的理解和规定。世界各地的竞争法规则尽管可能具有相同的目标、拥有共同的学习对象，但是具体制度设计仍然会存在巨大的差异，这种差异在法律发展史上需要通过法律移植、借鉴学习等方式不断完善，同时域外效力的发挥也不是一蹴而就的，需要各国的配合。

再次，学者马丁·泰勒教授在其写作的《国际竞争法：WTO 的新纬度》中阐述了国际竞争环境下 WTO 规则应该设置双边或多边协定以加强国际合作。其指出，各国在利益诉求的不断权衡与博弈之间，必然会选择具有法律效力的措施解决国家间的冲突。但是，在选择法律适用的过程中，存在一国对另一国反垄断法效力的承认与接受问题。面对这样的问题，马丁·泰勒教授指出了国际合作对解决冲突问题的重要性。各国承认与接受他国的反垄断法效力本身就是国际合作的一种方式，同时还需要建立双边或多边条约，特别是在 WTO 的规则中，应该增加更为详尽的纠纷解决规则。对域外效力承认的问题适用效果原则以解决纠纷，达到法之公平正义的目标，从而选择适用的法律，实现域外效力。

最后，学者戴维·格伯尔的著作《全球竞争：法律、市场和全球化》主要阐述了反垄断法发展所面临的现实问题。该著作明确指出了设置国际统一的反垄断规则的重要性，以及各国利益的平衡与冲突必须要通过国际统一规则的制定才能化解。我们关注反垄断法域外效力中的问题，既要关注国内层面，也要关注国际层面。它们之间彼此相互影响，要对此进行有效的分析就必须找出它们相互作用的点，构成全球竞争法律制度的利益、标准和制度在互动的过程中不断成型并传输信号，当互动关系发生变化时，这些因素也会改变。戴维·格伯尔在书中分析了跨国竞争法的发展规律，观察竞争法如何在全球层面运作，同时对反垄断法域外效力的研究要观察各国的经济和政治利益、动机、制度和行为以及思维模式。同时，分析反垄断法域外效力的问题要从一些根本问题着手，例如经济利益的考察、诉讼成本以及时间成本，并且还要结合与经济全球化有关的其他法律领域。

另外，学者艾娜·俄郝杰与达美·杰拉丁在《全球竞争法和经济学》一文中也对反垄断法域外效力进行了简要的分析。该文从经济学风险与利益平衡、经济全球一体化的角度阐述了竞争法的重要性，对反垄断法发挥域外效力的问题从经济学角度做了考察，认为各国应对反垄断法域外效力采取积极的态度，予以接受与承认，在反垄断法域外效力与国家基本法律相冲突的问题上，应该本着协商与合作的态度，以解决纠纷为宗旨选择法律适用。

2. 国内研究现状

首先，在我国，针对反垄断法域外效力问题进行较深入研究的是华东政法大学国际法学院院长刘宁元先生。在 2013 年由北京大学出版社出版的专著《反垄断法域外管辖冲突及其国际协调机制研究》中，刘教授就反垄断法域外效力的国际法基础展开了讨论：首先，论证了一国主张其反垄断法域外管辖可以在国际法的框架中得到适当解释，另一方面论证了各国已在实践中普遍接纳了反垄断法的域外管辖和适用。其次，讨论了有关反垄断法域外管辖冲突的表现形式，并阐述了单边方法在解决冲突过程中的作用已逐渐被各国接受，并对各国产生了深远的影响。最后，提出了解决反垄断法域外效力适用中的国别冲突是国际合作的必由之路，必须从地区多边合作和协调的角度出发，构建统一的、共同的国际执行机制。

其次，中国政法大学的戴龙教授对反垄断法域外效力问题也有较为深入的研究。他先后于 2009 年和 2010 年发表了《日本反垄断法的域外管辖及对我国的借鉴价值》和《我国反垄断法域外管辖制度初探》两篇文章，并撰写了专著《反垄断法域外适用制度》（于 2015 年出版）。该专著是目前研究反垄断法域外效力问题最为详尽的理论教材。戴教授从反垄断竞争发展的历史沿革、垄断的发展特点等基本理论问题出发，提出了反垄断法域外效力冲突的问题，并就管辖权规则和国际礼让原则的运用作了详细论述，同时对双边合作、多边合作和区域合作模式中涉及反垄断法域外效力的问题进行了归纳，最后结合我国反垄断法国内发展的现状，提出了我国反垄断法域外效力实施体制建立的主要目标和内容，同时提出了我国在国际双边、多边及区域合作中的定位。

再次，同济大学的于馨淼教授对反垄断法域外效力的研究也颇具建树。他于2015年出版了《欧盟反垄断法域外适用研究》，认为反垄断法域外效力研究在协调经济全球化背景下，针对由域外适用导致的反垄断法适用地国家与行为地国家之间的冲突，欧美国家通过运用影响原则保护本国的相关市场竞争秩序，同时寻求解决和减少冲突的途径。这些冲突主要源于双方国家利益着眼点或者法律规定的不同，因此需要基于更多的实践情况进行分析对比，以此建立比较成熟的有关域外适用的理论和应用体系。研究欧盟反垄断法域外效力的主要目的就是对我国反垄断法的立法、私法实践以及相关理论的完善提供有益借鉴，同时也能为未来该领域的双边和多边合作做好充分准备。另外，中国社会科学院研究生院的王晓晔教授也专注于对竞争法的研究，不但记录了中国竞争立法的艰难历程，而且通过论文与专著的形式反映了中国经济体制变革与对我国市场经济、市场竞争、市场秩序等重大理论问题的看法以及不同观点间的争论和交锋。王教授先后于1999年和2010年出版了《竞争法研究》《王晓晔论反垄断法》两部论文集，分别选编了不同时期发表的学术论文，其中也涉及部分反垄断法域外效力问题。

最后，其他国内学者也对我国反垄断法的域外效力问题进行过研究。例如，南开大学的刘璐撰文《强制性规定与反垄断法域外适用的冲突与协调》并发表于《长江大学学报（社会科学版）》2013年第11期。该文主要阐述了《涉外民事关系法律适用法》中的强制性规定对反垄断法域外效力具有重要影响。她认为，垄断行为可以适用强制性规定，但是关于强制性规定对反垄断法域外效力的影响在我国研究尚浅，仍属于初探阶段，因此，还需要更多的国际私法学者进行更加深入的研究。反垄断法的域外效力基本上已得到国际社会的充分肯定，强制性规定存在国家之间是否互相承认的问题。在非诉案件中，涉及反垄断问题的，适用我国《反垄断法》第2条的规定。反垄断法域外适用的关键阻碍在于与外国的经济秩序、经济利益乃至国家主权的冲突。在诉讼案件中，准据法为中国法或者法院地在中国，涉及反垄断的内容，势必要适用我国反垄断法。无论当事人是否选择了准据法，或者是否符合最密切联系原则，在强制性规定适用的过程中，排除了当事人意思自治和最密切联系原则，无需冲突规范的指引，强制性地直接排他适用于涉外民事案件。

以上是国内与国际的研究现状，关于反垄断法的域外效力，多是散见在竞争法的研究当中，目前尚无专门关于域外效力的研究。笔者认为，反垄断法的研究可以从基本理论出发，与我国民法中的侵权法结合，与国际私法中的《涉外民事法律适用法》强制性规定的概念、适用范围和认定标准结合，探讨反垄断法域外效力中的问题，总结出反垄断法域外效力适用中存在的现实阻碍，从而加快我国反垄断法的法律制度建设。

第一章

反垄断法域外效力的概述

反垄断法域外效力是反垄断法延伸至域外，对发生在本国领域以外的垄断行为产生的效力。本章将从反垄断法域外的法律概念入手，对反垄断法域外效力产生的理论渊源、历史沿革、适用理论、价值基础以及各国对域外效力接纳的情况进行逐一分析。通过对反垄断法域外效力基本理论的分析，我们可以看出反垄断法域外效力是为适应国际经济发展而存在的，在国际司法实践中发挥着重要作用。

第一节 反垄断法域外效力的界定

反垄断法域外效力的界定主要是从域外效力的定义和适用的主体行为两个方面对其作出法律理解，并通过总结与归纳反垄断法域外效力的发展，梳理出历史线索和脉络。

一、反垄断法域外效力的法律概念

（一）反垄断法域外效力的定义

反垄断法的域外效力是指一国国内反垄断法效力延伸至该国

主权管辖范围之外，对该国范围之外的垄断行为产生效力。[1]根据域外效力的表述，只要特定主体实施的垄断或者限制竞争行为实质上破坏了一国的市场竞争秩序，该国的反垄断法便可以适用于这一行为，而不论该种行为是否位于该国家的主权范围内。从实践中看，目前有三种情况需要反垄断法域外适用：

（1）企业的分支机构在国内的行为构成垄断，或者他国企业在国外实施垄断行为并在国内完成该行为。该行为比较多的例子是跨国公司。[2]在司法实践中，这种情况最为多见，可以通过适用下文所提到的部分行为理论，对企业的垄断行为进行规制。该种类型的行为要具备下述两个条件：第一，这种垄断行为具有涉外性，已经超越了一国范围。在通常情况下，一国的反垄断法仅规制本国范围内的限制竞争行为，由于这种行为部分发生在域外，具有跨国性，所以需要受影响的国家将自身反垄断法延展至域外，在境外追究行为实施者的责任。第二，国际限制竞争的部分行为发生在受影响国境内，该条件是适用受害国反垄断法的前提。由于部分行为也发生在受影响国，所以受到影响的国家自然对发生在区域范围内并且损害到本国经营者利益的行为具有依法处置的权利。由于部分行为发生在本国境内，所以针对此种垄断行为相对来说更容易适用本国反垄断法进行规制。并且，跨国企业作为国际贸易的主体，对本国区域内的经营者造成了排除限制竞争，具有适用反垄断法的合理理由。

（2）分别位于本国境内和本国境外的独立实体，两个企业之间形成了控制关系，这两个独立实体在本国境内实施限制竞

---

〔1〕 游钰、毛大春、林婉婷："反垄断法研究综述"，载《经济法论丛》2001年第2期。

〔2〕 沈敏荣："论反垄断法的域外效力"，载《山东社会科学》2000年第2期。

争的行为。[1]这种情况大多数见于跨国公司的母公司与子公司、总公司与分公司。对于上述两种情况，根据国际法的基本理论，域外适用可以按照传统的属地管辖原则对管辖权进行分配，从而确定东道国和受害国之间的管辖权。[2]由于这两种情况涉及传统的属地管辖原则，在法律层面已经形成了十分成熟的理论基础。所以，东道国和受害国即使同时主张对涉外垄断行为拥有管辖权，按照属地原则的理论，适用哪一国的反垄断法可以通过地域管辖原则进行判断。若子公司的行为在一国内造成了损害，由于它与母公司之间存在关联，其行为受到母公司的影响，即使母公司位于本国境外，受害国也可以向母公司主张适用本国的反垄断法，该国反垄断法的效力就会延伸至域外。从法律关系上来说，若两个企业之间形成了控制关系，受害国在主张权利时就可以对域外企业进行追诉。

（3）外国经营者在国内没有任何限制竞争的行为，但是在境外实施垄断行为，对国内产生实质影响，此种情况是反垄断法域外适用的主要情形。[3]这种行为可以适用后文将介绍的效果原则理论进行规制。该种情况主要强调对受害国产生了实质性的影响，行为是否发生在受害国不是评判能否适用该国家反垄断法的标准。影响适用受害国反垄断法的主要依据是对市场造成的损害程度，对此种行为的规制主要是从垄断产生实质性影响的角度出发选择法律适用。在司法实践中，这种情况最为常见。例如，互联网公司通过线上平台以低价服务吸引消费者，

---

〔1〕　陈新建："由'两拓'合资看反垄断法的域外适用"，载《改革与开放》2011年第6期。

〔2〕　赵守东、徐旭："反垄断法在我国对外贸易中的作用及其局限性"，载《黑龙江对外经贸》2006年第12期。

〔3〕　时建中主编：《反垄断法——法典释评与学理探源》，中国人民大学出版社2008年版，第12页。

并且捆绑销售各类软件 APP, 使得消费者产生依赖, 随后对部分服务作出调整, 使得消费者不再享受免费服务。此时, 该互联网公司已经在市场占有支配地位, 在相关领域, 一些同类型公司也难以进入该市场。在这种情况下, 该公司实际上已经超越一国范围对本国经营者和消费者的利益造成了损害, 即使没有在该国实施垄断行为, 但是由于该行为波及面广、网络传播途径迅速扩展, 实际上已经影响到了本国的利益。从目前的经济发展趋势来看, 这种新型的网络交易推动国际贸易从实体经济向网络经济转型, 那么反垄断法基于对经济行为的保护, 便也需要不断进步。各国都在通过反垄断法域外效力适用所能涉及的范围, 尽可能地保护该国及经营者利益。目前, 国际限制竞争行为还要根据受影响国的反垄断法, 将产生实质性影响的行为地作为连接点适用于目前的垄断行为。

综上所述, 反垄断法域外效力的研究目的在于解决司法实践中所遇到的经营者本身在国外, 但是其行为已经对国内构成影响, 波及国内经济市场的行为。同时, 明晰法的空间效力和域内效力对反垄断法域外效力研究大有裨益。任何法律都是只在一定地域范围内有效, 这被称为法的空间效力。一国的法律一般只是在本国领域内具有约束力和强制力, 这就是法的域内效力。当一国的法律超过其本国领域发生约束力时, 就会产生法的域外效力, 它与域内效力的重合正是冲突法领域发生法律冲突的前提。从国际私法的角度讲, 法律的域外效力在适用过程中不可避免地会导致法律冲突的产生, 这也正是国际私法冲突规范适用中应该解决的问题。[1]18 世纪末的学者高西认为, 法律域外效力是一国法律适用的范围在扩张, 它适用于境内的

---

〔1〕 齐爱民、何培育:"涉外知识产权纠纷的法律适用——兼评《涉外民事关系法律适用法》相关规定", 载《知识产权》2011 年第 2 期。

本国人，也适用于境外的本国人，以及适用于在本国境内发生，本身是境外的法律关系。[1]基于对此理论背景的分析，我们可以看到，反垄断法的域外效力研究就是从对法律域外效力的研究衍生而来，是针对特定领域的更为具体化的法律效力研究。

（二）反垄断法域外效力适用的主体和行为

反垄断法的域外效力是一国国内实施的现行反垄断法对外国企业产生的法律效力，主要是针对在本国境外实施但在本国市场中造成实质性影响的垄断行为，其主要的目的是防止一国域外发生的行为对本国的市场造成垄断，避免给本国经营者造成损害。[2]只要特定主体实施的垄断或者限制竞争行为实质上损害了一国国家内的市场秩序，该国的反垄断法便可以被适用于这一行为，而不论该行为是否发生在该国境内。[3]在通常情况下，从涉及反垄断法域外效力的适用主体和行为模式进行分析，主要有以下几种情况涉及反垄断法的域外效力：

1. 反垄断法域外效力适用的主体

主要表现为以下三类主体：第一，尽管垄断行为是在境外发生的，但是行为实施者是境内的经济主体，违反了一国境内的反垄断法。此时，境内的经济主体成了反垄断法规制的对象。第二，经济主体在境外，但是在境内的行为对一国造成了损害，违反了该国的反垄断法，由于对该国造成了实质影响，因此同样可以成为法律责任承担的主体。第三，在境外从事违反境内

---

〔1〕 齐爱民、何培育："涉外知识产权纠纷的法律适用——兼评《涉外民事关系法律适用法》相关规定"，载《知识产权》2011年第2期。

〔2〕 王先林："论我国反垄断立法中的域外适用制度"，载《法学杂志》2006年第1期。

〔3〕 程宗璋："国际反垄断法的若干探要"，载《安徽工业大学学报（社会科学版）》2001年第1期。

反垄断法的境外主体。[1]由此可以看出，反垄断法域外效力规制责任承担的主体可以被归纳为以上三种情况。

2. 反垄断法域外效力适用的行为

主要表现为以下三种行为：第一，外国企业的主要营业地或者住所地在国外，但在国内实施垄断行为，[2]这种形式常见于跨国公司的总公司与分公司之间形成新的限制竞争行为。第二，分别位于境内外，两个独立经济体具有控制关系，且在国内实施了垄断行为，这种模式常见于母子公司。第三，外国企业在一国域外实施的垄断行为，对本国国内产生实质性影响，但是该企业在国内未采取任何行动。[3]反垄断法域外效力研究的意义在于解决国际市场上存在的经济问题，为各国反垄断法规制行为提供有力的法律依据。

由上述行为的划分，我们可以总结出几种常见的涉外垄断行为：

首先，跨国并购行为。跨国并购通常是指超越一国范围的兼并和收购，它是指一国的并购企业为了能够达到经济利益的目标，通过支付或者其他方式，将另一国被并购企业的资产或者与资产相当的股份收买下来，从而享有对该企业的经营管理权或者实际控制权。国际并购通常涉及多个国家的经营者。这也就涉及了多个国家或者政府的市场以及法律制度。现在，很多跨国的企业为了能够在国际市场上获取优势地位，都试图通过跨国并购的方式扩大自身规模，以提高自身的竞争力。从

---

[1] 倪振峰、王朝阳："我国不宜在反垄断法中规定域外效力"，载《长白学刊》2007 年第 1 期。

[2] 陈新建："由'两拓'合资看反垄断法的域外适用"，载《改革与开放》2011 年第 6 期。

[3] 周华："反垄断法实施中双边合作的法理学问题研究"，载《产业与科技论坛》2006 年第 3 期。

2005 年到 2015 年，10 年间，中国企业跨国收购从 150 次上升到 678 次，翻了 4 倍。[1]通常，跨国公司都涉及多个国家，因此该公司发起的并购行为也会涉及多个国家市场的竞争，这种影响不仅针对被并购企业所在国家的业务，还包括并购企业在其他国家的业务。此时，反垄断法的域外效力就会延伸。在跨国并购的法律关系中，一国实力较强的企业通过对他国企业进行并购，形成国际市场中的并购交易行为。由于并购方资金实力雄厚，将国外的中小企业并购后，这些国家的其他同行业经营者将很难与该企业抗衡，从而导致该国为了保护本国经营者的利益而对该并购行为进行司法审查，以查明是否存在形成市场垄断的意图。若该并购行为的主要目的在于对一国市场形成垄断，那么，即使该企业的住所和营业地在该国境外，基于反垄断法域外效力适用理论，该国也可以向该企业主张其行为构成了垄断，危害了本国的竞争秩序。

其次，国际卡特尔行为。国际卡特尔特指以获取垄断利润为目的，主体是两个或者两个以上的公司，通过在世界区域内订立协议、采取固定价格、划分市场，或者采取限制产量、分配客户的行为。它是不同区域、不同国籍的经营者、企业主体试图通过联合控制国际市场的一种排挤对手、限制竞争的行为，会对国际贸易造成严重的负面影响。国际卡特尔本身是有害的，它们产生垄断力，扭曲经济体系的运转，损害其效率。早在 1998 年，经济合作与发展组织就向成员国发布了《执行卡特尔法一揽子推荐意见》。该文件将这种国际卡特尔行为称为"核心

---

〔1〕"独占鳌头的中国跨国并购热潮：全球视角看'并购'（下）"，载和讯网：http://news.hexun.com/2016-10-09/186330059.html，最后访问时间：2017 年 11 月 3 日。

卡特尔"。[1]因此，各个国家的反垄断法都不约而同地对国际卡特尔行为予以禁止。例如，在美国，自20世纪90年开始，美国的司法部反托拉斯局开始对垄断行为进行处罚，罚金共计约17亿美元，其中针对国际卡特尔的罚金大约占90%以上。2008年，美国司法部征收的罚金大约有7亿美元，其中大部分来自参于国际卡特尔的公司。[2]1995年8月3日，加拿大与美国签订《司法互助条约》，加拿大竞争局和美国司法部已多次联手对国际卡特尔进行调查和起诉。[3]国际社会重罚国际卡特尔的主要原因是这种行为的危害性极大，不同区域的生产销售商联合控制的模式会导致国际市场被划分，进而形成市场集中和贸易壁垒，形成全球性的行业垄断，强烈冲击全球市场。而这些企业的资金链一旦断裂，就会造成全球性的金融危机。[4]我国《反垄断法》实施以来，涉及《价格法》规制的液晶面板案件、汽车零部件和轴承案件都属于国际价格卡特尔案件。[5]国际卡特尔行为受到受害国反垄断法规制有其必然性：第一，从法律性质来看，国际卡特尔行为属于垄断行为中的一种，与普通国内垄断相同的是其表现形式都集中在对原料市场的划分，以及价格的固定与产量的限制等方面，本质上均属于排挤和限制竞争

---

[1] OECD, "Recommendation concerning Effective Action against Hard Core Cartels", available at http://www.oecd.org/competition/cartels/recommendationconcerningeffectiveactionagainsthardcorecartels.htm.

[2] 王先林：《中国反垄断法实施热点问题研究》，法律出版社2011年版，第267页。

[3] Calvin S. Goldman and Mark Katz, "International Cartel Cases: A Canadian Perspective", *Antitrust*, Vol. 14, Issue 3 (Summer 2000), pp. 30~35.

[4] Mayo J. Thompson, "Antitrust and the Multinational Corporation: Competition or Cartels", *International Lawyer* (*ABA*), Vol. 8, Issue 3 (July 1974), p. 620.

[5] 王晓晔、吴倩兰："国际卡特尔与我国反垄断法的域外适用"，载《比较法研究》2017年第3期。

的行为。所以，对于国际卡特尔行为应该按照反垄断法的规定进行规制。第二，该垄断行为具有跨国性。国际卡特尔行为与普通垄断行为的区别主要在于是否具有跨国性。国际卡特尔行为造成的危害性较大，是因为波及面广，不仅是对一国区域内的影响，其行为的实施者与参与者还可能涉及多个国家，所以对其他国家也会造成危害，那么该垄断行为就有可能发生在第三国，受害国可以因受到该行为的损害而向他国主张对该行为的管辖权。第三，国际卡特尔行为对多国市场造成了重大危害。对于国际卡特尔行为，必须依靠反垄断法发挥域外效力进行法律规制，进而降低全球金融风险。反垄断法的目的是规制限制竞争行为，由于国际卡特尔行为破坏了经济市场的秩序，因此这与反垄断法所要实现的目标相吻合，即使行为发生在域外，反垄断法也可以延伸效力，对其进行打击。所以，国际卡特尔行为成了反垄断法域外效力适用的主要行为之一。

最后，出口卡特尔行为。出口卡特尔是出口商通过设定一系列条件（例如排他性的销售协议或者价格同盟），控制销售渠道，从而达到限制竞争的目的。这种垄断行为主要是出口国为了维护本国的利益、增强本国企业在国际市场的竞争力，在不损害本国市场的情况下允许出口商联合，对出口商品的价格、市场，产量等做出协商，从而达成一致行动的目的。这种形式的限制竞争行为虽然不会对国内市场造成危害，甚至有利于国内企业的发展，但是从全球治理的角度来讲，其可能会对进口国的市场造成极大的损害，并且会在某种程度上导致产品价格的垄断上涨，所以目前部分国家对此行为的规制主要是对本国出口企业实施的行为进行豁免，但是又对损害了本国利益的其他国家的出口卡特尔主张域外管辖权。实施这种模式的国家主要有日本、德国和美国。出口卡特尔对本国市场没有影响，主要是破坏他国市场。但是，从全球治理的角度来讲，在所有国家都有可能成为进口国的假设之下，各国都会面临被抬高价格或者市场份额受到控制的局面，因此这种行为理应被反垄断法所规制。但是，出口卡特尔的行为与前两种相比，规制起来更复杂，可能造成的国别冲突和利益冲突更多。从法律关系上分析，出口卡特尔行为造成的危害主要是针对本国以外的区域。作为垄断行为的实施国，为了满足该国家的主要利益，却对其他国家造成了危害，对于受害国来说，该种垄断行为即使没有发生在本国境内，但是实施国与受害国之间形成了交易法律关系，作为法律关系中的一方，违背了利益平等的原则，受损害方有权要求另一方就损害行为承担法律责任。所以，损害经营者利益的行为，必然要受到受损害国反垄断法的规制。因此，出口卡特尔行为也会涉及反垄断法域外效力的问题，但是在域外效力适用的过程中，为了化解效力冲突，必须要完善和提高各国之间反垄断法的国际合作程度。

二、反垄断法域外效力的历史沿革

世界各国对反垄断法域外效力的承认与接受具有历史必然性，它在各国的受接纳程度不同，使得其在各个国家的发展也呈现出了不均衡状态。纵观反垄断法域外效力发展的历史，主要有以下几个阶段：

首先，反垄断法域外效力的承认最初发端于美国的《谢尔曼法》。自美国 1945 年确立了反垄断法域外效力以来，它就逐渐在反垄断法中占有重要地位。[1]美国的竞争法被称为"反托拉斯法"，其中三项主要法规是《谢尔曼法》《克莱顿法》和

─────────

〔1〕 梅新育："中国外资并购反垄断条款的缺陷及其弥补"，载《国际贸易》2007 年第 12 期。

《联邦贸易委员会法》。[1]《谢尔曼法》第1条规定："以信托或其他方式合并契约，以限制几个国家之间或与外国之间的贸易或商业是违法的。"《克莱顿法案》则将"商业"定义为"在几个国家之间和与外国之间的贸易"。[2]从该条款可以看到，这个"商业"的定义提及了与外国的贸易或商业，但是对"商业"究竟是包括外国个人或实体在国外进行的违法行为，还是必须至少有一名美国公民涉嫌参与并没有明确说明。同样，《谢尔曼法》适用于外国行为的程度在法条中也没有明晰。在讨论《谢尔曼法》的域外管辖权时，一位名叫拉里·克雷默的评论员断言："国会很少考虑治外法权问题，这就是为什么联邦法规很少涉及它的原因。"[3]由此可见，虽然《谢尔曼法》肯定了美国反垄断法的域外效力，但是仍存在一些不足。

其次，反垄断法域外效力的进一步确认源于"美国香蕉公司诉联合果品公司案"。该案是美国最高法院涉及《谢尔曼法》的域外适用问题的第一个案例。该案解决了《谢尔曼法》国际适用范围的问题，具有里程碑式的意义。[4]在该案中，被告是一家从事香蕉进口业务的美国公司，垄断行为发生在巴拿马和哥斯达黎加。在听取原告上诉时，法院指出："造成损害的行为在美国管辖范围之外，行为似乎已经在其他国家的管辖范围之外完成。这听起来令人惊讶，认为它是由国会的行为支配的。"判决指

---

〔1〕　Ase of the Lotus (Fr. v. Turk.), Judgment, 1927 P. I. C. J. (ser. A) No. 10, at 19 (Sept. 7).

〔2〕　Although the ICJ's judgements are not binding precedent, they are stillsubsidiary means for the determination of rules of law. See Statute of the International Court of Justice, arts. 38, 59, http://www. icj – cij. org/documents/? pl = 4&p2 = 2 [https://perma. cc/K96E–Z6HlL].

〔3〕　Lotus, 1927 P. I. C. J., at 10.

〔4〕　William N. Friedler, "Antitrust Law – Extraterritorial Jurisdiction", *Suffolk Transnational Law Journal*, Vol. 4, Issue 1 (1979~1980), p. 185.

出："一个行为合法与否，判断的依据是行为地国家的相关法律。"〔1〕这一观点意味着美国法院推定，《谢尔曼法》的管辖权仅限于美国的领土。福尔摩斯大法官说："如果有疑问，上述考虑将会导致任何法规的建设都被限制在其运作中，并影响到立法者通常具有合法权力的地域界限。"〔2〕

再次，通过判例对反垄断法的运用，我们可以看出反垄断法域外效力逐渐被承认与接受。在一件禁止美国和英国的烟草公司达成协议的案件中，为了划分世界烟草市场并消除彼此之间的竞争，美国最高法院将《谢尔曼法》的范围扩大到承认法律具有域外效力。〔3〕在国际上，法官倾向于禁止烟草业的限制性反竞争协议，这在很大程度上推翻了"美国香蕉公司诉联合果品公司案"所采用的管辖权立场。〔4〕在一起针对太平洋和北极铁路航运有限公司的案件中，被告包括一家美国公司和一家加拿大公司，彼此之间在贸易和商业交往过程中存在合谋卡特尔行为，这破坏了美国和加拿大各个港口之间运输货物和乘客业务的公平竞争。〔5〕被告认为，美国反托拉斯法并不适用于该案件，因为运输路线处于美国以外的地区。〔6〕但法院驳回了这一论点。其指出："这是一个在美国运输的控制权，迄今为止，属于美国法律的管辖范围，包括刑事和民事两个方面。"然后，法院主张对外国被告具有管辖权，并主张"如果我们不能控制

〔1〕 American Banana Co. v. United Fruit Co. 213 U. S. 347, 357 (1909).

〔2〕 William N. Friedler, "Antitrust Law-Extraterritorial Jurisdiction", *Suffolk Transnational Law Journal*, Vol. 4, Issue 1 (1979~1980), p. 185.

〔3〕 United States v. American Tobacco Co., 221 U. S. 106 (1911)

〔4〕 See Raymond, supra note 20, at 684 (Sherman Act extended internationally withlittle discussion of issue).

〔5〕 Anthony Aust, Handbookof International Law (2005).

〔6〕 See Rosalyn Higgins, Problems and Osalyn Higgins, Problems and Process: International Law and How We use IT, 1~16 (2003).

外国公民或在境外经营的公司，我们当然可以控制在我们的领土上经营的这类公民和公司"。[1]此案明确了《谢尔曼法》规定的管辖权并不局限于美国的领土。有法官认为，《谢尔曼法》是为了涵盖那些有意影响美国贸易的协议而颁布的。[2]它的管辖权延伸至少部分在国外进行的行为。同时，该法对适用范围做出了规定，即"州际之间或与外国之间的贸易或商业行为"。并且，该法第7条也规定："本法涉及规范外国贸易或者商业行为，首先是该行为主要涉及的领域是与外国的商业贸易，或者与其他国家产生的进口商业贸易，除了上述种类，还有和其他国家出口的商业贸易，例如交易中当事人在联邦境内从事的外国的进口贸易或商业，除此之外还有与外国的出口贸易或商业，有实质性影响且这种影响是具有可预见性的，或者是具有直接影响的；上述行为对进出口造成严重的损害，则要适用该法律规定。"[3]1945年美国的"美国铝业公司案"即是一起典型案例。在该案件中，加拿大的一家铝公司参与了主要由欧洲企业共同商议组成的具有地域性质的卡特尔，从而对出口美国的铝锭制品的数量给予了限制。[4]因此，该卡特尔被美国指控违反了《谢尔曼法》。[5]但是，美国联邦第二巡回法院的汉德法官对此持相反意见。他认为："《谢尔曼法》也适用于外国企业在美国

---

〔1〕　See Rosalyn Higgins, Problems and Osalyn Higgins, Problems and Process: International Law and How We use IT, 3 (2003).

〔2〕　United States v. Aluminum Co. of Am., 148 F. 2d 416 (1945).

〔3〕　尚明主编：《主要国家（地区）反垄断法律汇编》，法律出版社2004年版，第186页。

〔4〕　Under this test, federal subject matter jurisdiction exists if the foreign activity sought to be restrained was intended to affect United States foreign commerce and did have such an effect.

〔5〕　See United States v. Aluminum Co. of America, 148 F. 2d 416 (2d Cir. 1945).

境外订立的协议。"[1]这个案件中的重要问题是，没有要求美国境外的外国人承担该种责任，美国法院不能超越自己的法律。但是，美国习惯法中通常有规定，即所有国家都有权利进行规定，即使不是一个国家的公民，其行为也不能在境外对该国造成不良影响。同时，无论行为者是否具有美国国籍，只要这种行为造成了损害市场竞争的客观事实，美国法院就对其享有管辖权。[2]这个案例也首次体现了反垄断法发挥域外法律效力的内容。然而，这种制度却遭到了其他国家的抵制和质疑。

最后，除了美国反垄断法域外效力的发展，还有其他国家也通过法律确认了反垄断法的域外效力。1980年，英国颁布的《保护贸易利益法》第4条就明确对反垄断法域外效力的问题以法条形式做出了规定。这则条款提出，即使外国法院或者法庭做出了在英国取得证据的请求，也不能侵犯英国本国的管辖权、主权，否则英国可以根据《1975年证据（在外国诉讼）法》的规定不去执行该项请求，采取法律保留。[3]同时，其他国家（例如加拿大、澳大利亚等国）和英国一样，也出台了类似的法律规定，以抵制他国的法律在本国发挥域外效力，并且禁止本国人向外国提供反垄断案件的调查资料，拒绝对判决予以承认与执行。[4]在当时，多数国家均对反垄断法发挥域外效力的问题给予否定，它们认为公法应该具有属地性。反垄断法体现了本国政府对市场经济的维护，是一国利益的重要体现，因此其作为经济宪法，具有公法性质，属于公法的范畴，域外效力当

---

[1] See United States v. Aluminum Co. of America, 148 F. 2d 416（2d Cir. 1945）.

[2] 何智慧："论经济管制立法的域外适用——兼评我国《反垄断法》第2条"，载《河北法学》2008年第10期。

[3] 参见英国1980年《保护贸易利益法》第4条。

[4] ［美］马歇尔·C. 霍华德：《美国反托拉斯法与贸易法规——典型问题与案例分析》，孙南申译，中国社会科学出版社1991年版，第333页。

然要受到否定。并且，反垄断法域外效力发挥的作用就是应对企业的跨国活动对他国造成影响，对于跨国企业的东道国来说，对他国反垄断法效力的接受以及对他国判决的承认与执行有可能挑战或者削弱本国的管辖权。但是，在全球经济融合不断发展的今天，国家间的经济贸易往来频繁，高新技术不断涌现，某些行为可能会造成垄断的局面，也可能会对本国相关市场造成更多的负面影响。所以，各国为了维护国际市场稳定，又开始重新认识和探讨反垄断法发挥域外效力对跨国行为进行有效规制的问题。

目前，英美法系和大陆法系均对反垄断法域外效力持肯定态度，这主要反映在许多国家已经将域外适用制度纳入了反垄断立法。例如，欧盟竞争法的域外适用有很多的案例。1997年，欧盟委员会审理的案件中比较典型的是附条件批准"美国波音公司与美国麦道公司并购案"。[1]另外，2000年，欧盟委员会审理的禁止批准"美国通用电器公司与美国霍尼韦尔公司并购案"在当时也产生了巨大的影响。[2]欧盟在区域合作中认可了《罗马条约》第85条、第86条的规定，并且承认了《企业合并控制条例》中有关竞争法域外适用制度的内容。另外，俄罗斯的《关于竞争与在商品市场中关于垄断活动的法律》、加拿大经过修改的《加拿大竞争法》均肯定了本国法具有域外执行的效

---

〔1〕 See The Commission Clears the Merger between Boeing and McDonnell Douglas under Conditions and Obligations, WuW 9/1997, S. 703 - 705, available at https://recherche. wuw-online. de/document/zeitschriften/wirtschaft-und-wettbewerb/1997/heft-09/nachrich-ten/the-commission-clears-the-merger-between-boei/MLX _ 9ad7? authentication = none.

〔2〕 See Sarah Stevens, "The Increased Aggression of the EC Commission in Extra-territorial Enforcement of the Merger Regulation and Its Impact on Transatlantic Cooperation in Antitrust", 15 Syracuse J. Int'l L. & Com. , 263, 276 (2002).

力。由此可见，许多国家的法律都肯定了反垄断法的域外适用。因此，仅仅适用传统的属地管辖原则已经很难解决实践中的问题，所以，接受和承认反垄断法的域外效力势在必行。[1]

综上所述，反垄断法域外效力经历了漫长的历史发展过程。从美国的《谢尔曼法》对域外效力的肯定，到在判例中对反垄断法域外效力的适用，在美国反垄断法充分发展的同时，反垄断法效力延伸至域外的做法也被英国、加拿大、欧盟等国家和地区吸取，多数国家都将域外效力的规定明确体现在反垄断法中，从而推动了反垄断法域外效力在世界范围内的接受与承认。

第二节　反垄断法域外效力问题的提出

反垄断法域外效力的产生具有重要的现实价值和意义，世界各国基于自身经济发展状况与法律理念的不同，对域外效力的接受与承认也有所差异。

一、反垄断法域外效力的价值分析

对反垄断法域外效力的研究具有重要的现实价值，它不但弥补了域内效力之不足，还是法律效力在实践中发展的必然选择，也是实现各国反垄断法立法目标的重要途径，有助于维护国际市场秩序。具体来说，有以下三个方面：

（一）域外效力的产生弥补域内效力之不足

反垄断法域外效力产生的主要目的在于规范跨境市场行为和跨境市场经营者，实现不同时空维度的张力，对弥补域内效

---

〔1〕 Joel Davidow, *International Antitrust Codes and Multinational Enterprises Loyola of Los Angeles International and Comparative Law Annual*, Vol. 2, p. 18.

力不足具有重要的作用。反垄断法域外效力产生于市场经营者的拓展，形成于商事交往行动中参与者之间所达成的共识。反垄断法的效力包括强制和合理的可接受性。研究反垄断法的域外效力，主要是探讨一国或者类似欧盟这样的超国家组织的反垄断法在何种情况下可以被用于规制在其领土范围以外发生的限制竞争行为。在通常情况下，反垄断法只是一国对本国范围内的行为进行的管理和控制，但是，目前全球经济在不断发展，域外的垄断行为会对一国产生十分重要的影响。各国为了保证国内竞争秩序的自由和公平，必须要管理和规制本国范围之外威胁到本国竞争秩序的行为，反垄断法的域外效力在此基础上产生。反垄断法域外效力弥补了域内效力不足的问题，扩大了一国反垄断法的适用范围，避免了因缺乏反垄断法域外效力适用而导致国际性的垄断行为恣意，造成国际市场经济秩序混乱的问题。但是，如果以维护国家利益为基点，通过建立垄断行为的域外法律体系，可以避免法律出现漏洞，防止外国企业对我国企业实施排挤。同时，防止我国由于反垄断法域外效力方面的措施较少而使本国企业在国际上受到不公平待遇，得不到相应的法律保护。若我国反垄断法域外效力的内容缺失，那么，便会使我国的国际贸易处于不利的地位。因此，增加我国反垄断法域外效力的内容，并就此建立适应发展的制度体系是顺应法律制度发展的必然选择，具有重要的现实价值。

（二）域外效力的产生是法律效力在实践中发展的必然选择

首先，反垄断法域外效力的产生与发展是建立在反垄断法的实证性、确定性、可预见性和强制性的基础之上的。在现代社会中，科学发展迅速，已经使传统的威严建制的法律资源整合功能受到了极大的削弱。所以，多元化的经济社会结构使得人们之间的行为冲突越来越多，多元化的法律已经成为必要。

域外效力立法者与司法者经常就法律效力展开探讨。[1]魏德士曾在《法理学》一书中阐述，法律效力的基础几乎是所有法学流派和法学家都要经常探讨的问题。[2]哈贝马斯的法律商谈理论的核心的内容是：反垄断法是经济法部门中重要的组成部分，但是，反垄断法域外效力是自我宣示还是由其他因素决定则需要法律的证明。[3]哈贝马斯提出了一个十分重要的理论观点。他认为，从哲学角度讲，法律的张力根植于法律的各个环节，因此，法律是张力的存在。[4]对反垄断法域外效力的承认与接受的张力内在于法律事实之中，内在于私人自主权利与公共自主权利之间。哈贝马斯的理论观点认为，讨论域外效力的产生可以从强制和自由两个方面出发，通过社会、事实两个层面进行分析；也可从规范的必要性、适用的合法性两个更为深刻的层面进行讨论。关于域外效力适用的讨论可以有效地涉及关于法律规范效力的探讨，即确认并接受域外效力；另一方面，可以从法律的合法性或者规范的有效性出发，即合理的可接受性。法律规范效力涉及两个方面，可以通过民众平均遵守社会效力的情况，或者通过对它得到规范性接受的主张合法性进行衡量。尽管事实上的实施与规则上的合法性是相互独立的，但是也具有依存关系。一种法律秩序的合法性程度被认定是极为重要的，认可的程度越低，就更容易使秩序的存在依赖于环境力量和其

---

〔1〕 [美] 汉斯·凯尔森："法律为何应被遵守？"，张书友译，载《法哲学与法社会学论丛》2006 年第 1 期。

〔2〕 [德] 魏德士：《法理学》，丁晓春、吴越译，法律出版社 2005 年版，第148 页。

〔3〕 李小萍："宪法有效性的界定——以哈贝马斯的法律有效性理论为视角"，载《中国政法大学学报》2009 年第 5 期。

〔4〕 李小萍："宪法有效性的界定——以哈贝马斯的法律有效性理论为视角"，载《中国政法大学学报》2009 年第 5 期。

他习俗、交易习惯等因素。因此，没有被认定为有效的法律规则，即使偶尔可以通过强制的手段得到民众的遵守，但是从长期看来，却难以使法律规则得到严格的遵守。大部分关于法律效力的研究，都是从静态描述的角度入手，但是哈贝马斯理论却从法律动态分析的角度分析法律效力。对法律效力的研究要依靠对法律性质的分析，要与法律效力涉及的范围、法律的社会功能及价值基础等相联系。由上述理论我们可以看出，反垄断法域外效力的接受与承认是存在于法律实施和法律规范之间，打破传统法律效力的格局，依赖于法律性质、法律功能理论，最大限度地发挥反垄断法价值的体现，它是反垄断法适用社会实践的必然产物。

其次，从法理学对法律效力分析的角度剖析反垄断法域外效力产生的价值。在经济法律不断发展的背景之下，学者罗伯特·阿列克西认为法律效力具有三种情形：社会学的效力性、伦理上的效力性以及法律上的效力。[1]社会学的效力是指在不遵守行为规范时会受到相关的法律制裁，其强调的是功能价值与实用价值。伦理上的效力是指法律对道德的尊重，在不违背上位法的情况下，根据相关的规范，由权力机关进行创设，则该规范就具有法律效力。[2]同时，学者魏德士又对法律上的效力进行了分析：它可以分为法律效力、现实效力以及道德效力。[3]法律效力是普遍的效力要求，具有强制性和约束性，任何被规

〔1〕 李小萍："宪法有效性的界定——以哈贝马斯的法律有效性理论为视角"，载《中国政法大学学报》2009 年第 5 期。

〔2〕 Robert Alexy, *The Argument from Injustice: A Reply to Legal Positivism*, translated by Bonnie Litschewski and Paulsonand Stanley L. Paulson, Oxford: Clarendon Press, New York: Ox ford University Press, 2002, pp. 85~88.

〔3〕 ［德］魏德士：《法理学》，丁晓春、吴越译，法律出版社 2005 年版，第149 页。

范的对象都应该遵守法律。只有得到严格遵守的法律才具有真实的效力。在通常情况下，法律的现实效力主要考察行为人做出的行为对社会的影响，并不考察行为人的目的和动机。法律的道德效力意思是要以道德为基础，人们自觉自愿地遵守法律，并且这种规范性是公众所认可的。在功能上，这三种效力是相互联系的，道德效力的缺失会削弱和危及法律的效力，立法者在制定法律时也会尊重民众的道德观，以保证其具有长久的效力。所以，讨论法律的效力要同时具备道德、现实和法律三个维度的内容，这是关于法律有效性的静态理论。从这一思路出发，结合上文对法律效力的分析，我们可知，反垄断法域外效力是指反垄断法的成员在市场交往过程中达成对其产生效力的价值共识。反垄断法域外效力是经济交往中经济参与主体对反垄断法效力的承认。其作为经济法部门法中重要的组成部分，表现在国际市场竞争的秩序与价值追求探讨中所达成的认同规范。否则，它的域外效力就将丧失意义与价值。一方面，对于市场参与者个人来说，承认反垄断法的域外效力是接受约束的前提，同时也具有运用法律保护个体利益的目的。承认与接受反垄断法域外效力的价值在于扩大一国反垄断法的效力范围，这包括经济价值、法律价值以及政治价值，价值实现的过程也正是反垄断法域外效力作用的体现，即维护该国国家利益或者该国企业利益的价值实现过程。

最后，反垄断法域外效力是在国际经贸中根据域外法律规范对市场经营者进行规制产生的效力。对于反垄断法域外效力的探讨，它的基础在于通过反垄断法域外效力规则对市场经营者行为进行事实认定与法律分析。这主要取决于在反垄断法规范效力基础之上对垄断行为做出的判断。对于境外的市场经营者，反垄断法域外效力表现为规制对其自由意志的约束。从形式上看，反垄断法域外规范是建立在本国法基础之上规定了有关市场经营者的行为和交往的规则，违反规定的行为要受到惩戒。其目的在于影响和规范经营者的行动，同时发挥反垄断法域外效力。与此同时，反垄断法域外效力是建立在一定事实基础之上所做出的价值判断。如果把反垄断法域外效力看作是一种价值判断，那么这里就涉及了价值与事实相互联系的问题。一般来说，学者认为反垄断法域外规范是反垄断法规范的一部分，具有法律效力和价值。它的价值出发点和归宿都是对涉外民商事行为的规范，即使体现的是统治阶级的意志，其最终也是为了维护国家的利益。考夫曼认为，生活事实与规范之间会形成法律的发现，它是一个同化的法律过程。所以，反垄断法域外规范的制定完全基于对事实的分析与研究。[1]反垄断法域外效力的价值就是通过反垄断法律规范对垄断行为这一事实进行分析并产生相应的法律效力。

（三）域外效力的产生是实现各国反垄断法立法目标的重要
　　　途径

世界各国的反垄断法都以倡导竞争为目的，将维护竞争秩序作为立法的首要目标。"反垄断法是以竞争为立法目标，所以竞争就自然而然地成为反垄断法目标价值体系中的一部分。"[2]反垄断法域外效力从不被接受到被各个国家广泛采纳，充分体现了反垄断法域外效力的现实价值。20世纪初期，由于交通、信息及科技发展的局限，各国的市场都相对独立，基本都是在一国之内的市场竞争。因此，反垄断法也主要是规制国内市场

〔1〕　阿图尔·考夫曼：《类推与"事物本质"——兼论类型理论》，吴从周译，学林文化事业有限公司1999年版，第87页。
〔2〕　叶卫平：《反垄断法价值问题研究》，北京大学出版社2012年版，第46页。

的限制竞争行为，但是随着科学技术的发展、跨国公司的涌现、国际市场的进一步融合，竞争形势更为复杂，特定市场的排挤和限制竞争的程度不断加强。在国际市场上，相互具有竞争关系的经营者以各种形式结成战略联盟，缔结成国际卡特尔协议。除此之外，滥用市场优势地位、强制交易、拒绝交易以及滥用知识产权等限制性商业行为也在国际市场出现。国际市场自由竞争的状况不断推动与促进反垄断法域外效力的立法进步和实践发展。[1]反垄断法仅在国内被运用已经完全不能实现有效竞争。德国的梅斯特梅克教授认为："反垄断法域外效力的出现主要是市场开放制度下，各国为了防止跨国限制竞争的反限制竞争法规，它是市场的产物，因此效力的出现并不是由立法者决定的。所以，放弃卡特尔的域外适用也就不存在了。如果放弃了适用，各个国家就很难规范经营者的行为，并且难以制定一个有效的规则。"[2]因此，多数发达国家都对反垄断法域外效力做出了规定，一些发展中国家（如巴西、波兰）也已经对此做出了详细的规定。经济合作与发展组织（OECD）通过《竞争法基本框架》明确了竞争法的适用范围："不但包括所在国内产生重大、实质性影响的实践情况，还包括所在国之外发生，而在对所在国国内产生后果的情况。"[3]所以，无论是国家还是国际组织，均意识到反垄断法域外效力的承认与接受会直接影响各个国家的经济利益能否得到保障，具有重要的现实意义与价值。研究反垄断法域外效力是顺应国际潮流趋势、维护市场秩序的必然要求。但是，反垄断法在产生域外效力的同时可能涉及他国的

---

　　[1]　王先林："论我国反垄断立法中的域外适用制度"，载《法学杂志》2006年第1期。

　　[2]　王晓晔：《竞争法研究》，中国法制出版社1999年版，第443页。

　　[3]　王先林主编：《中国反垄断法实施热点问题研究》，法律出版社2011年版，第263页。

利益，这就会引发别国是否承认该反垄断法效力的问题。这也是造成法律冲突的重要原因。为了维护市场秩序，一些发展中国家（例如菲律宾）也根据发展中经济体的某些合法目标认真考虑制定可行的反垄断政策，促进经济增长、鼓励发展中小企业。[1]

通过对反垄断法域外效力的价值分析，我们可以看出，域外效力是国际法律规范发展的产物，对规范国际经济行为、全球发展进步具有重要的作用。因此，各国立法者与执法者扩展反垄断法域外效力的适用也在情理之中，反垄断法域外效力的研究也就具备了现实意义。

二、反垄断法域外效力的现实状况

（一）各国对反垄断法域外效力的接纳程度不同

世界各国对反垄断法域外效力的接纳程度主要取决于各国自身的发展状况、利益需求，以及反垄断法域外效力自身的特性。

首先，各国经济实力决定了反垄断法域外发展的程度。发达国家的反垄断法发展迅速，也更容易发挥反垄断法的域外效力，相较之下，发展中国家反垄断法的先进化程度不高，对反垄断法域外效力的认识模糊，就更难对其加以运用了。因此，国家的反垄断法发展程度决定了域外效力理论能否得到有效适用，所以，想要加快发展中国家域外适用理论的发展，就必须要从根本上提高对反垄断法的认知能力和重视程度。

其次，各国对国家利益的考虑决定了对反垄断法域外效力的态度。一国在对反垄断法域外效力予以承认时往往会出于对国家利益的考量，而存在对垄断行为调查与判定的差异。反垄断法域外效力可以在国际经济交往中发挥重要作用，但是由于

---

〔1〕　Rico Valderrama Domingo，"Multinational Corporations and the Philippine Antitrust Policy: An Appraisal"，*Philippine Law Journal*，Vol. 60，p. 116.

受到主权原则的限制，反垄断法不仅仅涉及限制竞争行为影响地国家的利益，同时也关乎行为发生地国家的利益，所以有可能对他国造成直接或者间接的干涉。因而，即使各国反垄断法域外效力被科以多种条件以求达到法律效果的统一，但这种行为性质判断的差异很难保证不会与其他国家的利益相冲突。在实践中，一国甚至会在本身承认他国反垄断法具有域外效力的同时极力反对他国针对本国企业适用反垄断法。这就使得反垄断法的国际合作发展缓慢，形成了一个恶性循环，即反垄断法的域外效力导致各国产生管辖权冲突。因此，从未来发展看，各国需要通过签订统一的条约或者国际合作协议达成一致，但是由于利益的差异，各国又很难达成一致，导致各个国家很难提升本国反垄断法域外效力的能力。这种恶性循环的模式会造成反垄断法域外适用存在难以突破的实施困境。[1]

再次，各国国内法不同致使反垄断法域外适用会产生不同的法律效力。例如，反垄断法域外效力与刑法域外效力在各个国家的承认与接受程度存在差异。虽然刑法与反垄断法同属于强制性规范，但是刑法域外适用不仅在一定程度上影响了国际法的主权原则，并且刑法的域外效力通常适用普遍管辖原则，即无论行为人的国籍和行为地如何，罪犯所在地国家均具有管辖权。这种适用原则得到了国际法上的广泛认可，而且在国际法学界并未产生巨大的法律冲突和法律争议，特别是对于危害世界和平和人类共同利益的行为，原则上不因行为主体和行为地的改变而改变。例如，故意杀人在我国受到刑事处罚，在任何国家也都应当受到处罚。但是，作为规制涉外经济行为的反垄断法的域外适用，大多数国家或者地区都是规制行为发生在

---

〔1〕 于馨淼：《欧盟反垄断法域外适用研究》，法律出版社 2015 年版，第 22 页。

国外却对国内产生实质性限制竞争影响的行为。但是，由于反垄断法保护的利益通常具有本国性，所以在同一企业行为的性质认定上各国可能存在分歧。在一国被认定为限制竞争的行为，在其他各国可能不会被认定为限制竞争，很多国家甚至会以本国利益作为衡量标准，对涉及外国市场的垄断行为给予豁免。因此，反垄断法域外效力与刑法相比缺乏稳定性和确定性。[1]

综上所述，一些发展中国家对反垄断法的重视程度低直接导致了域外效力理论在其国内发展受阻，发达国家为了保护本国的利益，试图通过延展国内反垄断法至域外，使法律波及本国区域以外以争取对本国企业实施最大限度的保护。同时，各国反垄断法制度的不同导致对域外效力的接受与承认态度不一，以至于会产生不同的结论，这就直接影响了各国对域外效力理论的承认与接受。

（二）反垄断法域外效力适用的基本理论

1964 年以来，为解决反垄断法的域外适用问题，国际法协会反复对此做出审议。1972 年，纽约大会针对一国在境外实施的反垄断行为问题提出了几项适用理论，[2]对反垄断法发挥域外效力具有巨大的指导意义。并且，这些理论被一直沿用到现在。发展至今，世界各国遵循的理论主要有以下三个方面：

1. 部分行为理论

它是指符合反垄断调查的行为在国外发生，同时该行为有一部分是在国内实施的，受害国基于域外效力行使管辖权，这种理论是基于属地主义而产生的。根据传统的属地主义原则，受害国行使域外效力的前提是受害国必须是垄断行为的发生地。

---

〔1〕　于馨淼：《欧盟反垄断法域外适用研究》，法律出版社 2015 年版，第 21 页。

〔2〕　王新生："试论反垄断法域外适用的效果原则"，载《长沙电力学院学报（社会科学版）》2002 年第 4 期。

部分行为理论要求行为发生在该国境内，该理论以行为发生地作为连接点选择冲突规范。但是，目前跨国限制竞争行为影响范围大，如果是通过高科技或者互联网的方式对受害国产生实质性的影响，限制了其国内的市场竞争，即使该限制竞争行为实施地不在受害国，也可能对该国造成损害。那么，部分行为理论就很难被适用于此种情况。但是，该理论也有其优势：第一，该理论可以被适用于大多数受害国。受害国基于传统属地原则的理论，当然享受对垄断案件的管辖权。目前来看，大多数跨国限制竞争行为的发生地也都是受害国，并且该行为的结果直接影响了该国，那么受害国当然可以向垄断行为实施国主张对此享有管辖权。在传统经济往来的互通交流中，多数经济行为还都是以现实交易的形式存在的，从最密切联系地原则来看，如果受害国同时也是行为发生地国，那么该国就成了与垄断行为联系最密切的国家，反垄断执法机构可以运用本国法律对该行为进行调查，也不存在管辖权冲突的问题。第二，该理论为反垄断法域外效力适用提供了确定的管辖权。部分行为理论认为一国反垄断法发挥域外效力的关键在于涉外垄断行为的发生地必须与该国有着密切的联系。据此，我们可以得出以下推论：只要该行为发生在该国家，该国家就有权行使反垄断法予以规制，以行为地为确定的要素判断能否适用一国反垄断法，并且在法律层面上，对行为地可以很容易地做出判断。这种理论之所以被多国沿用至今，是因为各国都比较容易接受该理论。国际法上也有最密切联系地原则，以侵权行为地理论作为支撑，一国适用本国的反垄断法的前提是垄断行为发生在该国，这就成了判断一国反垄断法能否延展适用的主要理论。

2. 行为归属理论

这个理论主要是针对母子公司或者行为归属是基于两者之

间具有支配服从关系、资本关系而产生的行为。例如，一国国内的母公司对另一国国内的子公司行为进行控制，使得子公司在他国产生限制竞争行为，则他国享有域外管辖权，这种关系是将母子公司的行为视为一个有机的整体。例如，一家美国公司的加拿大子公司被指控滥用市场支配地位。有人可能会认为，美国法院应该对这一案件拥有管辖权，因为侵权行为是由一家美国公司的子公司进行的，而国籍原则不允许一个国家对其国外公民的活动进行管理。[1]这就导致反垄断法在域外适用中会产生冲突。行为归属理论的主要涵义是将本身具有法律关系和经济联系的经营者视为一个整体。由此，分支机构的经营行为对他国产生影响可能是由总公司或者母公司的行为所导致的，即使分支机构并未实施任何违法行为，只要其相关的机构实施了限制竞争行为，通过分支机构给他国带来了危害，受影响的国家就可以针对该行为适用本国的反垄断法予以规制。这种理论与部分行为理论的不同之处在于：第一，该理论扩大了反垄断法域外效力的适用范围，为各国适用反垄断法提供了更为广阔的空间。部分行为理论要求适用反垄断法的必须是行为地国，所以适用的条件相对狭窄。行为归属理论则从本质上将法律关系紧密的企业联系在一起，扩大了垄断行为实施主体的认定范围，从而也就拓展了一国反垄断法域外效力适用的范围。第二，该理论的适用从本质上揭示了经营者之间的从属关系。从一国保护自身利益的角度出发，适用该理论有助于受害国追究垄断行为实施者的责任，尽管在该国国内的企业并没有实施垄断的行为，但是因其上设机构的行为对本国产生了危害影响，这两个企业之间存在关联关系，所以，该国家对此行为也享有管辖

---

[1] AuST, supra note 22, at 45.

权。从全球治理的角度出发，行为归属理论可以更好地治理国际卡特尔行为，保护全球的竞争秩序。行为归属理论拓展了一国的反垄断法域外效力的适用范围，这实际上是为受害国提供了便利，以便于这些国家能够通过适用该理论主张权利。同时，打击国际限制竞争行为也是全球治理的目标，只有尽可能消灭限制竞争行为，才能保证各国经济交往顺利、有序地进行。所以，扩大对垄断行为实施主体的追诉，不但可以更好地维护受害国的利益，还可以严厉地打击国际垄断行为。

3. 效果原则理论

该理论强调发挥一国反垄断法域外效力最主要的要件是外国行为对国内产生效果，这种实际效果的存在是最根本的条件和考量标准。如果一国以外的行为对本国产生了实际影响的效果，那么该国家就可以利用反垄断法保护国内经营者的利益，此时就出现了域外管辖权，典型的代表国家是美国。该理论实际上就是笔者即将在文中提到的效果原则。与上述两个理论相比较，效果原则理论具有以下优点：第一，以产生实际效果为确定管辖权的依据，再一次扩大了受害国的反垄断法域外效力的范围。无论是部分行为理论，还是行为归属理论，都需要受害国考察国际限制竞争行为的实施地，从行为地的角度探寻一国反垄断法能否被适用于该行为。但是，随着目前的科技进步，针对一些互联网企业或者高科技产业，限制竞争的行为已经拓展至全球范围，垄断的危害已经影响到了更广泛的区域，所以不论行为是否发生在该国家，也不论实施该行为的经营者是否在该国家还有相关的办事机构或者分支公司，只要该行为对一国市场产生了实际效果，那么该国就可以根据本国的法律对此行为进行规制。第二，效果原则理论成为各国遵循的主要原则，避免了因实际联系地不明确而导致受害国无法追诉。上述两个原则都围绕行为地，具有一定的局限性，而效果原则理论的出现则从根本上解决了这一问题。不以行为地为前提，打破了地域限制的理论，适应当今经济发展潮流的趋势，为解决新兴的经济交易关系提供了法律支持。效果原则理论发展至今天，已被多国采纳，越来越多的国家开始意识到采用该理论不但可以拓展自身法律的域外效力，也便于接纳他国在本国主张的域外管辖权，从双方互利的角度来讲，不失为是一种科学、有效的方法。

综上所述，从部分行为理论到行为归属理论，再到效果原则理论，反垄断法域外效力的理论一直在发展过程中不断进步，这种变化源于不断更新的经济交往模式，也依赖于世界各国反垄断立法的进步和推进。这三种理论逐渐扩大了反垄断法域外效力适用的范围，这也为建立我国反垄断法域外效力适用体系提供了理论依据。

第三节　反垄断法域外效力的理论溯源

反垄断法域外效力是反垄断法在国内发展到一定阶段，为了适应国际经济行为而不断延伸至域外所产生的效力。它根植于反垄断法，并建立在反垄断法的特征基础之上，被世界各国所接受和承认。

一、域外效力的理论根基源于反垄断法

（一）反垄断法的内涵

1. 反垄断法的定义

反垄断法从内涵上讲，是"禁止行为人排除或者限制市场竞争行为的法律规范的总称；从外延上讲，反垄断法是禁止反

竞争的并购、联合行为或者是滥用市场力量行为的法律规范总称"。[1]反垄断法在美国被称为"反托拉斯法"(Anti - trust Law)。"托拉斯"本意为"信托",源于美孚标准石油公司的律师根据股东表决权信托理论创造的一种信托方法:几个公司的股东将自己持有过的股份转交至受托人手中,然后各自得到证书,从统一管理的公司收益中分得红利。很快,托拉斯就被用于企业联合。19世纪末,托拉斯这一组织形式延伸到了燃油、烟草等行业。[2]在美国,反托拉斯成文法主要包括于1890年颁布的《谢尔曼法》、于1914年颁布的《克莱顿法》,以及于1914年颁布的《联邦贸易委员会法》等。在欧盟,反垄断法通常被称为竞争法。广义上来说,竞争法包括反垄断法,以及反不正当竞争法,而狭义上仅指反垄断法。经过半个世纪的发展,欧盟已经形成了自身的竞争法体系。1957年《欧共体条约》第81条和第82条成了欧洲竞争法最初的蓝本,分别针对垄断协议和滥用市场支配地位行为做出了规定,并由欧共体委员会下设的竞争总司负责实施欧共体竞争法。于2009年签订的《里斯本条约》的竞争法部分是《欧共体条约》相关规定的延续,未发生实质性的变动,这也成为推动欧洲竞争法建设的重要步骤。[3]在我国,《反垄断法》[4]第1条阐明了制定反垄断法以预防和制止垄断行为为主要目的。从宏观角度讲要维护公平竞争,提高经济运行效率,从微观角度讲是保护消费者利益,最终促进社会主义市场经济健康发展。截止到我国《反垄断法》实施之日,

---

〔1〕 孔祥俊:《反垄断法原理》,中国法制出版社2001年版,第8页。

〔2〕 万江:《中国反垄断法:理论、实践与国际比较》,中国法制出版社2015年版,第20页。

〔3〕 2009年12月《里斯本条约》生效,原《欧共体条约》变更为《欧盟运行条约》。

〔4〕 《反垄断法》于2007年8月30日颁布,2008年8月1日起实施。

已经有一百多个国家颁布了《反垄断法》，同时建立了反垄断法制度。[1]目前，我国的反垄断法主要适用于我国境内，或者是虽在我国境外但对境内产生排除和限制影响的垄断行为，关于域外适用方面的规定并不健全。

（二）反垄断法的基本特征

反垄断法的基本特征决定了反垄断法的域外效力也具有特殊性。因此，研究反垄断法域外效力的特征首先要追溯反垄断法的特征。由于反垄断法属于经济法部门的范畴，因此具有经济法的特征，总结起来有以下几个方面：

首先，反垄断法具有经济法的一般特征：第一，经济性。反垄断法的意义在于维护经济秩序，是在遵循经济规律基础之上制定的法律。经济性的特征决定了反垄断法是为了兼顾公平与效率，保护经济利益和个人利益而生。因此，反垄断法在运行过程中必定会与一国经济态势的发展具有十分紧密的联系。第二，专业性。反垄断法是根据经济秩序的需要和市场经济的发展应运而生的。它的专业性体现在民法、刑法等其他部门法难以将其取代，它是针对垄断行为产生的法律。具体来看，民法被用于调整私人之间的关系，刑法则被用于惩罚犯罪行为。相较而言，反垄断法以这些部门法为基础，在实践中专门调整经济领域出现的问题，调整对象更具针对性。第三，行政性。反垄断法是国家维护市场秩序、调整经济市场运行的重要保障，是国家为了保证经济运行而制定的法律，具有浓厚的行政色彩。在实践当中，通常是由国家机关（例如国家发展和改革委员会、

---

[1]　See the International Competition Network（ICN），alone，has 102 member agencies from 91 jurisdictions. Also see Sheridan Scott，Comm'r of Competition，Competition Bureau（Canada），Remark 7th Annual ICN Conference 2（Apr. 14，2008），available at http://www.icn-kyoto.org/documents/materials2/April 14 Scott Opening. pdf.

国家市场监督管理总局等部门）对垄断行为进行调查，通常是由公法主体介入，可见其行政性质。

其次，从世界各国立法和执法状况分析，反垄断法除了具备经济法的特征以外，本身还具有以下几个方面的特征：第一，国家干预性。反垄断法的本质就是现代国家基于弥补民商法调整的不足而自觉干预市场、维护市场健康发展的需要而创设的。[1]它是经济法的重要组成部分，也是国家参与经济运行、实行政府干预的重要体现。正如前文所述，它是以国家干预市场的形式弥补民商法之不足，这种干预的出发点在不同国家和不同时期是有差别的，但从保护有效竞争的角度出发，均具有维护公平、自由的经济秩序的目的。博登海默认为："任何自由都容易为肆无忌惮的个人和群体所滥用，因此为了社会福利，自由就必须受到某些限制，而这就是自由社会的经验。无限制的经济自由也会导致垄断的产生。人们出于种种原因，通常都乐意使他们的自由受到某些对社会有益的控制。"[2]由此可以看出，反垄断法的这种国家干预实际上是一种适度干预，干预过度和干预不足均会引发更多的经济问题。因此，国家干预应该不以遏制经济自由为前提。反垄断法被誉为"宪法市场经济"的目标，力图增强市场的一致性、开放性和透明度，创造一个没有垄断活动的公平竞争市场。[3]第二，社会本位性。社会本位一般是以经济法基本原则的面目出现的。反垄断法作为经济法中的一部分，主要从两个方面考虑对经济关系的法律调整，

---

〔1〕 王先林："反垄断法的基本性质和特征"，载《法学杂志》2002 年第 1 期。

〔2〕 〔美〕E. 博登海默：《法理学：法律哲学与法律方法》，邓正来译，中国政法大学出版社 1999 年版，第 281~282 页。

〔3〕 China Sets Up Anti-Monopoly Commission, Peoples Daily Online (P. R. C.), Aug. 4, 2008, China's First Anti-Monopoly Law Takes Effect Friday, supra note 14. http://english. people. com. cn90001/90776/90884/6466025. html.

即多数人的利益和意志。[1]这使得该法在制定和实施的过程中会根据对国家和个人保护的不同侧重区分出不同的法律调整模式。无论是从产生的社会基础还是从与传统部门法之间的区别上看，它都体现和反映着社会经济运行的方向和模式，因此具有社会本位性。在通常情况下，以权力为本位的行为是由行政法进行调整的，以个人权利为本位的行为是由民法进行调整的，以社会经济为本位的行为则是由包含反垄断法在内的经济法进行调整的。在反垄断法保护的范畴内，它不仅保护国家的整体利益，也保护社会个体的利益，两者兼顾。同时，反垄断法对国家利益的保护是从社会公共利益出发，通过有效行使法律手段维护市场秩序，目的在于追求实质上的公平与正义。反垄断法的这一特征实际上是对其主体（国家和各类市场参与者）行为的引导和限制，无论是国家还是各类市场参与者，在竞争问题上都必须对社会共同尽责。[2]第三，政策性。相对于其他部门法，反垄断法的特性十分明显，国家政策直接影响着反垄断法从制定到实施的全过程。在不同国家，反垄断法的执行情况可能会不同，这往往是因为其会受到政策的影响。很多研究反垄断法的学者都认为，反垄断法源于国家对市场经济运行进程中的垄断的禁止和消除。它不像民法那样抽象地保障私人的权利与义务，而主要是保护市场竞争的有序性、维护市场秩序、满足国家对经济秩序的要求和实现竞争政策的要求。因此，反垄断法具有公共政策的特点。反垄断法会受到经济政策的影响，这决定了其还具有一定的灵活性，并且更倾向于具有公法的性质，会不可避免地随着经济政策的改变而修改和完善。例如，针对排他许可，相关市场界定都是随着意识形态、市场现象的

---

[1]　王先林："反垄断法的基本性质和特征"，载《法学杂志》2002年第1期。
[2]　王先林："反垄断法的基本性质和特征"，载《法学杂志》2002年第1期。

变化而变化。美国的反托拉斯法理论认为，作为一种授权立法，首先需要法院对市场情况、竞争者做一调查后再制定与实施。这种模式充分说明了反垄断法受经济政策影响之大。同时，因受到各国经济的影响，其条款具有很强的概括性和不确定性，因此很难依照传统的法律解释得到合理的结果，需要根据实践中发生的各种状况，结合其他部门法的具体规定或者反垄断法的司法解释确定最终的结果。纵观国际社会，反垄断法的性质决定了其具有政策性，由此，众多国家也认为反垄断法可以被视为一个国家的竞争政策法，对各国的竞争具有十分重要的作用。由于兼具上述特性，一国的反垄断法欲发挥其域外效力，他国对此的接受难度远大于其他私法，这也是讨论反垄断法域外效力的意义所在。

二、域外效力的产生得益于反垄断法制度的延展

域外效力产生的根基是反垄断法，因此反垄断法的发展对域外效力具有直接的推动作用，反垄断法也只有发展到一定程度在才会产生域外效力。因此，反垄断法遵循的立法体例和调整方式都构成了反垄断法产生域外效力的重要法律基础。

（一）立法体例：从并行立法到合并立法

近些年，各国的反垄断法发展迅速，特别是立法体例的完善与进步，各国基本遵从了从并行立法到合并立法的发展趋势。

首先，资本主义自由竞争阶段发展的立法模式是并行立法，目前该种立法体例的典型代表国家是韩国和德国。1980 年，韩国颁布了《限制垄断及公平交易法》。随后，韩国将垄断与不正当竞争分开，于 1986 年颁布了《不正当竞争防止法》，随后又颁布了《反限制竞争法》。这种模式使得韩国的不正当竞争立法

与垄断立法有了清晰、明确的界限。这种立法模式主要产生于资本主义自由竞争发达时期。在此期间，德国经营者在市场中的竞争出现白热化局面，催生了不正当竞争行为。于是，德国基于民法自由平等、诚实信用的原则制定不正当竞争法是极为重要的。1909年6月，德国颁布了《反不正当竞争法》，基于市场规则的需要又于1957年制定了《反对限制竞争法》。这部法律虽然被定义为私法，但是由于规定了政府在执法当中的监督作用，因此具有十分浓重的公法色彩。可以说，并行立法是大陆法系国家在政治和经济基础之上发展出来的法学理论，适用于自由竞争时期。其体现了立法目的明确、执法更为容易的特点。但是，从法律发展的角度来讲，这种并行立法的模式并不属于主流，合并立法才是当今法律发展的潮流。

其次，目前反垄断立法的世界模式还有合并立法。这种模式是将反不正当竞争法和反垄断法以合并的方式统一规定在一部法律或者法典中。这种立法模式并不完全区分公法与私法的关系，而是旨在强调自由与公平竞争，并且以保护公共利益和竞争者的利益为价值追求，倡导诚实的市场行为。因此，是一种与现行经济发展相适应的立法模式。同时，由于这种模式没有区分公法与私法，所以可以采取多元化的法律手段对垄断行为进行规制。由于市场行为本身是多元化的，违反竞争秩序可能涉及的面也很广，因此采用合并立法是必然的趋势，遵循这一模式，有利于执法机关在司法实践中运用法律。此外，这种模式主要出现在以普通法为主的国家。这是因为：第一，竞争法与反垄断法的立法目的是一样的，都是维护市场秩序、保证交易公平。因此，两者具有相同的价值基础。第二，两者之间的合并可以有效地避免因理论不同而产生的各种分歧，使两者具有统一的法律原则和法律规则，使得行为规范简单易行。第三，两种法律之间的基本作用是一致的。在政策作用方面，都具有推动和保护竞争的作用，可以对损害消费者利益的行为给予严厉打击。在政策宗旨方面，都是以禁止企业的不公平、不合理手段为宗旨，由国家机关发布禁令，制定行政措施，对损害行为给予惩处。第四，两部法律之间本身具有内在联系性，单纯地将其割裂开来过于生硬。由此不难看出，垄断产生的重要因素之一就是不正当竞争，不正当行为产生的情况包括垄断者与非垄断者之间的竞争。两者之间的内在关系可能导致现实中某一个反垄断纠纷案件不但涉及垄断，还涉及不正当竞争，因此，采用合并立法符合法律发展规律，而且更为合理。

综上所述，这两种立法体例各有优劣，我国目前采用的是《反不正当竞争法》和《反垄断法》分别立法的模式。以国际竞争法的发展趋势来看，我国的《反不正当竞争法》由于颁布的时间较早，很难与迅速发展的市场经济相吻合。因此，从司法实践来看，合并立法更具合理性。结合近些年我国竞争法的发展现状，基于经济行为复杂化、多元化之趋势，我国采用合并立法可以更有效地解决国际限制竞争问题，更有利于反垄断法体系的建立，并且也可更有效地推动建立反垄断法的域外法律适用体系。

（二）调整方式：结构主义规制方式弱化

反垄断法的结构主义规制方式是指市场结构呈现出高度集中的态势，由此形成了反竞争的行为模式，进而导致市场绩效出现了非竞争性，[1]并且根据市场结构的状况进行测评，以测评的结果判断是否存在垄断行为。这种模式主要参考的是行业集中度和市场份额。结构主义理论的发展主要集中在 20 世纪 30

---

〔1〕 王清春："结构主义与行为主义反垄断法——公平和效率的博弈"，载《法制与社会》2011 年第 27 期。

年代，市场结构对市场行为和结果的基础性影响问题被提出，如果企业的市场行为是合理的，则政府只需要履行好监督职责，无需干预市场行为。可以看到，结构主义模式主要是对行业集中的状态进行法律控制，美国20世纪60年代的反垄断法就充分体现了结构主义的特点。

首先，第一次工业革命后，工业生产大规模发展，19世纪末期，经济发展迅速、资本和生产迅速集中，当行业集中到一定的程度后，托拉斯企业在各个领域对其他企业形成垄断，逐渐造成了难以控制的局面，不但破坏了本行业的经济秩序，还对其他相关行业产生了不利的影响。在这种情势下，反垄断法的出台必然要以维护经济民主和恢复自由竞争为主要目的，因而反垄断法规定要限制垄断组织的行为，对市场集中进行拆分，从而维护各个经济部门的平衡。社会背景和经济发展初期法律调控的缺失是采用结构主义立法模式的重要原因。然而，哈佛学派却认为，一味地限制规模经济发展，市场中会缺少较大规模的企业，同样会阻碍民族经济和国际间的交流与合作。因此，我们必须在肯定结构主义调整方式正确性的同时看到其弊端。

其次，随着经济全球化和市场一体化的不断发展，结构主义调整模式难以适应生产力的发展，呈现出逐步弱化的趋势。这主要是因为规模经济本身并不是反垄断法规制的对象，规模经济只有在破坏市场稳定、违背竞争规律时才会成为反垄断法规制的对象。相反，在国际竞争日趋激烈的大环境下，只有依赖规模经济，形成聚集的资金和人才，才能有力地推动企业的发展，特别是企业规模经济已不再是反垄断的既定规制目标，因此结构主义的规制手段就会逐渐减弱。另外，垄断企业必须要不断地进行开发，才能在较长时间内处于垄断地位。而结构主义范式最重要的是确定相关市场的范围，这个重要的前提是结构主义垄断规制的关键环节。同时，相关市场也很看重地理市场和产品市场，但是受目前市场全球化的影响，相关市场很难确定，因此传统反垄断法的结构主义基于市场范围难以确定的问题会造成制度难以实施。所以，反垄断法的调整方式开始从单纯的结构主义向结构主义和行为主义两者不断融合的方式过渡。这两者的融合实际上是反垄断法灵活性和适应性的特点使然，融合发展的目的体现了反垄断法符合现有经济理论的特点。由此可见，为了适应经济行为的发展，结构主义规制方式呈现出了向结构和行为主义不断融合的趋势。

目前，立法体例和调整方式的不断发展使得反垄断法已经难以局限于一国境内。于是，反垄断法域外效力建立在反垄断法立法技术革新和调整方式变革的基础上，成为反垄断法发展的必然选择。

第四节　域外效力的发展受到反垄断法性质的影响

反垄断法的性质是指它作为经济法的基本性质和它介于公法与私法之间所呈现的特殊性。在一般情况下，从传统法律理论上来说，公法不具有域外性，反垄断法如果被视为公法，其域外效力便无从谈起。但是，反垄断法作为经济法中重要的组成部分，具有经济法的双重性质——公法兼具私法，而私法性则为域外效力的产生提供了可能性。

一、反垄断法公法性质并不影响域外效力的产生

（一）"经济宪法"理论的由来

"经济宪法"最早产生于德国，由著名的"弗莱堡学派"（Freiburger Schule）提出。这个学派又被称作秩序自由主义（Ordoliberalismus）学派。[1]弗莱堡学派产生于 20 世纪，它是新自由主义经济学中的一个流派，提倡构建公平、有序且合乎人类尊严的社会。它强调追求秩序、重视秩序对国家和社会的影响。在通常情况下，秩序是社会生活中关于历史不断变化的事实，但是在实际的生活中，秩序又会演变为不同的状态。概括区分主要有两种：一种是生活在其中的各种不满意的秩序；另一种是公平合理的秩序，这种秩序就是人们追求的秩序。这就要克服生活中的稀缺，保证个人的自由和公平，而实现这一目标则需要通过弗莱堡学派提出的完全竞争理论。该理论主张制定"经济宪法"。由于经济宪法的创立，经济秩序得以产生，"经济宪法"就是对共同体的经济生活秩序的统称。[2]但是，在现代的经济发展和法律发展中，现代生产技术总是不断进步，从而导致企业的规模不断增大，大型企业不断涌现，进而导致了集中和垄断的形成，最终出现了集中调节经济的过程。而这个过程是现代技术在不断促使小规模的竞争减少的同时，会催生出竞争与反竞争。所以，该学派强调保护自由，但是不反对国家干预，认为只有将自然规律和现行的法律规律相结合，才能够建立一个良好、有效的秩序机制。因此，仅凭经济的自然规律，或者仅凭国家的法律秩序都不能建立起一个真正有效、合理的秩序。弗莱堡学派直接阐述了"经济宪法"的核心，即凭借国家建立起来的秩序政策的力量，并将这些内容融入竞争，用以维护自由、有序的市场经济。因而，"经济宪法"建立在市场自然秩序之上，通过经济政策的秩序协调、调整社会经济生活关

---

〔1〕 吴越：《经济宪法学导论——转型中国经济权利与权力之博弈》，法律出版社 2007 年版，第 120 页。

〔2〕 ［德］瓦尔特·欧肯：《国民经济学基础》，左大培译，商务印书馆 1995 年版，第 45 页。

系。经济政策对实现自由、公平的秩序具有重要的指导意义，任何经济政策都应该考虑经济秩序的存在，并且在运用各种主要标准时考虑到竞争秩序是解决秩序政策问题的唯一可能。[1]经济政策必须要以尊重客观经济规律为前提，并且将经济政策的任务限制在塑造经济秩序的形式上。此外，经济宪法的理论从法律规范上来说实际上是法治国家的一个法律框架，通过这个框架的建设限制个人的自由活动，同时在提倡个人自由的同时建立起不损害他人自由的制度。但是，这种秩序理论很难对现有的经济活动进行规制。因此，必须将"经济宪法"的理论转变为现有的经济秩序才能使其被运用到法治生活。

1947年，德国的经济学政策家米勒·阿尔马克提出了关于"社会市场经济方案"的理论。这个理论提出了经济政策的总体方案，从市场经济秩序的制定入手，最终成了德国秩序政策的范式。[2]正是在这样的基础之下，经济宪法得以与国家的法律规范体系挂钩，并且与反垄断法的法律价值定位相联系。在规制市场秩序方面，立法者应该建立良好的市场经济秩序，最大限度地保持公司的竞争秩序，同时防止权力滥用，形成垄断竞争，还要建立完善的监督管理机制。经济宪法与婚姻家庭法、政治宪法共同组成了宪法。这一意义上的经济宪法是狭义的，即是该种既存的宪法文本。此外，经济宪法还有广义定义，它是所有关涉经济组织和经济进程的法律规范的总称。[3]由此可见，"经济宪法"是弗莱堡学派理论的价值追求和实体制度的重

---

〔1〕［德］瓦尔特·欧根：《经济政策的原则》，李道斌译，上海人民出版社2001年版，第87页。

〔2〕金善明："经济法治：政府与市场的规范逻辑"，载《江海学刊》2013年第5期。

〔3〕［德］曼弗里德·诺依曼：《竞争政策——历史、理论及实践》，谷爱俊译，北京大学出版社2003年版，第101页。

要体现。其核心在于完善竞争政策的各种偏好，因而其框架体系亦以此为原点铺陈开来。在这个理论体系或制度框架中，通过"经济宪法"维护竞争秩序是十分关键的，从法治国家建设的制度层面来讲，维护竞争秩序是规范经济领域事务的重要方面。

（二）公法性质的法理解释

反垄断法之所以被称为"经济宪法"，主要得益于其具有公法性质。《反垄断法》第8条规定："行政机关和法律、法规授权的具有管理公共事务职能的组织不得滥用行政权力，排除、限制竞争。"反垄断法的本质是针对经济市场环境下经营者的限制或者排除市场竞争的行为，提供诸如行政执法或私人诉讼等救济途径，以维护市场竞争。这些行为主要有垄断协议、滥用市场支配地位和经营者集中三种。但是，在市场运行的过程中，政府补贴、产业振兴计划等政府干预的手段也会对市场竞争形成干预，这种具有政策倾向性的行为也会造成垄断。这种措施在市场经济中会造成经济秩序混乱，但是，从经济制度本身讲，进行切实有效的规制可以使这种行为得到有效的治理。目前，从我国市场竞争的角度来看，垄断可以被分为经济垄断、行政垄断。如果从市场经济的发展需求进行探讨，成熟、完善的市场经济不仅需要健康、有序的竞争规则作为指导，还需要竞争规则本身可以呈现法制化发展。[1]反垄断法在追求秩序稳定并且秩序健全的体制的过程中，需要宪法以及类似于宪法的体制和法律作为支撑。宪法作为国家的根本大法是对整个领域法律的根本指导，反垄断法在经济法律领域中发挥着十分重要的作用。建立有效的市场经济、形成有效的市场行为要以国家宪法

---

[1] 陈宏："《反垄断法》——中国特色的'经济宪法'"，载《理论探讨》2008年第6期。

的法治信仰为基本依托，进而在客观上要求反垄断法能对限制竞争、垄断行为给予规制。反垄断法就是以国家法的姿态规制各种行为，以使其合乎市场规则。同时，反垄断法对竞争秩序的维护也是一项十分重要的法律制度。反垄断法作为静态的法律文本，通常很难对制度和环境加以改造，必须依靠国家机关行使政策才能保证市场的秩序。反垄断法中对市场的维护是超越私权利，从公权力的角度出发提出的目标要求。其对竞争秩序的塑造与维护是一项系统工程。竞争在经济生活中占有重要的位置，从表面上看，竞争是市场主体之间利益博弈产生的结果，由于在竞争过程中可能出现竞争损害，因此国家才会运用公权力对竞争中出现的危害行为进行规制。反垄断法解决的就是在竞争中所产生的损害问题，而对于市场经济体制是否能够发展得更成熟，反垄断法具有至关重要的作用。[1]因此，合理运用反垄断法是竞争的需要，反垄断法从公法的角度保障市场秩序的健康发展，被称为"经济宪法"是有其理论依据的。另外，国家从法治层面确定市场经济的经济体制，就是以建立稳定、良好的竞争秩序为前提，适用反垄断法的主要目的就是维护竞争秩序，所以反垄断法对经济秩序的维护成为"经济宪法"得以存在的法律意义。

　　反垄断法被称为"经济宪法"，不但因为其具有公法性质，还有其他的内在原因。反垄断法的目的是保护竞争自由，因此是市场经济的基本法。反垄断法也是对市场进行适度干预、补救"市场失灵"的法律。自由市场经济必然会产生市场失灵，不完全竞争以及外部效应都是市场失灵的表现形式。市场机制在市场失灵的情况下难以发挥作用，这就需要政府能够矫正市

---

　　〔1〕 金善明："反垄断法的'经济宪法'定位之反思"，载《江西社会科学》2015 年第 11 期。

场失灵的问题，使市场机制恢复到常态。运用反垄断法打击垄断行为是维护公共政策的主要途径，也是政府维护市场竞争秩序的重要手段。

综上所述，反垄断法如同宪法一样，具有保护公共福利和公共秩序的职能。在规范市场经济的法律体系中，反垄断法被称为"经济宪法"。同时，竞争自由是个人自由与私人企业自由两方面的重要体现。在两者相联系的状态下，反垄断法旨在从根本上解决市场失灵的问题，进而成了市场经济的基本法。

（三）反垄断法呈现公法私法化的趋势

首先，反垄断法呈现公法私法化的性质。在通常情况下，私法自然具有域外效力。例如，合同法规范当事人之间的利益，一方如果是域外当事人，那么当事人双方所签订的合同依然对交易关系具有效力。反垄断法调整的经济关系主要是在维护市场运行机制过程中所形成的管理与被管理的关系，维护该关系的实质是保证经营者的正常经济行为；从反垄断法的立法目的来看，其主要是维护社会公共秩序，因此具有公法的性质。它调整和规制处于不平等地位主体之间产生的社会关系，目的是确认公权的存在，使市场经营者在法律规范的范围内行使权利，并以此为主要任务。但是，其规制的最终目的是保护一国经营者的利益。即使初衷是维护竞争秩序，但落脚点依然是保护私人权利利益。从反垄断法调整的经济关系和立法初衷分析，反垄断法呈现出了公法私法化的性质。既然反垄断法的公法性质也在趋于私法，那么各国承认它的域外效力也就有其理论根据了。

其次，反垄断法规制决定了它必须要发挥域外效力才能实现保护本国经营者的立法目的。传统国际法规则关于域外法律适用的理论认为，公法不具有域外的效力，仅在域内对本国的行为产生规制效力。但是，反垄断法仅在一国内规制限制竞争行为，采用传统的严格属地主义已经不能实现对垄断行为的治理。随着经济交易模式发生变化，反垄断法仅规制域内行为难以保护本国经营者的利益，可能促使一些经营者采取更多的投机行为。如果反垄断法因为具有公法性质而对于在境外实施垄断行为，却对境内企业造成影响的行为，仅产生域内效力，那么该经营者就可能会逃脱该国法律的追究。

尽管反垄断法的公法性质致使反垄断法的域外效力适用不是一个可以当然成立的命题。但是，每个国家将反垄断法适用于调整位于或者发生于境外的事件的最终目的都是基于对经营者的保护，呈现出了公法私法化的倾向，为反垄断法域外效力的存在提供了正当、合理的理由。因此，不能因为反垄断法具有公法性质就否定其域外效力的存在。

二、反垄断法私法性质是涉外垄断民事诉讼的基础

（一）私法性质的法理解释

我国《反垄断法》第 1 条明确规定要 "维护消费者利益"。该条款确认了我国《反垄断法》具有私法属性。在美国《谢尔曼法》中，提高消费者福利被视为反托拉斯法的最终目的。芝加哥学派中的一些学者认为："提高消费者福利是反托拉斯法独一无二的目的。" 1995 年，反托拉斯委员会的报告明确指出："反托拉斯法的基本目的是促进开放市场，这个政策是私有企业的主要特征。"[1]《反垄断法》的私法属性决定了它通过公平竞争保护中小企业经营者的利益。从法律规定来看，保护消费者的合法权益是反垄断法的主要任务。因此，在市场竞争中，消费者受到垄断行为的损害，所有的垄断利润最终都会被转嫁到

---

〔1〕 王兴运、郑艳馨：《竞争法学》，中国政法大学出版社 2010 年版，第 46 页。

消费者身上，由于消费者本身处于弱势地位，因此必须通过市场竞争实现优胜劣汰，以保证资源的优化配置，从而提高经济效率，使消费者得到收益。[1]在涉外垄断行为中，例如，在跨国并购中，跨国企业形成国际垄断，使得中小企业难以维持或者难以进入市场，实力雄厚的跨国企业形成独占，消费者只能选择该企业的产品或者服务，一旦提高价格，消费者便会成为最终受损者。日本的金泽良雄教授指出："禁止垄断法的规制具有保护私益的目的，但是除了私益，还具有公益的目的，所以它已经超越了市民法限度。"[2]因此，将反垄断法运用到私法的调整方法，主要体现为消费者和竞争者可以对垄断行为依法提起损害赔偿诉讼。反垄断法中的损害赔偿包括补偿性赔偿和惩罚性赔偿两种。[3]美国反托拉斯法适用3倍赔偿条款以激励私人诉讼，私人起诉者必须做到证明行为违反了反托拉斯法，并且该行为造成了损害、损害的数额可以确定。[4]采取私人诉讼的主要目的是激励受损害者自我保护。[5]私人提起诉讼的目的是弥补公诉的不足，反垄断法的私法性质决定了私人可以提出请求，借助反垄断法实现公益目标。

（二）私法属性对涉外垄断行为民事诉讼具有重要作用

在国际私法的基础理论中，13世纪意大利著名注释法学家巴托鲁斯的法则区别说对法的域外效力有着推动作用，这得益

---

〔1〕　时建中主编：《反垄断法——法典释评与学理探源》，中国人民大学出版社2008年版，第3页。

〔2〕　［日］金泽良雄：《经济法概论》，满达人译，甘肃人民出版社1995年版，第184页。

〔3〕　王先林：《中国反垄断法实施热点问题研究》，法律出版社2011年版，第6页。

〔4〕　Daniel L. Rubinfeld, *Antitrust Damages*, *Research Handbook on the Economics of Antitrust Law* (Elhauge, editor), November 21, 2009.

〔5〕　AMC, Report E and Recommendations, April 2007, p. 246.

于他对人法域外效力的研究。他认为，人法是属人的，不但应适用于立法者所在国家领土管辖范围内的公民，而且还应适用于在其他国家管辖领土范围内的本国公民。对"人法"的研究实际上体现了域外效力的发展，并且通过该种研究模式的不断成熟和发展，逐步形成了私法的域外效力理论。基于反垄断法的私法属性，涉外垄断行为可以以私人之名义提起诉讼。延伸至我国的法律适用实践，我国消费者或者中小企业主因垄断行为提起的赔偿诉讼，除了可以适用《反垄断法》，还可以适用《中华人民共和国侵权责任法》（以下简称《侵权责任法》）。同时，我国《反垄断法》第50条规定了经营者承担民事责任的情况。经营者实施了垄断行为，并且给其他经营者或者消费者造成危害要承担相应的民事责任。目前，2012年《最高人民法院关于审理因垄断行为引发的民事纠纷案件应用法律若干问题的规定》对垄断行为引发的民事纠纷做出了详细规定，即签订的合同内容或者行业协会的章程违背了反垄断法的规定，使自然人、法人或者其他组织受到损失，受损害人可以向人民法院提起民事诉讼。尽管2010年实施的《侵权责任法》并没有对垄断行为的侵权责任做出规定，但是垄断行为仍然可以适用《侵权责任法》中的一般性条款。因此，基于反垄断法的私法属性，涉外垄断行为的受损害人可以通过适用除《反垄断法》以外的法律规定，采用民事诉讼的方式追究当事人的责任。

（三）反垄断法的双重性质决定域外效力的产生成为必然

由上文可见，反垄断法对市场经济的重要影响体现了经济法律关系的内容，[1] 同时具有公法与私法所呈现的特殊性。反垄断法基于自身的私法属性，可以为消费者的私权提供保障。

---

〔1〕 李昌麒主编：《经济法学》，中国政法大学出版社2002年版，第83页。

对此，学界有理论认为反垄断法是传统意义上的公法，仅具有公法性质，不存在私法与公法的交叉。但是，笔者认为，反垄断法本身兼具公私的双重性质，国家干预市场竞争是行使公权力，使市场经营者服从法律规制，这也是对私权的确认和维护。因此，它体现出了兼顾公私两种责任，所以有人也称其为"公法为主，公私兼顾"。从反垄断法的调整对象来看，它所调整的法律关系属于经济法中有关竞争的内容，体现了私法的性质。但是，其却采用了公法手段（例如行政命令、行政认可或者责令禁止等方式）对私法领域的问题进行调整。这种调整手段具备公法性质，但是调整对象有时却具有私法性质，这一情形无疑反映了反垄断法所具备的双重性。经济学认为，市场调节是政府调节的基础，不论是从私人利益角度出发，还是从社会公共利益角度出发，反垄断法的调节与限制都是基于民商法基础性调整之后的第二次调整，这次调整的主要目的是对契约自由加以限制，防止其被滥用。从社会公共利益的角度出发，这是一种更高级的调整。[1]因此，反垄断法具有"公法为主，兼具私法"的双重性质，这决定了其在责任承担方面具有特殊性，也决定了其作为私法产生域外效力具有正当性和合理性。

综上所述，在法律制度发展和变革的过程中，各国都以传统的属地、属人主义原则为基本理念，多数国家并不承认一国反垄断法具有域外效力。但是，随着经济全球化的发展，法律更为细分，在公法与私法的不同类型之下，通过加强全球国际合作，使得公法与私法的融合更加紧密，并逐渐呈现出了公法私法化的倾向。因此，反垄断法性质的双重性决定了其域外效力的产生具有必然性。

---

〔1〕 王先林："反垄断法的基本性质和特征"，载《法学杂志》2002年第1期。

第二章

反垄断法域外效力的学理考察

反垄断法域外效力是社会发展到一定阶段的产物,具有深厚的社会基础;同时也伴随着国际经济发展而显现出了其产生的必要性。更重要的是,域外效力的产生是建立在国际原则、国内法律规范和国际竞争规则基础之上的,具有坚实的社会基础和法律基础。

第一节　反垄断法域外效力产生的社会基础

反垄断法域外效力产生的社会基础主要是从社会学和经济学两个角度考察反垄断法域外效力产生的根本原因,通过对原因的分析,阐明域外效力的重要性。

一、反垄断法域外效力的社会学考察

（一）反垄断法域外效力是社会发展的必然产物

伴随经济的发展,社会需要与之相适应的法律作为保障。反垄断法作为经济法的一部分,具有保障社会经济安全、有序发展的重要作用。当国内法已经远远不能满足社会发展的需要

时，则要寻求和推动反垄断法发挥域外效力，以此保障跨国经济的发展。因此，反垄断法域外法律效力是社会发展的产物。具体来讲，反垄断法域外效力是反垄断法在国内法基础之上的空间适用范围的延伸，也是反垄断法空间效力范围的扩大。同时，随着社会的不断发展，国际交流的逐步加深，针对竞争行为产生的法的空间效力也要不断扩张。根据法律规范有关空间效力的普遍法理原则，反垄断国内法的空间效力通常是在国界以内起到规范行为的作用。所以，在一国主权范围之外主张管辖权，属地管辖原则是国际法中最基本的原则。但是，由于社会化进程不断向前发展，各国的社会交往和经济联系日益密切，诸多民商事行为均发生在境外，许多的跨国民商事法律问题无法仅在国内法的域内效力上得到很好的解决，一旦放弃了反垄断法的域外效力，国家就难以对涉外经济主体的行为适用有效规则，更难以使违法行为得到惩戒。所以，在特定情况下，国内法的域外适用，即产生超越国界的空间效力，成了国际法律制度中顺应国际社会发展的一种顺其自然的产物。这是反垄断法的进步与革新，更是社会发展和经济飞速发展的要求。

（二）反垄断法国内发展不能满足目前经济需求

随着国际社会交往的加深，反垄断法国内发展已经难以满足目前的经济需求。因此，反垄断法域外效力的承认与执行是反垄断法顺应国际化合作的必然选择，也是打破各国国内发展局限性的重要步骤。由于仅对国内垄断行为予以规制已经很难满足目前的市场经济需求，所以促进经济效率的提高是经济法（特别是调整经济关系的反垄断法）的根本目标。反垄断法的主要目标是保护竞争，因此，反垄断法不断地丰富域外效力的内容也是为了能够保证国际市场的效率，追求有效的竞争。它要求世界经济一体化，不断加强经济的融合，并且要求世界各国加强合作。但是，由于全球经济发展迅速，世界各国经济相互依存，使得各国经济的发展也呈现上升态势。因此，垄断行为已经不再局限于产生于一国的国内市场，其还可能产生于国外市场。从长远来看，即使垄断行为发生在国外，但是如果该行为对我国的竞争秩序产生了实质性的、严重的经济影响，我国便需要从维护国家主权和经济利益的角度出发，通过反垄断法域外效力的相关规定对行为进行规制。因此，反垄断法域外适用制度的建立既是基于保护国内众多产业的需要，也是基于限制国际经营者集中的需要。应该说，承认反垄断法域外效力对世界经济的发展可以起到十分积极的作用，但是仍需要防止部分国家或者企业带着无限制的扩张欲望，利用其市场份额优势，以域外效力为借口对不发达国家进行经济侵略。这种行为可能导致世界经济失衡，并给发展中国家的经济发展带来不利影响。

（三）反垄断法域外效力是国际合作的要求

反垄断法域外法律适用的完善是加强世界各个国家之间反垄断国际合作的重要条件，具有其必然性。目前，发达资本主义国家基本上都确立了反垄断法的域外适用制度（例如美国、欧盟、日本等），域外法律适用制度的确立在很大程度上保护了各国企业在国际市场竞争和在其他国家的相关投资以及竞争利益。发达国家注重反垄断法的域外效力，扩张其管辖权范围，不但是对本国企业的保护，还是对国家经济利益的保护。在此情况下，我国作为世界上最重要的发展中国家，在经济上与发达国家存在一定的差距。面对发达国家通过立法和司法实践意图实现主权和管辖权的扩张的客观情况，我国需要建立与现实情况相匹配的反垄断法域外法律相关制度，以此防范某些外国企业的行为危及我国企业。目前，我国在域外法律制度的建设中还存在诸多问题，因此要充分重视反垄断法域外制度的建设，这不仅可以避免其他外国公司利用我国的法律漏洞对我国的经济主权造成侵犯，也可以避免我国执法机关由于缺乏域外相关法律的规定而难以对境外公司的垄断行为采取对等措施，造成我国企业在法律诉讼地位上的不平等。此外，承认域外效力的有效性可能会引发国家之间管辖权的冲突，但是，从国际合作的长远发展来看，只要域外法律适用得当，对反垄断法域外效力予以承认与接受的利处就远大于其弊端。

目前，世界各国并未建立统一的国际反垄断法体系，很难有效地规制具有跨国性质的垄断行为，并且在当下的国际法学发展中，又很难在短期内形成统一的规则体系。因此，为了解决现阶段存在的跨境反垄断法问题，主要发达国家和地区也都力求在本国的法律体系中加快反垄断法域外适用制度的建立。从借鉴他国的角度来讲，我国现行《反垄断法》的大部分内容都是针对国内垄断行为做出的规定，所以，为了弥补我国在立法中的缺陷，从国际法的层面完善域外效力的相关内容，进而采取法律措施以规制对我国企业造成损害的行为，不但可以保护我国企业在贸易活动中的利益，避免我国企业处于劣势地位，还有利于建立国际竞争秩序，对国际反垄断法的构建也有一定程度的促进作用。目前，我国《反垄断法》第2条规定境内和境外的垄断行为都适用该法。这一条款本质上是冲突规范，是法律选择规则，但是我国的反垄断法在域外效力方面仅仅在法条中有所提及，并没有更深层次的阐释。以至于在司法实践中，对于国际垄断行为，我国反垄断法很难直接做出法律规定。所以，很有必要从立法层面丰富我国的《反垄断法》，例如在法律条款中明确其域外效力，赋予反垄断执法机构以明确的域外管辖权。鉴于此，不论行为人的国籍、住所，也不论行为发生地，若出现限制和破坏我国境内市场秩序的行为，我国就能够按照反垄断法的相关规定对垄断行为进行规制，用以防止限制、排挤竞争对手的行为，主要规制类似于跨国并购、国际卡特尔等行为。

由此可见，根据效果原则，我国应该在《反垄断法》中设立具体的条款确立域外效力及适用规则，对于在境外限制和破坏国内市场竞争秩序的行为，不论垄断行为地在哪里，也不论行为人的国籍和住所，[1]我国均有权对垄断行为进行规制。

二、反垄断法域外效力的经济学考察

（一）全球经济一体化的要求

全球经济一体化对反垄断法提出了更高的要求。反垄断法的公法性质决定了它具有维护市场稳定、规制市场竞争的作用。若要实现公平、有序的竞争，达到维护公共利益的目的，首先要积极地保证经营者的利益，并且在市场规制中，一国的反垄断执法机构在行使调查权时，有可能导致相关市场的范围扩大，以地域进行划分的难度加大。在相关市场的界定中，经济一体化对此界定的内容逐渐显现出了超越一国范围的特征，这也成为促进反垄断法域外适用制度发展的重要原因。

（1）跨国公司不断涌现，要求反垄断法域外法律适用方面的立法进一步加强。跨国公司是目前经济实体中的重要组成部分，跨国公司不但是重要的经济主体也是重要的法律主体，但是这一主体的经营行为可能波及多个地域。[2]跨国公司的特殊性决定了国际社会合作频繁，为了尽量促成跨国公司在各个区

---

〔1〕 马存利："论我国反垄断法的域外适用制度——美国和欧盟的经验启示"，载《西北工业大学学报（社会科学版）》2012年第3期。

〔2〕 慕亚平、沈虹："并非法律关系主体——跨国公司法律地位再探讨"，载《国际贸易》2002年第6期。

域间的协调统一，通过反垄断法域外法律适用确定跨国公司行为方式以及责任承担的法律保障是重要手段。特别是随着国际市场资源的深化发展，商品和服务日益丰富化、复杂化，越来越多的跨国公司期望通过跨时空地配置需求以降低企业生存的风险。并且，随着跨境电商等互联网行业的兴起，传统反垄断法规制的地域界限趋于模糊，通常会借助信息技术进行跨境流动，这就使得反垄断法发挥域外效力更具必然性。但是，反垄断法域外适用过程中有可能会存在管辖权冲突，所以可以考虑运用多边、双边等国际协议协调各国的利益，增强对跨国公司的管理。[1]目前，跨国公司进行大规模扩张，并形成经营者集中，呈现出了资金规模巨大、涵盖面广、行业内部并购或者不同行业互相联合发展的特点。过度集中的国际市场份额会导致其他企业难以进入，形成独占或者寡头垄断。所以，通过建立我国反垄断法域外的相关制度以保护我国的经济产业的健康运行是实现反垄断法规制的重要途径和必然选择。

（2）国际化并购不断增多，并购中的很多国际垄断行为均需要反垄断法规制。收购兼并行为有可能造成限制竞争行为，目前企业并购通常涉及面广、资金规模较大，国际并购不仅是行业内部并购，还涉及行业交叉的并购，并购过程可能涉及上游、下游的企业或者因并购造成垄断局面。因此，各国为了保证本国竞争者的市场地位，以及维护消费者的权益都要对国际并购加以限制。但是，目前世界各国并没有在国际市场上形成统一的反垄断法律框架，国际立法的缺失导致国内反垄断法必须要承担维护市场竞争秩序的重任。并且，在当今国际市场与国内市场相互影响的情况下，国内反垄断法的域外适用是一个

---

〔1〕 Aseem Prakash and Jeffrey A. Hart, "Indicators of Economic Integration", *Global Governance*, Vol. 6, Issue 1（January–March 2000）, p. 95.

必然的进化结果。所以，各国国内的反垄断法必须规制一国属地效力范围之外可能破坏本国利益的行为，才能保证国内市场秩序的良性循环。这充分体现了反垄断法"经济宪法"的性质，也表明了通过反垄断法的域外效力规制国际垄断行为、维护全球经济市场竞争秩序的重要性。

（二）高新技术产业市场不断兴起

随着科技的发展，高新技术产业使得反垄断法对相关市场的界定已经不再局限于对地域市场的界定，而是还包括对无形市场的界定。在对无形市场的界定中，必然要涉及各个国家对垄断行为中相关市场的界定问题，各国立法者对此的认定都不尽相同，这就为反限制竞争行为的调查增添了难度。并且，高新技术产业通常都难以确定地理边界或者衡量其在实体市场的垄断情况。因此，针对涉外垄断行为，各个国家在反垄断法域外法律适用制度中设立相应的条款，可以为解决该问题提供重要的法律依据。然而，尽管不同国家的法律规定不尽相同，存在法律冲突规范选择适用的问题，但这与无章可循相比，已经往前迈进了一大步。另外，高新技术产业的兴起使得全球成了统一的整体，特别是互联网产业的兴起，对多个国家和区域影响巨大。例如，"微软公司垄断案"就因涉及多个地区，进而给各国消费者均造成了巨大的损失。[1]因此，解决跨境垄断需要各国不断丰富反垄断法域外制度的内容，在各国执法机构相互配合的情形下，减少法律障碍，达到管理和规制高新产业的目的。

（三）效率标准对反垄断法提出更高的要求

从提高经济效率、减少社会成本的角度来看，反垄断法域

---

[1] United States v. Microsoft Crop., 253F. 3d34（D. C. Cir, 2001）.

外效力制度的完善使反垄断法对国际垄断行为的处理具有预期性和稳定性，有利于社会标准的统一。考金斯认为："经济学为法律标准提供了资料支持，并且经济学的演进同样带动着法律的演进。"[1]执法机关在考察竞争行为时运用效率标准的原则，可以促使各国的执法机关与消费者以及受到排挤和限制的竞争者达成对垄断行为的统一意见，避免因法律文化、主权利益和目标理念的差异而导致各国法院判决与公众意愿相违背。目前来看，各国的立法者在反垄断法的不断演变过程中认识到，对垄断案件的处理，一方面要在国内法层面关注其公正性，另一方面还要在国际层面对损害事实进行评估。芝加哥学派有观点认为，在反托拉斯法领域，应对有效率的行为保持宽容的态度。[2]那么，如何提高经济运行的效率？规制国际垄断行为，提供稳定的经济秩序，各国执法机关之间加强反垄断法的互动和交流，能够促进和有效地提高全球经济效率。自由放任经济学鼻祖亚当·斯密（Adam Smith）于 1776 年写道："垄断是良好秩序的敌人，在自由竞争环境下，每个人都为了维护自身利益而追求垄断。"[3]那么，在国际市场竞争中，通过维护自身利益追求经济效率最终导致垄断形成，就需要通过加强各国域外法律适用相关规定对阻碍经济效率的不正当竞争行为进行规制。因此，在国际市场的竞争中，为了达到国际社会资源的最佳配置、发挥国际社会的最大效益，各国对反垄断法域外效力条款的补充与完善是实现经济效率与法律效果最优状态的必然要求。

---

〔1〕 Stephen Calkins, *Competition Law in the United States*, Wayne State University Law School, Detroit, MI, 2007, pp. 7~14.

〔2〕 李胜利：《美国联邦反托拉斯法百年：历史经验与世界性影响》，法律出版社 2015 年版，第 136 页。

〔3〕 Mayo J. Thompson, "Antitrust and the Multinational Corporation: Competition or Cartels", *International Lawyer* (*ABA*), Vol. 8, Issue 3 (July 1974), p. 620.

第二节 产生域外效力的法律基础

反垄断法域外效力建立在当代传统管辖原则学说基础之上，可以为世界范围内的垄断行为提供重要的法律依据。归纳当前的主要理论，主要有以下几个原则可以作为反垄断法域外效力的理论支撑。

一、产生域外效力遵循的法律原则

（一）效果原则

效果原则作为国际法所要求的合理联系，是域外适用反垄断法国家立法和司法实践的理论支点。[1]效果原则对实施垄断行为的主体和垄断行为实施的地点都没有确定的要求，只是强调了垄断行为产生了损害本国市场竞争的效果，以此作为判断的标准。该原则的产生和发展存在合理性。美国法院认为根据效果原则足以确立立法管辖权。在通常情况下，只要有证据表明存在域外行动或协议就可以判断出其对具体案件的结果产生了重大影响。[2]

（1）产生效果原则的时代背景。反垄断成文法最早是由美国制定，因此，美国反垄断法发展得最早也最为先进。第二次世界大战以前，美国的反垄断法与其他国家相同，都仅限于本国范围。这与美国的经济实力相关，此时的美国还没有实力在

---

〔1〕 于馨淼：《欧盟反垄断法域外适用研究》，法律出版社 2015 年版，第 5 页。

〔2〕 Joseph P. Griffin, "Multinational Joint Ventures and the U. S. Antitrust Laws", *Journal of Reprints for Antitrust Law and Economics*, Vol. 7, p. 320; Mark R. Joelson, 7 J. Reprints Antitrust L. & Econ., 315 (1976).

国际领域主张其立法思想，也很难革新当时的国际法规则。在第二次世界大战之后，美国处于世界经济的领先地位，因此在国际立法的进程中也享有一定的话语权。效果原则就是出现在这一时期，美国主张该原则的主要目的是保护美国国内经营者在国际市场的利益，因此其希望通过进一步扩大本国反垄断法的适用范围以争取到国际限制竞争行为的管辖权。尽管美国基于自身利益考虑拓展了反垄断法的效力，使其及于其他国家，但是从历史潮流趋势上讲，扩展反垄断法的效力的确解决了一类重要的问题，即在垄断行为实施地不在该国家，但是事实上的确对该国造成实质性影响的情况下，受害国如何主张权利？第二次世界大战以后，美国在经济、政治、科技等方面都对世界造成了极为重要的影响，而确立效果原则更是打破了传统国际法中的属地原则、属人原则，以"产生实质影响"为考察要素使反垄断法的效力拓展至域外，这使得美国在经济、政治上取得了更为显著的优势地位。西方主要国家也在美国确立该原则之后，运用该原则实施本国反垄断法，对反垄断法具有十分重要的意义。

（2）确认效果原则的主要判例是发生于 1945 年的"美国铝业公司案"，该案件确认了反垄断法的域外效力。案件的主要内容是美国铝业公司先后在 1931 年和 1936 年实施了限制铝产品及相关产品的生产量，排挤和限制其他企业生产，控制下游经销商等垄断行为，这些是典型的国际卡特尔。由于该公司在相关市场造成了严重危害，所以美国司法部向被告提出诉讼，要求停止该行为，确认美国铝业公司实施的行为涉嫌垄断，并且要求解散该公司。该案经过地方法院一审，原告对判决不服提出了上诉，美国第二巡回法院作为上诉法院继续审理该案件。该案件的主审汉德法官认为：第一，基于主权原则，各国都有权对行为做出法律责任的规定，即使行为本身可能发生在境外，但是如果行为的结果在境内产生影响，只要受害国认为该行为要受到处罚，并且此类行为是国家公认的垄断行为，就应该对该行为进行处罚。汉德法官的理论揭示了效果原则的本质，即只要对一国产生了实质效果，不论行为是否发生在域内，都可以对限制竞争行为给予处罚。第二，美国铝业公司的两个行为实际上涉及两种情况：第一种是部分协议的订立发生在本国境外，订立之初并没有影响进口的主观意图，但实际上却对境内的市场产生了重要的影响。第二种是在美国国内签订的合同，但是该合同可能对美国的进口产生影响。这两种情况实际上都属于对美国国内造成了严重影响。因此，从这两点分析，原告对铝业公司进行指控必须要举证两点内容：其一，被告的意图在于影响美国的进口；其二，实际上对美国造成了影响。通过汉德法官对案件作出的分析和最终的判决，我们不难看出，在审理案件过程中，汉德法官并不基于行为地考察一国法院对案件的管辖权，而是极力寻求是否对一国造成了实质性的效果。从汉德法官依据的原则我们可以看出，效果原则已经在美国的司法判例中得到佐证。该案件通过反垄断法域外效力适用肯定了效果原则的积极意义，开辟了域外效力适用的新领域。

综上所述，反垄断法域外效力是伴随着经济的全球化共同发展的，根据各国的国家利益以及经济目标的不同，跨国垄断行为很可能在行为地对其进行保护的同时，对他国造成实质性损害。此时，若排除受害国的管辖权，则不符合公平正义的法律理念，因此，运用效果原则可以使得反垄断法更好地发挥域外效力，使得受害国享有优先管辖权成为可能。

（二）合理管辖原则

在美国实施效果原则时，许多国家都提出了反对意见。

1960 年，美国整理汇编了《对外关系法重述》，对效果原则增加了许多限制性的条件。在此情况之下，合理管辖原则应运而生，因此，合理管辖原则是建立在效果原则之上对其进行的修正。

（1）合理管辖原则修正了效果原则的主要内容，具体来说有以下几点：首先，相关的行为和结果应该被其他法律完善的国家视为侵权或者犯罪。这点意在表明该限制竞争行为应该成为世界通说的垄断行为，例如经营者集中、垄断协议，以及滥用市场支配地位等行为。这种行为的垄断性是毋庸置疑的。其次，在美国产生的效果除了造成巨大的影响，还需要有实质性结果。合理管辖原则进一步明晰了"影响"的定义，不仅是要造成影响，该影响还必须难以消除，且产生了实质性的后果。如果仅对国内市场造成了小范围的影响，没有形成市场垄断，那么就无法运用合理管辖原则主张权利。最后，据以实施管辖的法律不得与国家公认的正义理论相违背。[1]即使满足上述两个条件，若受害国仅是出于保护本国利益的目的，在法律适用上也不得违背法律公平正义的理念。这就突出了管辖的"合理"性。按照上述三方面的因素，法院必须通过各个国家对利益程度的综合考虑才能对限制竞争行为做出认定，如果涉及其他国家十分重要的利益，美国法院也可以在一定限度内选择放弃美国的反托拉斯法，该原则与效果原则相比较更为合理和科学。

（2）合理管辖原则的发展背景。首先，合理管辖原则要追溯到 1995 年，美国司法部和联邦贸易委员会共同修订了《国际经营反托拉斯执法指南》。该指南不但充分肯定了美国反托拉斯

---

〔1〕 Joseph P. Griffin, "Multinational Joint Ventures and the U. S. Antitrust Laws", *Journal of Reprints for Antitrust Law and Economics*, Vol. 7, p. 320; Mark R. Joelson, 7 J. Reprints Antitrust L. & Econ. , 315 (1976).

法的域外效力，还明确指出了"垄断行为不论其发生地，行为人的国籍在何处，只要对美国境内或者涉外商业产生重要的影响，有可能违反了美国反托拉斯法，都要适用相应的规定"。在执行反托拉斯法的时候，主管机关同样会斟酌国际礼让原则，特别是在确定某一案件的救济或者进行特定调查时，美国的反垄断法执法机关都会着重考虑国外其他国家的利益是否会受到影响。例如，在确定管辖权的同时，美国主管机关会调查或者采取一定行动，或者根据情况寻求特别的救济，检视外国的主权和经济利益是否会受到影响。其次，在反垄断法域外效力的问题中，1987年《美国对外关系法重述》（第3次）第403（2）条全面地论述了要考虑的相关因素，主要有以下几个方面：①美国国内确认的违法行为同外国行为相比的重要性；②实行实施人的国籍；③对美国的经济市场、消费市场以及进出口市场是否有本质的影响；④该行为对美国市场经济影响的相对重要性、可预见性；⑤是否受到该行为的影响，或者破坏造成一定损失，或者形成了合理预期；⑥与其他国家对外经济政策及法律相互冲突的程度，或者与其他国家对外经济政策相互冲突的程度；⑦其他国家对该行为主张管辖所期望达到的程度；⑧与其他国家管辖权的冲突。[1]通过考察上述相关因素，合理管辖原则在效果原则基础上进一步细化，通过对多种因素的综合考虑，对限制竞争行为的各个方面进行更加具体的考量，不但注重行为的影响，还注重合理的、可预见的各种结果。这就意味着必须合理地运用效果原则、防止管辖权滥用，避免效果原则只注重行为影响的问题。

---

[1] Won-Ki Kim, "The Extraterritorial Applicatiuon of U. S. Antiitrust Law and its Adoption in Korea", *Sigapore Journal of International and Comparative Law*, No. 7, 2003, p. 393.

综上所述，合理管辖原则可以推动对反垄断法域外效力的承认，也兼顾和权衡了他国的秩序规则，使得反垄断法域外效力被更广泛地接受。但是，作为反垄断法域外效力的理论基础之一，该原则的缺陷不容忽视。如何衡量相关国家的利益标准？这一标准的确定要参考相关法律，且受法官的自由裁量权等多重因素的影响，这也会导致该原则的适用具有不确定性。

（三）国际礼让原则

国际礼让原则是指法律适用时应当考虑他国的利益，当案件的限制竞争行为具有一定主权的性质，或者是他国国家实施的相关措施时，不可以适用国内反垄断法。目前，国际礼让原则没有具体的法律规范作为依托，因此不具有强制执行力和约束力，但是，国际礼让原则在反竞争行为调查中起到了十分重要的作用。另外，国际礼让原则一般分为消极礼让原则和积极礼让原则。消极礼让原则是指反垄断法发挥了域外效力时，虽然国家可以根据自身权利适用反垄断法，但是在特殊情况下，可以将案件交给具有重大利益的一方机构进行审理，而不对这种行为进行调查取证。消极礼让原则是避免双方在反垄断法适用过程中发生利益冲突的有效原则。积极礼让原则是指一国的反垄断法执法机构认为该垄断行为对多个国家都具有消极影响，若另一国更加适合处理该行为，则请求另一国的执法机关对其进行处理，并且提供积极的帮助，另一国主管机关应当对此要求给予考虑。

（1）国际礼让原则提出的背景。美国在第二次世界大战之后极力推崇本国反垄断法的域外效力，试图运用本国的反垄断法规制对本国产生严重影响的境外的限制竞争行为。在此之后，英国对美国主张的这种模式提出异议。鉴于英国的做法，美国当局也在效果原则的理论基础之上不断完善域外法律适用，在此过程中就产生了国际礼让原则。在当时的历史背景下，美国在世界的影响力决定了其可以主张国际法规则的完善与进步。国际礼让原则发展的主要判例是 1976 年的"添柏岚诉美洲银行案"。此案例明确了国际礼让原则在效果原则基础之上，还要求法院要考虑其他国家利益的问题。在决定是否行使管辖权时应该权衡当事方对美国商业的影响程度以及该案件相关的国家利益关系。[1]在该案件中，针对能否适用反垄断法，必须要证明存在损害影响。对该影响要从以下角度分析：第一，垄断行为对美国造成了实际的影响，并且该影响的形成具有主观意图；第二，存在限制美国竞争的商业证据，以证明该影响已经能够损害美国的国家利益，并且该行为已经是违法的行为，对原告造成了巨大的损害；第三，必须要证明该案与美国利益的联系，以及美国行使管辖权是否具有正当性。

（2）积极礼让原则在反垄断法域外效力中的适用。在学术界，詹姆斯·艾特伍德认为积极礼让原则应该被限制适用，不能期待一国政府仅凭借尊重外国利益就起诉本国的公民。[2]积极礼让原则主要适用于被请求国的反竞争行为仅影响请求国出口商，对请求国消费者没有影响的情况。积极礼让原则适用于这类案件主要考察两方面的因素：第一，反垄断机构认为，此类行为不但会对被请求国的消费者造成损害，还会涉及外国准入的问题。第二，这类案件的调查取证由行为发生地国家的反垄断机构处理，由于行为地国家在取证和调查方面占据便利地位，可以缩短调查取证的时间，所以处理起来相对容易一些。

---

〔1〕 戴龙：《反垄断法域外适用制度》，中国人民大学出版社 2015 年版，第 85 页。

〔2〕 See James R. Atwood, "Positive Comity-Is it a Positive Step?", *Fordbam Corporate Law Institute*, (1992) 79, p. 84.

第三，积极礼让原则能够有效地缓解双边贸易的摩擦，可以通过反垄断法的途径解决市场准入的问题。[1]国际商会十分支持积极礼让原则，是因为其不但能够有效地避免双重执法的效率减损问题，而且可以预见合理的结果。[2]积极礼让原则在消极礼让原则的基础上更加强调各国反垄断执法机构的国际合作，这样不但能够减少一国对另一国采取单边政策，而且可以有效地减少域外效力产生的纠纷问题，降低双方反垄断法域外适用的成本。

（3）消极礼让原则在反垄断法域外效力中的适用。该理论原则一方面为加强反垄断法国际合作提供了基本依据，[3]另一方面弥补了其他原则存在的弊端。反垄断法域外效力的承认与执行归根结底要依靠国际和国家间的合作，所以，积极礼让原则不但要考虑限制竞争行为人的国籍，还要考虑这个行为是否存在主观的故意？该行为是否具有严重危害性？这个行为造成的影响是否还有合理预见性等因素？确认消极礼让原则的案件是美国的"哈特福德火灾保险案"，该案件主要涉及保险领域，美国联邦最高法院调审了该案件。经过上诉后，上诉法院不同意原审法院的理由，它们认为除了美国和英国法律的实质冲突这个反对因素外，国际礼让原则并不禁止美国法院行使管辖权。[4]该案件产生了很大的法律争议，争议的问题主要是对法律冲突的认识，以及对国际礼让原则的态度。在该案件中，美国最高

---

〔1〕　戴龙：《反垄断法域外适用制度》，中国人民大学出版社 2015 年版，第103 页。

〔2〕　ICC, *Competition and Trade in the Global Arena*, Draft Report by the International Chamber of Commerce, February 1998, p. 77.

〔3〕　何智慧："论经济管制立法的域外适用——兼评我国《反垄断法》第 2 条"，载《河北法学》2008 年第 10 期。

〔4〕　See Hartford Fire Ins. Co. v California, 509 U. S. 746（1993）.

法院引用了《对外贸易反托拉斯促进法》的规定，认为只要垄断行为对美国市场产生了实质性的、可以合理预见的影响和结果，美国法院对此就享有管辖权。那么，在案件中，美国法院最终是否实施管辖以及是否作出判决便都要基于美国对自身利益的考虑，还要结合美国现有的法律制度。其他国家的法律规定和国家利益也仅仅是美国考虑的一个因素，但是不会左右美国对此行使管辖权。美国对域外效力主张单边主义，虽然推动国际规则是基于美国对本国主权的考虑，但是具有一定的积极价值，同时也带来了一定的问题，即反垄断法域外效力所导致的国家冲突。

综上所述，多数国家已经接受了国际礼让原则，并且使之成为反垄断法域外效力遵循的主要原则，尽管该原则也存在一定的弊端，但是从国际规则适用的角度来讲，该原则推动、实现了反垄断法域外效力的产生，为世界各国反垄断法的境外适用提供了合理依据。

（四）单一经济体原则

单一经济体原则主要针对欧共体（欧盟）管辖范围内的公司。在欧共体（欧盟）管辖范围内的子公司具有垄断或者限制竞争行为时，要把母公司和在他国境内的子公司看作是一个经济实体，以一国境外企业对境内子公司的实施控制为连接点，将反垄断法的适用范围扩张至境外企业，从而要求母公司对子公司的违法行为承担相应的法律责任。

（1）单一经济体原则的发展。在通常情况下，母公司和子公司是两个单独的法人，但是，在反垄断法的单一经济体原则适用的规定中，为了更好地解决责任承担的问题，母公司与子公司会被视为同一个组织，母公司控制着子公司的经营活动，两者具有支配与被支配关系。这一原则的确立，主要是根据欧洲法院于 1972 年审理的"ICI 公司诉欧共体委员会案"。在该案中，ICI 等三家欧共体的公司（主要经营范围是染料制剂）通过对分支机构、子公司的有效控制，就欧共体的产品销售价格达成一致。欧共体委员会不但对该协议进行了查处，还对这三家公司以及它们在欧共体领域内的子公司做出了罚款决定。欧洲法院认为，三家外国公司实际上是一个经济实体，因此维持了欧共体委员会对三家公司的处罚决定。[1]从该案例我们可以看出，单一经济体原则类似于商法上的公司人格否认制度，即所谓的揭开法人面纱，两者都属于在母公司过度控制或者滥用子公司法人地位的情况下需要追究母公司的法律责任的情况，不同之处在于法人面纱制度的主要目的是确保债权人的利益不受损失，实施的要件和程序会更加繁琐。

（2）单一经济体原则适用对其他国家具有参考借鉴的意义。首先，在欧共体范围内适用统一的原则，极大地缩短了调查取证的时间。单一经济体原则的特点就在于在欧共体的范围内对垄断行为实施调查，由于各个国家在此区域内的程序设置与调查取证都相互影响并且具有共同之处，因此可以减少国家之间的主权冲突，增加判决的执行性。其次，该原则可以为区域反垄断法合作提供借鉴。单一经济体原则是将参加欧共体的国家企业视为一个整体，对于区域合作的各国国家，按照区域内的法律规定统一行使法律，这就简化了分别适用各个国家法律规定的程序，降低了冲突发生的概率。

综上所述，由于适用范围仅是欧共体，具有局限性，所以其理论的发展不能与效果原则、国际礼让原则以及合理管辖原则相提并论。但是，作为产生反垄断法域外效力遵循的原则，

---

〔1〕　时建中主编：《反垄断法——法典释评与学理探源》，中国人民大学出版社 2008 年版，第 100 页。

在当时的社会发展之下，单一经济体原则为反垄断法域外效力提供了坚实的理论基础，解决了区域范围内反垄断法域外效力适用的问题。

二、国内反垄断法规则

（一）国内反垄断法的发展状况及效力体现

反垄断法的域内适用通常是一国执法机构对领土内的垄断行为进行管制。然而，随着经济的发展与科学技术的进步，境外的垄断行为已经对本国境内的竞争秩序产生了重要的影响。但是，一国境内的垄断行为若对他国产生负面影响，那么，该国有权对该行为进行规制，不能剥夺该国运用法律保护本国经济的权力。因此，世界各国都力求将反垄断法发展至域外，并且作为保护本国市场竞争的重要保障。[1]以我国为例，在我国《反垄断法》制定之前，2003年3月7日，《外国投资者并购境内企业暂行规定》[2]对外资并购做出了明确规定，即"行为在境内或境外，只要并购一方在中国拥有的资产、在中国市场上的营业额或并购一方及其关联企业在中国市场的占有率达到一定水平，造成中国境内市场过度集中、妨碍境内正当竞争或损害境内消费者利益的情形，并购一方在实施并购之前必须向外经贸部和国家工商行政管理总局报送并购方案申请批准"。[3]2006年实施的《关于外国投资者并购境内企业的规定》第53条和第54条对境外并购作出了规定，实际上是对域外适用问题的理解。第53条规定："境外并购有下列情形之一的并购方应在对

---

〔1〕 王晓晔：《王晓晔论反垄断法》，社会科学文献出版社2010年版，第640页。

〔2〕《外国投资者并购境内企业暂行规定》由当时的对外贸易经济合作部、国家税务总局、国家工商行政管理总局、国家外汇管理局联合颁布。

〔3〕 何铁军等："外资并购中反垄断审查制度研究——以《反垄断法》和现行审查制度为视角"，载《大庆师范学院学报》2011年第2期。

外公布并购方案之前或者报所在国主管机构的同时，向商务部和国家工商行政管理总局报送并购方案。"[1]对于并购行为，我国执法机关不但要对此进行审查，充分讨论是否有过度集中的市场行为，还要看是否会阻碍竞争发展，从而破坏境内秩序、对消费者也造成利益损失。有关机关要作出是否同意并购的决定，主要基于以下几种情况："第一，境外并购一方当事人在我国境内拥有30亿元人民币以上；第二，境外并购一方当事人当年在中国市场上的营业额15亿元人民币以上；第三，境外并购一方当事人及与其有关联关系的企业在中国市场占有率已经达到20%；第四，由于境外并购，境外并购一方当事人及与其有关联关系的企业在中国的市场占有率达到25%；第五，由于境外并购，境外并购一方当事人直接或间接参股境内相关行业的外商投资企业将超过15家。"[2]第54条是并购行为人申请审查豁免的主要情形："（1）可以改善市场公平竞争条件的；（2）重组亏损企业并保障就业的；（3）引进先进技术和管理人才并能提高企业国际竞争力的；（4）可以改善环境的。"[3]境外并购是反垄断法域外适用的重要方面，我国反垄断法对域外适用的规定是我国不断完善反垄断法域外法律规制的必经之路。[4]我国

---

〔1〕"商务部等六部委令2006年第10号公布《关于外国投资者并购境内企业的规定》"，载中华人民共和国商务部：http://www.mofcom.gov.cn/aarticle/b/c/200608/20060802839585.html，最后访问日期：2018年1月1日。

〔2〕"商务部等六部委令2006年第10号公布《关于外国投资者并购境内企业的规定》"，载中华人民共和国商务部：http://www.mofcom.gov.cn/aarticle/b/c/200608/20060802839585.html，最后访问日期：2018年1月1日。

〔3〕"商务部等六部委令2006年第10号公布《关于外国投资者并购境内企业的规定》"，载中华人民共和国商务部：http://www.mofcom.gov.cn/aarticle/b/c/200608/20060802839585.html，最后访问日期：2018年1月1日。

〔4〕褚文文："我国反垄断法的域外适用"，载《天水行政学院学报》2013年第4期。

《反垄断法》第2条明确规定了我国反垄断法和世界上大多数国家及地区相似，均是以效果原则作为依据，以规制在境外产生但是对本国国内市场造成损害的垄断行为。[1]由于我国《反垄断法》并没有做出进一步的限定，比如直接的以及明显的影响，所以理论上一般希望在具体的执法实践中，执行机构能够掌握好具体的界限。反垄断法不能规制没有明显影响的企业行为，必须注重反垄断执法的国际合作等。[2]目前，在实践中，我国的反垄断法执法机构主要是商务部，其在具体实施反垄断法对企业并购进行监管时，已经针对多个案例适用了我国的反垄断法。但是，其并未对反垄断法域外适用的问题做出具体的解释，仅是关注了对案件的审查，因此还难以在实质上体现我国反垄断法的域外效力。另外，从其他国家关于反垄断法域外适用的制度规定来看，若增加了域外法律适用的力度，势必会导致世界各国之间反垄断法的管辖权冲突不断升级，甚至有可能引发政治矛盾，所以，建立完善的域外效力体系存在一定难度。但是，若反垄断法效力不延伸至域外，则难以防范境外竞争行为形成的垄断局面。当然，反垄断法的域外效力需要找到一个平衡点，如果过分地强调域外效力，势必会给企业带来不必要的经济负担，国家之间也容易产生摩擦。我国反垄断法具有域外适用的效力，这虽然是一国国内立法的延伸，但是容易导致管辖冲突和国家间的法律冲突。然而，一国如果放弃域外适用的效力，又会使得国家不能对境外限制竞争行为造成的损害进行有效防范。因此，总体来讲，有必要根据法律规定对在境外市

---

〔1〕 王晓晔、吴倩兰："国际卡特尔与我国反垄断法的域外适用"，载《比较法研究》2017年第3期。

〔2〕 于馨淼：《我国反垄断法国际合作的模式选择》，法律出版社2012年版，第201页。

场上对国内市场产生影响的限制竞争行为加以清理，主要目的是确保国内竞争秩序的稳定、健康与合法化发展。对限制和排挤竞争行为的规制主要有两种手段：在国内层面，可以增加国内法对垄断行为的约束。在国际层面，可以增加反垄断的合作，但是在国际上对垄断行为的打击涉及域外法律冲突的问题，有可能危及另一国的政治和经济利益，所以必须有效地进行国际协调才能在维护一国利益的同时不损害他国的利益。在国际反垄断规制中，国际统一协调是较难实现的，这主要是因为缺少统一的执行机构和统一的法律体系，因此，只能通过双边合作、多边合作的机制。但是，该种机制并不完善，并且不具有创设法律的功能，所以该合作机制只能在世界各国的国内反垄断基础之上，采取对域外效力予以接受与承认的方式，规制跨国垄断行为。需要依靠国内反垄断法延伸至域外以解决具有跨国性质的垄断行为，这就为反垄断法的域外适用效力提供了合理性。

（二）世界各国承认反垄断法域外效力

美国等发达国家均在各自的反垄断法中对域外效力做出了明确规定，或者运用反垄断法的域外效力解决了涉外垄断纠纷，这些都体现了承认反垄断法域外效力有效性的重要性。目前，典型的国家对域外效力的规定主要有以下表现：

1. 美国对反垄断法域外效力的态度

美国1890年的《谢尔曼法》第1条和第2条规定了域外适用的内容，认为美国与外国的国际贸易往来，与美国不同州之间的贸易往来相类似。虽然这部法律的立法者本身仅仅关注了国内的限制竞争行为是否会影响经济运行，但是，该法也涉及了域外法律适用的问题，并做出了较为简单的规定。可以看到的是，在当时的规定中，美国反垄断法的域外适用受到狭义的主权原则的限制，并且基本上被限定在规制美国主权范围内发生的协议或者其他行为。然而，由于反垄断法域外法律适用本身对经济具有至关重要的作用，在"美国等五国诉欧共体香蕉案"中，反垄断法域外适用的主权原则被限制修订了。另外，在1911年的"美国诉美国烟草公司案"（United States v. American Tobacco Co.）中，美国联邦最高法院认为《谢尔曼法》第1、2条也同样适用于参与相关托拉斯协议的英国企业。[1]另外，美国联邦最高法院在"美国诉太平洋公司案"（United States v. Pacific and A. R. and N.）中明确指出："若我们不能控制外国公民或者在外国主权领域内经营的企业，至少可以管制本国的公民和企业。"在这个案件之后，美国认为《谢尔曼法》同样适用于在美国从事经营活动的加拿大企业。之后，在"美国铝业公司案"中，美国第二巡回区法院正式放弃了主权限制原则并提出了效果原则。在1993年，美国的一系列典型案例确立了效果原则。例如"哈特福德火灾保险案"在一定程度上主导了反垄断法域外效力的发展方向，涉及反垄断法域外法律适用的其他案件均以此案判决作为范例。另外，美国的联邦贸易委员会和司法部对域外效力适用也有了明确的依据，主要是1995年联合发布的《有关国际经营的反托拉斯法实施指南》（以下简称《指南》）。该指南十分明确地提出了垄断行为适用的主要参考标准是是否对美国的经济或者市场秩序产生了实质性的影响。只要行为满足上述标准，便可以适用美国的反垄断法，而不去考察垄断行为发生地及行为人的国籍。其中，对国内经济的影响必须是造成了实质性影响，对外贸易的影响必须是直接的、具有实质性的，并且是具有可预见性的、合理的。为了保证国际贸易往来能够有序进行，其他国家在反垄断法域外适用的过程中显然可

---

〔1〕 U. S. v. AMERICAN TOBACCO CO. ，221 U. S. 106（1911）.

以按照上述标准制定具体的反垄断法域外适用法律规定，积极推动反垄断法域外效力规则。

2. 欧盟对反垄断法域外效力的态度

欧盟通过判例的形式设定了域外效力制度。首先，尽管《欧共体条约》等文件没有直接设定域外适用制度，但是根据单一经济体理论，欧共体委员会及欧洲法院可以遵循该原则，承认《罗马条约》第85、86条关于域外法律适用的规定，也认可了《企业合并控制条例》等规范中关于域外适用的内容。同时，《欧盟职能条约》第102条和第105条规定涉及域外适用内容，这两个条款反映了影响原则的具体内容。其次，《欧盟条约》第55条设定了反垄断法的效力范围，包括欧盟反垄断法在内的所有欧盟条约里的规定均具有强制执行力。而造成影响的行为发生在哪里或者由哪个企业实施并不是判断行为是否涉及域外适用的前提条件，划分欧盟和成员国间管辖界限影响的成员国的贸易规定，也并不能阻碍反垄断法的域外适用。如果相关的行为对成员国间的贸易并没有产生反垄断法意义上的影响，或者没有产生足够明显的影响，欧盟反垄断法将不能适用。欧盟法不仅遵循了传统地域管辖原则，而且还对欧盟以外的地域也进行了规定，接受与承认了反垄断法域外效力。欧盟在关于域外适用制度的案例（例如"纸浆案"[1]、"商业溶剂案"[2]以及"别格林案"[3]）判决中，以判例的形式充分确认了域外适用制度。在 IMS Health

---

〔1〕　Sandage John Byron and Andrew N. Vollmer, *The Wood Pulp Case International Lawyer* (*ABA*), Vol. 23, Issue 3 (Fall 1989), p. 721

〔2〕　Valentine Korah, "Istituto Chemioterapico Italiano S. p. A. and Commercial Solvents Corporation v. Commission of the European Communities", *Common Market Law Review*, Vol. 11, Issue 3 (1974), p. 248.

〔3〕　Beguelin Import Company v. S. A. G. L. Import Export-Case 22/71 *Antitrust Bulletin*, Vol. 17, Issue 4 (1972), p. 1125.

典型案件中，虽然涉案企业均为美国公司，但是丝毫没有妨碍欧洲委员会基于如下事实做出 IMS 滥用市场支配地位行为的决定，即 IMS 拒绝给予另一家美国公司 NDC 相关授权许可而阻止后者进入欧盟内部市场，从而达到保持 IMS 在相关市场上继续保持垄断地位的目的。[1]但是，欧盟法院、理论界和欧洲委员会对域外效力适用的研究是不同的，欧盟法院在实施欧盟反垄断法时一直没有明确承认过影响原则，其对企业统一性原则的承认，实际上是对欧盟反垄断法域外效力的承认。[2]所以，如果仅从欧盟法院判例的角度来分析，影响原则虽然是大部分地区的指导原则，但是仅就一个国家来讲，并不是必须要通过该原则才能对境外发生的反垄断法案件进行规制。目前来看，无论是通过属地管辖原则承认域内效力，还是通过影响原则承认域外效力，两个理论的功效都是基本相同的，并且都具有对应的理论基础。所以，根据欧盟法院的理论和原则，只要满足相应的实体规则，欧盟的反垄断法适用范围就不存在特殊限制。

3. 英国及其他国家对反垄断法域外效力的态度

长期以来，英国并不承认反垄断法的域外效力。1998 年，英国通过《竞争法》第 2 条拓展了适用范围，不仅包括行为发生地，还包括行为结果地。在这之前，英国并不承认反垄断法的域外效力。随着全球交往的增多，不论是英美法系，还是大陆法系，多数国家都通过立法对反垄断法域外效力的内容做出了规定，且执法机关会根据反垄断法域外效力的内容打击违法

---

〔1〕 Entscheidung der Kommission vom 2. 7. 2001, NDC Health/IMS Health, ABI. EG2002, Nr. L59/18, 19, 25.

〔2〕 于馨淼："我国《反垄断法》条款中影响原则的设定及其问题"，载《东方法学》2012 年第 6 期。

行为。除了英国以外，俄罗斯在《关于在商品市场中竞争和限制垄断活动的法律》第2条中明确了反垄断法域外法律适用的内容，主要规制影响俄罗斯的商业行为。其主要的适用范围包括：自然人参与的关系，本国经营者与外国法人之间的贸易往来，行政机关及市政当局共同参与的商务行为。一旦这些主体在联邦领域之外形成的相关活动对市场产生了消极的影响，或者损害了市场秩序，执法机构便可以运用该法对行为进行限制。1990年，加拿大在对《加拿大竞争法》进行修改的过程中，不但在法律规定中明确了竞争法具有域外的效力，同时还积极鼓励加拿大开展国际反垄断合作，参与到双边和多边合作之中。1998年，日本修改了《禁止垄断法》，在法律修改中明确取消了对境内经营者和境外经营者的差别待遇，所以使得域外法律适用成为可能。1998年5月8日，保加利亚修订的《竞争法》第2条第1款规定："本法的适用范围是经营者在本国境内或者境外产生的限制、妨碍和破坏本国市场的经营活动。"〔1〕芬兰在《芬兰竞争法》第2条第4款规定："本法可能由于为了保护本国的经济贸易，或者对外的协议执行，可能将该法的效力延伸到外国的垄断行为。"〔2〕在国际组织中，经济合作与发展组织（OECD）关于竞争法方面的规定（即《竞争法基本框架》）提出竞争法的适用范围要基于行为性质对竞争的影响来界定，只要是对境内市场竞争秩序产生实质影响的行为都应该适用该法，包括在境内和境外发生的行为。

---

〔1〕 尚明主编：《主要国家（地区）反垄断法律汇编》，法律出版社2004年版，第160页。

〔2〕 尚明主编：《主要国家（地区）反垄断法律汇编》，法律出版社2004年版，第125页。

三、国际竞争规则

（一）国际规则在反垄断法上的应用

反垄断法域外效力具有局限性，国际规则在反垄断法上的应用主要是为了弥补反垄断法域外效力的不足。因此，需要通过国际合作对竞争领域的反垄断法域外适用给予支持。国际贸易规制与反垄断法相结合从20世纪90年代就已经开始。实务界根据当时国际卡特尔的影响与理论界相联系，逐渐认识到了国际统一的反垄断法对维护国际贸易合作的重要性，并且将此认识发展到国际社会上对私人限制竞争行为不良影响的规制，就此拉开了反垄断法促进国际贸易发展的序幕。

1. 1947年联合国《哈瓦那宪章》

第一次有效果的国际合作是联合国1947年在古巴哈瓦那召开的联合国贸易和就业会议上通过的《国际贸易组织宪章》（下文简称《哈瓦那宪章》），主要是实现世界范围内的自由贸易，同时还需要规范国家和私人两方面的贸易壁垒。[1]它的目的是在国际贸易组织框架之下进行国际反垄断法合作。为了促进全球化的进程，《哈瓦那宪章》第五章致力于竞争法律和政策。自那时以来，国际竞争政策的理念就在联合国、1947年《关税与贸易总协定》、联合国贸易和发展会议和经济合作与发展组织的相关文件中形成。[2]《哈瓦那宪章》第五章第46~54条对限制

---

〔1〕 Havana Charter for an International Trade Organization, with annexes (A to P). CTS 1948/32, p. 3.

〔2〕 Mitsuo Matsushita, "Basic Principles of the WTO and the Role of Competition Policy", *Washington University Global Studies Law Review*, Vol. 3, Issue 2 (2004), p. 363.

竞争行为做出了相关的规定。[1]主要内容包括：第一，无论行为主体是成员国国有企业还是私人企业，成员国都具有宪章上约束的各项义务。第二，宪章中已经明确了在与国际贸易组织合作的情况下，对限制性的贸易行为采取适当的措施。这些行为主要包括垄断协议、滥用市场支配地位等。第三，任何国家在受到或者可能受到上述限制竞争行为影响时，都应该立即同相关国家进行协商，或者要求国际贸易组织与这些国家协商，确保双方都能在共识的基础上得到满意的结果。所有的成员国也都可以以自己的名义，或者管辖范围内的相关个人、组织或者企业，向国际贸易组织投诉，国际贸易组织根据提供的各种情况进行调查。另外，如果认为调查程序是正当的，国际贸易组织会向成员公开相关的投诉问题，并且要求成员国进一步调查并提供证据。其他的成员国如果认为国际贸易组织调查的程序是正当的，那么国际贸易组织会公开所有投诉，并且向成员国提出要求，要求其进一步进行调查取证。若国际贸易组织认为限制竞争行为确实是存在的，那么国际贸易组织有权让参与的成员国采取相应的补救措施，并且可以根据成员国的相关法律规定和程序向其建议实施必要的补救措施。对于涉及保密的相关信息，国际贸易组织和成员国都具有保密的义务。《哈瓦那宪章》还制止国际贸易组织干预行使调查权的行为，并且为成员国提供实施调查的必要信息。但是，因各国未能对《哈瓦那宪章》达成统一的意见，同时受到美国国内的反对，美国国会并没有通过该宪章。因此，其在美国国内并不具有法律效力。这就使得国际反垄断成了一项十分艰难的工作，对国际规则的承认也因为各国利益的冲突而未能达成统一的意见。但是，从

---

[1] Kapital V. der ITO-Charta, abgedruckt in Basedow, Weltkartellrect, Tubingrn 1998, Anhang Ⅱ, S. 124 ff. und WuW 1953, p. 244.

上述文件来看，尽管不具有法律效力，但是对后期国际竞争规则的制定有着深远影响，其中涉及贸易政策的内容形成了《关税与贸易总协定》（GATT），为竞争政策的规制起到了引导的作用。

2. 1980 年《一套多边协议的管制限制性商业行为的公平原则和规则》

1980 年 12 月，联合国通过了《一套多边协议的管制限制性商业行为的公平原则和规则》（以下简称《原则和规则》），要求各国按照《原则和规则》来制定和适用本国的法律，并且在法律适用中与其他国家进行合作，充分考虑发展中国家的利益，并且对跨国公司提出了要求，使其必须要充分重视所投资国的竞争法。[1]同时，也明确了管制限制性商业行为的具体原则，例如禁止国际卡特尔行为，或者禁止谋求、滥用市场支配地位的行为等。[2]另外，1995 年欧洲委员会专家组成的专家团向欧洲委员会递交了名为《新贸易制度下的竞争政策：强化国际合作和规则》的报告。[3]该报告提出了关于贸易竞争政策要不断加强国际合作的理论，这主要是因为在第二次世界大战结束后，关税贸易协定得以成功运行，各个国家间降低了关税和非关税贸易的壁垒，自由化程度的提升使得企业行为的国际化成为可能，这使得限制竞争行为从国内走向国外，最终对跨国企业的行为产生了影响。同时，域外反垄断法又带来了法律上的冲突问题，世界贸易组织中出现了部门竞争规则。因此对于商业企业的限制竞争行为，需要更加系统、完整的合作。该报告明确

---

[1] 《一套多边协议的管制限制性商业行为的公平原则和规则》第 A 节第 4 条。

[2] 《一套多边协议的管制限制性商业行为的公平原则和规则》第 D 节第 3~5 条。

[3] Competition Policy in the New Trade Order: Strengthening International Cooperration and Rules, Report of the Group of Experts, COM (95) 359, Brussels, 12. 07. 1995.

指出，对于各个国家反对限制竞争行为方面的共同利益，欧盟应该鼓励和推动各国建立适当的反垄断法体系并有效执行，特别是发展中国家，应该对他们提供必要的技术支持。同时，还应该继续推动欧盟双边或者多边的国家合作，以完善竞争政策。在其他方面的国际合作中，欧盟和美国签订了最低限度的保护竞争规则以及具有约束力的国际礼让规则等。1996 年，欧盟还向世界贸易组织提出了建立具有法律约束力的国际反垄断法的建议，并且成立了"贸易和竞争政策相互作用工作组"（The Working Group on the Interaction between Trade and Comrptition Policy），（以下简称"贸易和竞争政策工作组"）。欧盟成立该工作组的初衷在于竞争政策对国际市场的发展至关重要，因此，竞争政策的制定也是促进全球经济贸易体系中十分重要的经济治理手段。

由于各国在反垄断法域外适用方面存在各种冲突，最优方式是通过具有法律约束力的统一规则加以解决。美国已经制定了有关国际竞争政策的法律，特别是 1994 年的《国际反托拉斯执法援助法》。该法令授权美国当局在跨境交易调查中达成分享商业信息的协议。[1]但是，在欧盟模式中，由于具体的人文、历史和地理方面的因素，加之成员国间让渡相关主权权力的基本要求，很难将国际反垄断方面的立法和合作扩展到全球的范围内。而欧盟在世界贸易组织框架下对竞争政策国际合作的建议是希望首先建立共同的有关竞争的原则性国际协议，并且希望世界各贸易组织成员能够以此为参照，承诺确立或者有效执行各国的反垄断法政策。

3. 2001 年国际竞争网络

国际竞争网络（International Competition Network，ICN）是

---

〔1〕 Gary Hufbauer and Jisun Kim, *International Competition Policy and the WTO Antitrust Bulletin*, Vol. 54, Issue 2（Summer 2009），p. 336.

国际反垄断法合作发展中的又一重要方式。[1]它是于 2001 年在美国的推动下建立的各国反垄断当局的交流与合作组织,[2]它是唯一的专门致力于竞争政策并拥有代表竞争的独特成员的国际组织,而不是政府组织。[3]它的工作模式十分灵活,主要是通过网络、传真、电话的形式。[4]国际竞争网络致力于促进发展中国家在竞争法方面的建设,为这些国家提供竞争人才,或者更成熟的竞争机构。[5]国际竞争网络在报告上提及了美国国际竞争政策咨询委员会(International Competition Policy Advisory Committee,ICPAC)(以下简称"政策咨询委员会")。该委员会是美国政府于 1997 年设立而成,主要目的是了解美国在国际竞争政策领域的动态,并且着力处理经济全球化形势下的国际反垄断法问题,比如跨国公司的并购审查、贸易和竞争之间的关系,以及各国竞争机构未来的合作方向。在卡特尔组织方面,国际竞争网络为国际竞争管理机构的执法人员提供面对面交流经验的机会,许多竞争管理机构均引用 ICN 的理论,作为制定或修订处理方案的依据。在国际竞争网络的报告中,美国国际竞争政策咨询委员会提出,世界各国的反垄断法规范具有多样性,国际反垄断法条约目前没有合适的契机达成统一的规定。因此,该委员会提出,想要发展出一个由新的跨国竞争机构或

---

〔1〕 International Competition Network, World Competition, Vol. 26, Issue 2 (June 2003), pp. 283~302.

〔2〕 See ICN, Memorandum on the Establishment and Operation of the ICN.

〔3〕 John Fingleton, "The International Competition Network: Building on Success", *Competition Law International*, Vol. 6, Issue 1 (April 2010), pp. 5~10.

〔4〕 See William J. Kolasky, *U. S. And EU Competition Policy: Cartels, Mergers, and Beyond, Before the Council for the United States and Italy Bi-Annual Conference New York*, NY, January 25. 2002.

〔5〕 James F. Rill, "International Competition Network: The Private Sector Perspective", *Antitrust*, Vol. 17, Issue 1 (Fall 2002), pp. 37~43.

者由世界贸易组织执行的统一的、详尽的国际反垄断法典是十分困难的。而依靠各国国内法实现对限制竞争行为的规制也是很难的，这就需要加强多边或者双边的反垄断法国际合作。该委员会还认为，美国应该致力于推动世界贸易组织关于反垄断法国际合作的框架建设，使世界贸易组织能够形成对政府层面国际限制竞争行为的规制。同时，该委员会也深刻表明了自己的意见与态度，认为反垄断法设置的初衷规制私人垄断的行为，但是从现在来看，通过在世界贸易组织内部建立相应的反垄断法规制条款来对私人限制竞争行为进行规制也是很难的。所以，必须要通过各国政府、非政府组织以及企业建立政策咨询委员会，通过对实践中反垄断法产生的问题进行讨论，在实践的基础上建立多边机制，形成共识，并推动竞争文化的建设，特别是要促进反垄断法的一致性。可以看到，国际竞争网络的合作方式通常是一种最优实践方案的模式，这种方案是解决国际合作问题的重要尝试。尽管该方案不能试图统一各国的反垄断法的实体规定，也不能干涉各国相应的主权，仅仅是关注各国在反垄断法实际执行中的相关问题。[1]但是，通过各方的经验交流，互相讨论共同关心的问题，也可以加强各国反垄断法执行机构之间的合作，从而协调各国反垄断法法律在适用和执行过程中的冲突，从而保护消费者的利益不受侵害。因此，虽然国际竞争网络不具有法律约束力，但是对反垄断法域外法律适用也发挥着重要的启示作用。

（二）WTO 竞争规则和竞争政策

WTO 竞争规则是经济全球化背景之下的竞争规则，直接体

---

〔1〕 Baron, in：Oberender（Hrsg.）Internationale Wettbewerspolitik, Berlin 2006, S, 112；Budzinski/Kerber, in：Oberender（Hrsg.）Internationale Wettbewerspolitik, Berlin 2006, S. 19.

现着一国的竞争政策。所谓竞争政策是指各个国家基于自身经济战略而制定的能够提高本国经济和竞争水平的各项经济政策和法律制度。竞争政策包括但不限于反垄断法，但是反垄断法是最能体现经济战略目标的法律制度。反垄断法域外效力就是一国竞争政策与方向的体现，它被视为一国经济政策的对外延伸，是国家通过法律手段针对境外垄断行为进行的干预。国内法制度是反垄断法域外效力发展的基础，国际规则作为反垄断法发展的重要规则成了解决反垄断法域外法律适用导致的管辖权冲突、法律冲突的重要方法。目前，国际法层面现有的反垄断法竞争政策主要体现在 WTO 规则和《关税与贸易总协定》（GATT）中。以 WTO 为核心的多边贸易规则主要涵盖货物、知识产权以及服务等内容。该规则在积极推动世界贸易发展规则的同时，有区别地允许成员国针对其成员违反公平竞争原则的行为实施贸易救济的措施。而 WTO 贸易政策多边体制下的贸易救济措施以反倾销、反补贴措施为主，主要是针对不公平的倾销和补贴行为而发动。[1]对于倾销的行为，通常是以低于国内正常价值的价格将产品销售到其他国家，在国外市场上以低廉的价格销售产品，目的是获取外国市场优势地位，并争夺市场份额。对于国际价格差别，在国内市场上的表现是掠夺性价格，以低于成本的价格售出商品。这种行为无论是在国际市场还是国内市场均属于限制竞争行为，是反垄断法规制的对象。

在国际规则方面，由于各国的贸易利益不尽相同，国际贸易不仅会出现贸易政策方面的冲突，还会出现一国竞争政策在国际市场中与另一国的冲突。目前，世界多数国家都对国内造成限制竞争的行为给予规制，但是对出口卡特尔又实行豁免。

---

〔1〕 戴龙：《反垄断法域外适用制度》，中国人民大学出版社 2015 年版，第150 页。

这主要是因为出口卡特尔对国内市场几乎没有影响，不良影响主要针对的是其他国家。出口卡特尔属于各个国家贸易政策许可并且支持的行为，因此这种支持就会与进口国的贸易政策相对立。这种对立造成进口国必须采用反限制竞争的行为。因此，国际规则首先要从国际合作的角度出发，对于破坏竞争的行为要给予严厉的打击。WTO 规则中的反垄断、反倾销实际上就是为了建立合理、公平的国际市场秩序，一旦倾销行为成功，使得其他企业和产品退出市场，该企业就会占领相关市场，进而依靠提高价格，获取更多的利润。这种行为应该受到反垄断法的规制。[1]而反补贴是因为一国政府或者公共机构通过财政资助或者价格支持的方式，扶持本国的出口商品，以使它的商品具有主导优势，企业不再是主导市场竞争的主体。进口国由于受到补贴的损害，采取反补贴的方式来平衡国际贸易中的不公平竞争的行为。因此，从 WTO 贸易规则来看，它的宗旨在于鼓励和促进世界范围内的自由竞争的秩序，并且通过制定反垄断、反倾销的救济措施，对授权成员国违反公平交易的行为给予制裁。其主要的规则实际上对建立公平、合理的竞争秩序具有重要的意义。可以说，WTO 竞争规则的主要目的是对政府行为和公共机构从事的阻碍国际贸易的限制竞争行为的规制。WTO 竞争规则约束的主体通常实力较强，多数为有国家背景的企业，所以它产生的危害波及的范围广、强度大，更需要国际规则的制约。

1. WTO 贸易政策与竞争政策的关系

贸易政策通常是为了能够协调各国资源配置，一国的政府

---

〔1〕　See Mitsuo Matsushita, Thomas J. Schoenbaum and Petros C. Mavroidis, *The World Trade Organization: Law, Practice, and Policy*, Oxford University Press, 2006, pp. 302 ~ 305.

部门和行政机关通过调整国家政策与措施，以促进对外贸易的发展。竞争政策通常是指在一国市场范围内，为了实现资源的合理优化配置而出台的相关政策措施。[1]但是，近些年来，两者的互动较为频繁。所以，可以这样认为：WTO 的贸易政策是自由化的贸易政策，与竞争政策之间呈现出很多一致性内容。

首先，WTO 贸易政策与竞争政策追求的目标和面临的现实条件具有一致性。[2]竞争政策的首要目标是建立和维护一个公平、健全并且具有开放性质的市场，以保护企业能够自由、平等地开展竞争。[3]贸易政策与竞争政策都具备共同的经济目标，那就是追求一定时期、一定地域范围内的资源优化配置，以实现总体的经济福利。二者均旨在保证稳定、健康的市场秩序，保护消费者的私人利益。这两者的目的具有一致性：一方面，以实现消费者的利益为共同的目标，另一方面，可以通过政策之间的协调与发展，实现资源整合和优化升级，以提高社会的共同进步。《2003 年世界贸易报告：多哈发展议程——竞争政策》明确指出："实施竞争政策的主要目的是打破关税壁垒，为企业营造良好的市场环境，为消费者提供福利，同时用于弥补非关税壁垒带来的问题。"[4]两者所处的现实条件也是一致的。在竞争政策中，经营者可能会遇到关税增加、出口限制等贸易壁垒问题。在 WTO 贸易政策实施的过程中，也可能经常受到诸

---

〔1〕 王先林："试论竞争政策与贸易政策的关系"，载《河北法学》2006 年第 1 期。

〔2〕 王先林："试论竞争政策与贸易政策的关系"，载《河北法学》2006 年第 1 期。

〔3〕 Mitsuo Matsushita, "Basic Principles of the WTO and the Role of Competition Policy", *Washington University Global Studies Law Review*, Vol. 3, Issue 2（2004）, pp. 363~386.

〔4〕 何治："WTO 框架下多边竞争政策的构建——兼论《反垄断法》颁布后中国的立场"，载《产业科技论坛》2007 年第 12 期。

多限制性条件，这主要包括出口补贴、自愿出口限制、配额等交易条件。两者的限制因素实质上是一样的，因此，WTO 的贸易政策与竞争政策都要尽力消除实践中的各种限制，继而实现效率目标。[1]

其次，WTO 贸易政策和竞争政策可为垄断行为的规制提供可靠保障。从上述情况分析，WTO 贸易政策的主要目的是打破关税和非关税贸易壁垒，加强国内市场的经济开放程度，促进商品在经营者和消费者之间合理流通，从而推动商品的跨区域流通，以满足世界各国消费者的物质文化需求。竞争政策在各个国家贸易政策的影响下不断发生变化，但是始终以促进贸易自由程度为基本原则，通过刺激竞争，提高各国贸易化程度，增强各国在国际市场上的地位，同时，也有效地约束贸易往来中阻碍经济流通的垄断协议、滥用市场支配地位以及经营者集中的行为。我国一些垄断行业长期存在价格虚高、质量不过关的产品，在与国外企业共同竞争的过程中，明确竞争政策的目标有利于企业提高自身的技术能力，这往往要比严厉的事后行政处罚效果更好。自由贸易政策发展到一定阶段，可以取代竞争政策，并对市场经济的发展起到指导作用。一些规模较小的国家和地区通常将贸易政策与竞争政策视为一体，以确保当地市场具有竞争性。[2]除此之外，无论是 WTO 贸易政策还是竞争政策，都要以促进消费者利益为重要目标，但是两者之间还存在许多不同，不能相互替代。只能说，WTO 贸易政策有助于竞争政策的实现。单纯的自由贸易政策也不能代替竞争政策。若

---

〔1〕 胡国栋："贸易政策与竞争政策的互动关系——WTO 背景下的探讨"，北大法律信息网"法学研究"频道。

〔2〕 王先林：《WTO 竞争政策与中国反垄断立法》，北京大学出版社 2006 年版，第 174 页。

形成过度的竞争行为或者限制竞争的行为，不但会扰乱市场秩序，还会阻碍 WTO 政策的实现。因此，需要积极的竞争政策以推动 WTO 政策发挥应有的效力。所以，反垄断法作为竞争政策在法律上的体现，对域外的限制竞争行为（特别是固定价格、瓜分市场或者限制产量等行为），必须要通过贸易政策保证国外产品能够进入国内市场，进而刺激国内市场的企业提高生产技术。

再次，WTO 贸易政策与竞争政策之间存在一定差异和冲突。第一，两者发挥作用的领域不同，WTO 贸易政策主要是跨国的、要解决市场准入的问题，主要是避免国家之间存在的各种贸易壁垒，使得出口和进口能够顺利进行，以实现全球资源优化配置。竞争政策不同于 WTO 的贸易政策，它的主要目的是排除和打击经营者人为制造的经济阻碍，以提升经济效率、优化资源配置，从而提供一个良好的贸易环境。例如，在调查跨国公司有无违反竞争秩序的限制竞争行为时，调查可能会涉及合并审查中的程序和实体问题，这并非是 WTO 贸易政策所要考虑到问题。第二，两者的价值观和取向不同。WTO 贸易政策的价值观念是多重的，不但包括竞争方面的政策，还包括经济和政治的其他方面。WTO 贸易政策关注的主要是一国国内生产者的利益，但是竞争政策主要关注的是消费者的利益，保护实质公平和整体效率，使消费者能够公平、透明地得到优质的服务和产品。第三，两者处理的基本方式、产生的社会作用不同。WTO 贸易政策并不是要实现绝对的、无界限的自由贸易，通常还会有救济和保护制度，这些制度可能会在执行中与竞争政策产生冲突，导致反竞争效果。有学者认为，竞争政策产生的社会作用更为广泛，其法律基础也随之更为广泛。但是，WTO 贸易政策仅是对 WTO 成员国的一种约束，通常只涉及法律和经济方面的政策，法律基础也相对狭窄。另外，两者在现有实践中的基本处理方式会有所差异。比如，针对掠夺性定价的经济行为，反倾销政策与竞争政策就容易产生法律冲突。反倾销制度的实质是，若一国产品的国内市场价和第三国的价格都高于出口价格，一国政府为了防止有可能出现的倾销行为，保护一国国内其他经营者的合法利益，会采取反倾销税。但是，根据竞争政策中关于掠夺性定价的规制，只有在经营者定价仅是以排挤和限制竞争为目的情况下，才能认定掠夺性定价具有违法性，法律才能对其进行规制。

综上所述，WTO 贸易政策与竞争政策追求的目标和面临的现实条件具有一致性，尽管存在一定的差异与冲突，但是总体上还是为规制垄断行为提供了可靠的保障。

2. WTO 贸易政策下制定的竞争规则

具体来看，WTO 的规则对竞争政策和反垄断法的影响主要体现在以下几个方面：

（1）WTO 原则是反垄断法域外适用的基础。WTO 原则体现了公平竞争的国际合作理念，为反垄断法域外适用提供了重要基础。WTO 的主要原则有国民待遇原则、最惠国待遇原则、透明度原则以及程序合理原则，这几个原则为成员间的贸易往来提供了极为重要的依据。它与反垄断法维护市场秩序的目的不谋而合。特别是最惠国待遇原则，要求成员方给予任何其他国家货物或者服务的优惠待遇，也是在保证不同成员之间能够在货物和服务贸易中享有同等的机会。反垄断法的目的也是保证交易的公平，两者对经营者的保护是从不同侧面进行的。另外，透明度原则也起到了十分重要的作用。透明度原则是指 WTO 成员在实施相关法律法规之前，必须正式公布这些法律法规，并且对使用这些法律法规的条件和决定的复议权也进行公开。同时，成员有义务向 WTO 和其他成员方通告政府的有关行为。透明度原则是维护成员方贸易法律制度稳定性的基础，也是各个国家获得信息、了解信息，从而对决策做出判断的重要原则。反垄断法首先要确保经营者获得健康、透明的国际投融资环境。因此，透明度原则在一定程度上也促进了经营者保护制度的完善以及垄断行为的调查。

（2）WTO 规则体现反垄断法目的：

首先，WTO 相关协定体现了竞争政策的要求，这与反垄断法的目的相吻合。1994 年《关税与贸易总协定》（GATT）第 17 条涉及类似限制滥用市场支配地位、维护自由竞争的规定。[1] 这条主要是针对经营国家垄断贸易的企业规定，在我国通常是指石油、燃气、电信等行业。这类企业一般处于垄断地位，多采取价格垄断的经营方式，因此该协定对这类企业进行了数量上的限制，对其做了单独的规定。该规定主要是要求其遵守非歧视原则，禁止歧视行为；限制其对进口产品在国内市场销售时进行加价。对于经营国家垄断贸易的企业，《关税与贸易总协定》做出规定："每一个缔约方都应该承诺，若成立的企业涉及国家垄断行业或者垄断贸易，不论是在形式或者事实上给予了任何企业专有权或者特殊待遇，只要是进口和出口方面的任何商业行为，都要遵循政府所规定的非歧视待遇的相关政策实施行为。"同时，对于垄断行为也有进一步的规定："当涉及国家垄断行业的贸易，购买和销售垄断产品时，国家垄断企业具有与其他经营者同等参与竞争的机会。"经办国家垄断贸易的企业仅能在合理商业因素的范围内对进口产品加价。另外，《关税与贸易总协定》第 11 条第 1 款不仅仅适用于企业之间，还主要针

---

[1] 赵维田：《世贸组织（WTO）的法律制度》，吉林人民出版社 2000 年版，第 195 页。

对政府支持下的卡特尔行为。由于采取限制进出口数量的卡特尔限制措施具有政府性质，因此被协定所禁止。[1]

其次，《服务贸易总协定》和后期达成的《基础电信协议》《金融服务协议》设立的竞争规则主要围绕禁止垄断企业在市场滥用支配地位，从而限制其他服务企业进入市场的行为。《服务贸易总协定》第8条主要表明，成员方应该确保其在提供服务时不违反成员方义务，建立这些领域的磋商机制，即履行国民待遇原则，并且履行协议中的承诺。[2]对于《服务贸易总协定》的任何一个成员都应该确保其在本国范围内提供垄断服务时，经营者应该提供与最惠国待遇一致的服务，不得实施与双方订立的具体合同或者承诺相违背的行为。若协定中的成员发现，部分成员在提供垄断服务时不以上述条件为根据，那么，服务贸易理事会可以要求该成员提供关于垄断服务的经营信息，或者以设立、授权的方式提供相关的信息。[3]《服务贸易总协定》第8条的设立目的还在于通过最惠国待遇，防止外国经营者的进入，或者经营者滥用市场支配地位。但是若国内经营者的卡特尔行为也具有同样的效果，其也会被禁止。第8条第5款规定："根据协定，若成员国一方对经营者进行授权，这种授权包括事实上或者形式上的授权，那么，若这些行为对市场交易形成了实质性的阻碍，这些经授权的服务提供者在本国范围内展开竞争，则本条的规定就应该适用于此类专营服务提供者。"除

---

〔1〕《关税与贸易总协定》第11条第1款："任何缔约国除征收税捐或其他费用以外，不得设立或维持配额、进出口许可证或其他措施以限制或禁止其他缔约国领土的产品的输入，或向其他缔约国领土输出或销售出口产品。"

〔2〕 Anwaru Hode, "1WTO: Working Group on Trade and Competition Policy", *International Business Lawyer*, Vol. 25 Issue 10 (November, 1997), p. 449.

〔3〕 王先林：《WTO 竞争政策与中国反垄断法立法》，北京大学出版社 2006 年版，第 69 页。

了第 8 条对垄断和专营范围的相关规定，各成员可能会认为一些服务提供者的商业行为过于集中，这种趋于集中的模式有可能导致服务贸易受到限制，从而抑制市场竞争。为了消除这类限制竞争的行为，即"所有成员应该积极的寻求解决办法，及时进行磋商，被请求成员应该给予充分的考虑，从而对限制竞争行为所涉及的关系进行重新的思考"。另外，关于垄断方面的规定，还见于 1994 年《关于电信服务附件》和 1997 年《关于电信管理准则的参考文件》第 5 条的规定。这两个规定主要针对的是拒绝交易的行为，或者滥用市场支配地位的行为，例如具有垄断性质的电信运营商在相关市场排挤对手，擅自提高电信服务费用的行为。1997 年基础电信的谈判协商中就包含竞争政策的原则。[1]1994 年《关于金融服务承诺的谅解》要求已经占据优势地位的金融服务者，不得歧视其他经营者，而且还要避免这些服务者在金融业不断扩大影响力，形成垄断，从而影响市场的竞争结构。针对市场准入的问题，该谅解作出规定："在该规定下的成员国，应该尽量的减少其垄断权，或者尽量的缩小其垄断的范围，并且在其有关的金融服务减让表中列出现有的垄断权。"[2]国民待遇原则也成了对跨国限制竞争行为进行规制的关键。该谅解对此也作出了规定："一个成员应该在平等的基础上为其他成员提供金融服务，并且可以要求参加，或者参与到任何相关的组织或者协会，如果该成员直接或者间接的向消费者透露在某个特定领域具有优势地位，或者可以享受特权，那么，根据国民待遇的原则，应该对该范围经营相同或者

---

〔1〕 Anwarul Hode, "WTO: Working Group on Trade and Competition Policy", *International Business Lawyer*, Vol. 25, Issue 10（November, 1997）, p. 449.

〔2〕 王先林：《WTO 竞争政策与中国反垄断立法》，北京大学出版社 2006 年版，第 70 页。

相类似产品的经营者也一视同仁。”

再次,《与贸易有关的知识产权协定》关于垄断的规定主要体现在第 8 条第 2 款中:“只要与本协定的规定相一致,可能需要采取适当措施以防止知识产权权利持有人滥用知识产权或采取不合理地限制贸易或对国际技术转让造成不利影响的做法。”除此之外,第 31 条规定也涉及限制竞争行为的相关规定。[1]目前,这些条款是知识产权领域规制垄断行为的十分重要的依据,它并不强制被许可人必须按照授权或者商业条款的规定从事商业行为,只要在实践中没有达到相关的目的,那么在强制实施许可下生产的产品就没有必要去遵守强制许可下该国国内市场的制度和规定。从对垄断行为的管控来说,这种强制实施许可下的报酬就成了纠正垄断行为目标。

最后,《与贸易有关的投资措施协定》第 9 条规定:“货物贸易理事会应该对投资政策、竞争政策进行讨论,该审议最长时间应该自 WTO 协定生效之日起开始,至生效后的五年以内。”《技术性贸易壁垒协定》第 8 条规定:“成员方应该采取所能采取的各种合理措施,保证领土内实施合格评定程序的非政府机构遵循国民待遇原则以及不得采取超过必要限度的壁垒措施。同时,成员方不鼓励以直接或者间接的方式,要求评定机构从事与规定不相符的措施。”另外,《保障措施协定》第 11 条也详细表明,成员以国有或者私营形式存在的企业与政府在对外贸易中实行的行为都要得到限制。

综上所述,竞争政策实际上是成员通过达成共识,提供平等竞争的机会,从源头上避免限制竞争行为的发生。但是,

---

[1] "Agreement on Trade-Related Aspects of Intellectual Property Rights", *World Bulletin: Bulletin of the International Studies of the Philippines*, Vol. 12, Issue 1~3 (January-June 1996).

WTO 规则是散落在多个贸易规定当中的，并没有形成有机的整体。而且，WTO 规则的适用范围是货物贸易和服务贸易，因此对于除此之外的其他贸易，或者国际合作中私人的限制竞争行为 WTO 规则很难施加约束。尽管如此，WTO 竞争政策的目标依然与竞争法的内容契合，都是以支持公平、提高经济效率、实现资源优化配置、保证良好经济秩序为基本任务。只不过，两者的侧重点不同，竞争政策侧重于对政府行政性限制竞争行为的关注和对企业限制竞争行为的关注；而 WTO 规则则主要是针对政府行政性限制竞争行为的规制，两者的共同之处在于，可以充分地促进市场的公开，同时给市场经营者提供一个平等对话的平台，也可以通过提高法律的专业化程度、透明度，以保护消费者权益，实现消费者利益的最大化。[1]这两个方面都有利于成员方在货物贸易、服务贸易以及知识产权贸易方面开展竞争，并确保贸易规则的建立符合国际法治原则的要求。因此，即使关于竞争政策的目标并没有直接出现在 WTO 协定中，但是，其仍然以规范市场准入规则，取消市场壁垒，为世界各国的企业打造一个公平、自由的竞争秩序为目标。这些都体现了创造和维护自由贸易以及公平竞争的精神和要求，所以，这些规定提高了权利实现的可能性。

3. 在 WTO 政策支持下建立反垄断框架

在 WTO 政策的支持下建立反垄断框架，[2]这是形成国际反垄断法机制的重要步骤，虽然其在目前看来仅是设想，但是其具有现实意义和重要价值。反垄断框架应该是世界各国所推崇

---

〔1〕 ［日］松下满雄：“世界贸易组织的基本原则和竞争政策的作用”，朱忠良译，载《环球法律评论》2003 年第 2 期。

〔2〕 See Josef Derexl, "Trade-Related Restraints of Competition-The Competition Policy Approach", in Roger Zech, *Towards WTO Competition Rules*, *Kluwer Law International*, 1999, pp. 292~294.

的重要制度，因此各国的国内反垄断法律均应该引入相关原则。反垄断法已经较为成熟的国家可以为框架的制定提供依据，而对于反垄断法还处于发展过程中的国家，框架应该引入过渡期的规定。因而，各国通过将国内法的规定与反垄断框架结合起来，不但要使反垄断框架与国内制度相适应，在国际反垄断规制中力求减少冲突，还要重视透明度原则和非歧视原则。首先，透明度原则有助于保证反托拉斯法实施的有效性和非歧视性。这样既可以保证反托拉斯机构裁决的公开，也可以保证反托拉斯机构自由裁量权能够得到有效的限制。必要时，可以使当事方针对反垄断执法机构向法院提起诉讼。其次，非歧视原则要求缔约方实施某种优惠或限制措施时采取最惠国待遇和国民待遇，逐步扩大该原则的适用范围。[1]建立反垄断框架还应该积极加强反垄断机构之间的合作，引入争端解决程序，处理好国家间的分歧，鼓励各国提供技术和信息上的援助，促进对国际垄断行为的规制。

---

[1] See Josef Drexl, "Trade – Related Restraints of Competition – The Competition Policy Apprpach", in Roger Zech, *Towards WTO Competition Rules*, *Kluwer Law International*, 1999, p. 294.

第三章

反垄断法域外效力在司法实践中的接纳与协调

世界各国能否接受和承认他国的反垄断法域外效力，主要看外国反垄断法适用的结果是否会危害到本国的公共政策，有无侵害到国家公共利益。笔者在本章中主要讨论本国反垄断法效力在他国的承认与接受问题。通过各国对反垄断法域外效力的态度，总结出影响域外效力发挥的主要因素，并提出通过双边和多边合作的模式协调各国反垄断法的冲突。

第一节　域外效力在司法实践中的承认与接受

目前，各国对外国反垄断法域外效力的承认主要表现在对国外判决裁决的承认与执行，通常并不对实体内容进行审查，仅关注判决和裁决结果是否与公共政策相抵触。由此可见，对外国反垄断法域外效力的接受与承认，各个国家主要遵循有无违背竞争政策的原则。适用法律的问题以及实体内容的审查也都以是否会影响到各国的竞争利益为最终的审查标准。

一、美国反垄断法在他国的承认与接受

(一) 美国反垄断法域外效力的现实考察

美国反垄断法在他国的接受与承认主要体现在反托拉斯法成文法的规定中，主要有 1890 年《谢尔曼法》，1914 年《克莱顿法》《联邦贸易委员会法》，1936 年《罗宾逊-帕特曼法》，1950 年《塞勒-克弗沃法》，此外，还体现在大量的判例中。[1] 关于反垄断法域外效力的相关法律规定主要有《谢尔曼法》。该法增设了第 6a 条，对其域外适用进行了原则性的限制。1982 年《对外贸易反托拉斯改进法》的相关规定承认了美国反垄断法的域外效力。根据 1982 年《对外贸易反托拉斯改进法》的规定，除非行为对美国国内或者进出口贸易具有直接、合理、可预见的影响，[2]否则《谢尔曼法》的相关规定是不能够适用的。但是，该法仅是原则性地规定，并没有对其进行细致的解释。该法旨在解决类似国外卡特尔组织或者垄断者通过与相互独立的中介或者通过纵向垄断协议或者知识产权许可协议等方式实施扰乱美国市场竞争秩序的行为。[3]另外，美国司法部和联邦贸易委员会于 1995 年颁布《针对国际商业行为的反托拉斯法执行指南》（简称 1995 年《执行指南》），通过举例说明，在一定程度上阐述了上述要求的情况。在对外贸易中，美国司法部和

---

〔1〕 万江：《中国反垄断法：理论、实践与国际比较》，中国法制出版社 2015 年版，第 258 页。

〔2〕 Rene H. DuBois, "Understanding the Limits of the Foreign Trade Antitrust Improvement Act Using Tort Law Principles as a Guide", *New York Law School Law Review*, Vol. 58, Issue 3 (2013~2014), pp. 707~740.

〔3〕 Rene H. DuBois, "Understanding the Limits of the Foreign Trade Antitrust Improvement Act Using Tort Law Principles as a Guide", *New York Law School Law Review*, Vol. 58, Issue 3 (2013~2014), pp. 707~740.

联邦贸易委员会认为发生在国外的企业行为在影响美国进口贸易时也可以适用美国反垄断法，这就从一定程度上肯定了美国反垄断法的域外效力。1945 年，美国第二巡回法院在"美国铝业公司案"中承认了基于效力原则的管辖权，美国的反托拉斯法可以适用于在国外进行的行为，只要这种行为在美国境内造成了有害影响。[1]自从该决定实施以来，美国法院积极利用国内法打击外国的反竞争行为。[2]鉴于美国的示范效应，德国及其他国家也承认基于效力的管辖权。美国在世界的政治地位直接影响着国家法律的域外效力，美国反垄断法能够在跨国垄断行为中发挥域外效力主要是凭借美国的单边行为，体现的是美国单边政策的倾向，有时甚至为了减少冲突而无视冲突规则，自我放任，强行适用内国法。从整体来看，美国反垄断法发挥域外效力，并没有积极地通过双边或者多边合作的途径，而是通过自身较强的政治实力取得案件管辖，争取法律利益。

(二)"哈特福德火灾保险案"中关于反垄断法域外效力的
　　　分析[3]

案情介绍："哈特福德火灾保险案"的初审法院是美国加利福尼亚北区法院，上诉法院是第九巡回区法院。案件主要涉及美国国内外的部分保险人与再保险人联合给美国保险服务办公室提出要求，要求其修改保险合同范本，将一般商业保险的理赔原因从发生理赔事件更改为当事人要求索赔。哈特福德火险公司还要求将突发性污染造成的损害排除在保险理赔范围之外。美国保险服务办公室提供了以当事人索赔作为理赔原因的 ISO

---

〔1〕　United States v. Aluminum Co. of America, 148 F. 2d 416 (2d Cir. 1945).

〔2〕　See Gary B. Born, *Internaitional Civil Litigation in United States Courts*：*Commentary and Materials*, 584~607 (1996).

〔3〕　In re Insurance Antitrust Litigation, 938F. 2d 919, 922ff. (9ᵗʰCir. 1991).

保险合同范本。但是，哈特福德火险公司与本案涉及的其他被告的一些再保险公司要求保险公司采用新的合同范本，否则就不能再给这些原保险公司的相关保险进行再保险。最后，美国保险服务办公室提供了符合哈特福德火险公司等企业要求的保险合同范本。（美国保险服务办公室是一般商业责任保险领域的支持服务机构，本身具有垄断性质。）根据上述公司和企业协会的行为，美国发起了反垄断诉讼，目前有 19 个州和许多企业分别启动了不同的诉讼程序。法院本着经济效率的原则选择合并诉讼并启动了审理程序。原告认为，哈特福德火险公司等被告通过多种形式的共同商议，迫使相关市场内的其他保险经营者按照被告设定的保险形式经营相关保险业务，违反了《谢尔曼法》的有关规定。另外，合并审理的诉讼请求中还有三个主要针对外国企业的指控。[1]案件的被告一部分是美国本土的保险公司，另一部分是英国的子公司，以及英国和瑞士的再保险公司。这些境外的企业与美国本土公司共同商议的行为体现在他们之间订立了特定内容的意向书，他们约定这几家公司必须达成意向书的内容，否则将不再接受后者的转保险，后者承诺将会努力确保 1987 年 1 月 1 日及以后涉及的加拿大和美国的保险以及再保险业务中包括对泄漏和污染理赔的排除条款。案件涉及美国的反垄断法是否能发挥域外效力，以及美国法院针对外国被告提出的诉讼是否享有管辖权。美国初审法院认为应该适用美国反垄断法，但是上诉法院第九巡回区法院认为不应适用美国反垄断法。

上诉法院的意见：第一，上诉法院就限制竞争协议的合法性进行了分析：被告提供的解释是美国许多州都同意了 ISO[2]

---

[1]　In re Insurance Antitrust Litigation，938F. 2d 919，924ff.（9th Cir. 1991）.

[2]　ISO 是美国当时国内财产和事故险保险企业组成的联合会。

保险合同范本的修改情况，并且也明确地表示同意企业之间联合制定相应的保险合同范本，上述行为能够被认定为是国家行为，并因此不受美国法院的管辖。同时，上诉法院认为，被告提出的情况并没有说服法院，相关企业修改合同范本的合意是美国相关州政府指导和批准的行为，即签署限制竞争协议根本不属于国家行为，因此不能够运用国家行为原则来掩盖该协议的违法性质。第二，上诉法院探讨了国际礼让原则适用的问题。上诉法院首先结合初审法院的判决对行为发生在英国国内但对美国产生影响的情况能否适用美国反垄断法的问题做出了论证。在案件中，初审法院认为，限制竞争协议虽然产生于国外，但是直接影响了美国保险市场的业务，并且，部分保险条款与美国国内保险业务相关。被告认为，涉及英国再保险业务的行为在性质上属于国际贸易的范畴，因此不受国内《谢尔曼法》的制约。初审法院也对美国造成实质影响的问题进行了证明，并且认为其完全符合《谢尔曼法》第 6a 条关于域外适用条件的规定。上诉后，被告仍然主张由于是外国贸易行为，所以美国反垄断法不能凭借域外效力对案件享有管辖权。上诉法院未赞同被告的观点，而是认为应该根据国际礼让原则对限制竞争行为进行分析，但是 1982 年《对外贸易反托拉斯改进法》生效后，满足国际礼让原则并不是判断美国反垄断法域外适用问题的前提。初审法院认为，基于国际礼让原则的衡量，该案中相关诉求并不属于法院管辖的范围，《谢尔曼法》没有域外效力。上诉中，原告提出 1982 年《对外贸易反托拉斯改进法》在判断美国反垄断法域外适用方面应该具有决定性作用。针对此争议，上诉法院承认 1982 年《对外贸易反托拉斯改进法》的公布和生效对反垄断法域外效力的承认具有一定影响，另一个方面也强调只有在少数情况下，国际礼让原则的衡量结果才会导致符合该法规定的条件，即存在直接和可以合理预见的实质性影响的案件会排除美国反垄断法的域外适用。法院认为，原则上两者应该得出一致性的结论。[1]据此，初审法院的审查结果与上诉法院的审查意见完全相反。

综合原告与被告的意见，上诉法院认为可以从以下几个方面分析美国反垄断法域外效力的问题：

第一，当事人国籍和公司所在地或者主营业地以及原告均为美国企业，被告中有一部分是美国在英国的子公司。法院认为，受到美国母公司的影响，子公司对此利益的重视程度不够。既然母公司均为美国企业，那么子公司的决定有可能受到母公司的影响，所以美国法院在该案中当然享有管辖权。

第二，上诉法院认为，美国反垄断法域外效力的发挥有助于解决案件的实际情况，即便美国法律政策与外国法律政策存在冲突。英国相关机构在美国法院审理期间递交了一份关于英国立法情况的说明材料。英国目前颁布了高于保险公司的专门法案，关于限制竞争行为的规定不适用于特定的保险业务。上诉法院似乎在原则上与初审法院达成了共识，认为美国反垄断法发挥域外效力会导致和英国的法律政策发生冲突的局面，所以美国法院不享有案件的管辖权，但是，上诉法院又认为即使存在这样的法律冲突，实践中也仍然应承认美国反垄断法的域外适用理论。

第三，执行其他国家的判决有无可能性。上诉法院认为，英国法院执行美国法院针对英国企业的强制令是不现实的。但是，使美国企业的海外子公司或者在美国本土从事经营行为的外国企业遵守颁布的命令还是很现实的。上诉法院认为，被告是外国国籍的企业可以通过执行其在美国的财产，以达到损害

---

〔1〕 In re Insurance Antitrust Litigation, 938F. 2d 919, 932ff. (9th Cir. 1991).

赔偿的目的，并且通过法院的判决影响美国企业的涉外经营行为。

第四，企业之间的联合行为对美国市场及其他企业的影响。从法院的角度来看，被告的业务来源是美国，所以对外国的影响很小，但是却会对美国市场造成巨大冲击。上诉法院认为，由于对美国造成了实质性的损害，所以在本案中美国也享有管辖权。并且，上诉法院认为，对于该案件，必须从行为和美国之间产生的相互关联角度进行分析，被告的联合行为已对美国贸易造成故意损害，已经影响到了美国保险业的整体利益，所以，美国法院应该对案件具有管辖权。并且，被告有意影响美国贸易，即使现在很难看出有较大影响，但是对美国市场产生影响是具有合理预期的。从上诉法院的观点来看，其认为，美国反垄断法在该案中可以发挥域外效力，美国法院享有案件的管辖权。

美国联邦最高法院认为，哈特福德火险公司等被告企业对上诉法院的判决不满意并向美国联邦最高法院提出申诉的理由之一就是上诉法院认为地区法院应该域外适用美国的相关反垄断法，但是哈特福德火险公司等企业认为，从法院之前的判例和国际法的角度看来，该判决的合理性存疑。美国联邦最高法院认为，美国法院有权决定是否对该案件享有管辖权。从《谢尔曼法》的司法执行情况来看，只要外国行为在美国产生了实质性的影响，那么美国的反垄断法就可以被适用。在该案中，英国保险企业的行为完全满足该条件。美国联邦最高法院在判决中认为，在1982年《对外贸易反托拉斯改进法》中，美国立法者并没有明确规定法院是否应该以国际礼让原则的理论作为基础，从而拒绝行使管辖权。但是，美国联邦最高法院认为，由于法律上并没有明确要求法院进行相关衡量，所以无需对此做出解释。其认为，本案中是否存在美国与外国法之间的冲突才是问题的核心。美国《涉外关系法第三次法律重述》第403

条第3款规定，在法律冲突的情况下，每个国家都要衡量对自己和其他国家行使管辖权的利益，如果一个国家的管辖权相对另一个国家具有更加明显和重大的利益，那么后者应容忍其行使权力。另外，该条注解 e 项进一步说明：上述规定仅适用于行为发生在同一国家，不适用当事人可以同时遵守两个国家法律的情况。[1]并且，第415条的注解 j 项强调了某个行为在实施地的合法性并不妨碍美国反垄断法对其进行规范，除非该行为是实施地国家法律或者命令所要求的。因此，只有美国行使管辖权的利益明显优于其他国家，美国才能通过域外适用的方式适用本国的反垄断法。

综上所述，通过对本案的分析，美国联邦最高法院认为没有必要对国际礼让原则作出评析，进而决定是否行使管辖权。但是，在该案的审理过程中，部分美国联邦最高法院大法官持反对意见，他们认为，美国联邦最高法院夸大了《谢尔曼法》的审理范围，使得美国与其他国家产生了法律上的冲突，法院的判决忽视了管辖权形式的合理性要求，即首先要考虑涉案的各个国家都是案件管辖的"合理地"，其次再考虑利益相对较大的国家享有管辖权的规范逻辑。

二、欧盟反垄断法在他国的承认与接受

（一）欧盟反垄断法域外适用法律规定的现实考察

首先，欧盟域外法律适用规定的缺失。欧盟反垄断法的适用与美国相比晚了近五十年，经过不断地发展与完善，现在也可以与美国法相较量。欧盟竞争法的执法机构是欧盟委员会，欧盟委员会不但具有调查权，还具有处罚权，对于处罚金额的

---

〔1〕 Comments（e）of Restatement of the Lawp Third, Foreign Relations Law of the United Statesp 403.

计算，处罚的数额最多可达处罚对象年营业额的 10%。在反垄断执行中，欧盟的执行较为严格，但是近些年，欧盟委员会已经开始放权于成员国。例如，成员国有权审查自身企业兼并垄断的案件，并根据审查的情况进行执行。对于在与私人企业限制竞争行为有关的欧盟反垄断法规范中可能涉及域外适用的问题，《欧盟职能条约》有相关的规定。该条约第 101 条和第 102 条从原则上规定了禁止限制竞争协议和滥用市场支配地位的内容。[1]并购监管的反垄断规范并没有出现在欧盟基础条约中，而是由欧洲法院和欧洲委员会两个职能部门通过该条约中的有关反垄断法规定进行调整。现在，欧盟关于并购监管的反垄断法规范仍然是以理事会条例的形式出现。同时，欧盟为了增强反垄断法规定的可执行性，颁布了大量的执行条例和指南。尽管如此，对于欧盟反垄断法域外适用的相关问题，立法者并没有作出明确的规定。《欧盟职能条约》第 101 条第 1 款和第 102 条规定，只有相关限制竞争行为影响到了欧盟成员国之间的贸易，欧盟反垄断法的上述规定才能够适用。欧盟反垄断法域外适用的原则性规定或者基础原则，主要包括适用限制等问题，只能从欧盟立法者的立法理由以及反垄断法域外适用具体判例的内容中进行总结。实践中，欧盟对域外适用制度并没有相关的法律规定，所以，不管是否涉及欧盟反垄断法域外适用，相关企业都需要满足跨国贸易条款的要求，以此为前提，欧盟反垄断法才能对该种行为进行规制。但是，总体来说，欧盟反垄断法域外法律适用的缺失会对行为判断的准确性造成影响。所以，在具体案件中，欧盟反垄断法执法机构会考察相关协议或者协调行为对协议当事人以及第三方经营自由或者经济行为自

---

〔1〕《欧盟职能条约》（即《欧盟经济共同体条约》）第 85 条和第 86 条。该条约虽然在不断的修改，但是本质内容目前并未进行修订。

由的影响。[1]目前，根据欧盟反垄断法执行机构对相关案件的处理情况我们可以看到，不仅要审查实体要件是否存在实质影响，还要考察连接点以及相关行为对欧盟市场的竞争秩序是否会产生影响。[2]但是，如果欧盟机构没有相关法条直接规定域外适用的问题，那么反垄断法是否就不具有域外效力？笔者认为，基于反垄断法域外适用目前的发展状况，以及欧盟反垄断法域外适用散见在各个条约中的现实，我们可以看到，欧盟在限制私人行为对竞争秩序破坏问题上所做出的努力。因此，目前欧盟基础条约或者条例至少都对成员国共同市场的建立和有效运行主张：无论行为发生于何地，只要对欧盟内部市场有限制竞争行为的作用，就要适用欧盟反垄断法。该原则间接承认了欧盟反垄断法域外适用的正当性。

其次，跨国垄断案件的执行程序。跨国垄断案件涉及管辖权的问题，欧盟委员会享有对此类案件的优先管辖权。并且，通过对相关法律规定、国际条约以及指令的指导，对垄断案件进行审理，做出相应的裁决。欧盟委员会在接到投诉或者发现部分企业行为有垄断迹象或者正在实施限制竞争行为时会展开必要的反垄断调查。经过欧盟委员会的详细调查，若确定某一企业的行为会产生排挤、限制竞争对手的情况，那么，针对企业的垄断行为，欧盟委员会对该企业发出异议声明，企业应该及时针对问题进行回复，回复的最长期限应该为通知后的 2 个月内。若欧盟委员会认为书面回复后，仍然存在企业违反反垄断法的规定的，则对企业进行罚款或者责令该企业停止并作出

---

〔1〕　Rehbinder, in Immenga/Mestmacker, Wettbewerbsrecht：EU (Teil 1), 5. Aufl., C. H. Beck 2012, Art. 101 Abs. 1 AEUV, Rn. 179ff.

〔2〕　于馨淼：《欧盟反垄断法域外适用研究》，法律出版社 2015 年版，第 100 页。

书面裁决。企业做出承诺后，欧盟委员会要即刻停止对该企业的反垄断调查。但是，若企业没有按照承诺对自身行为进行调整和规范，欧盟委员会有权重新对该企业进行调查，并对该企业作出裁决；[1]如果企业对裁决不服，可以向欧洲初审法院提起诉讼。欧盟委员会要与"限制行为和优势地位咨询委员会"（以下简称"咨询委员会"）进行协商，咨询委员会的书面意见将作为欧盟委员会处罚决定的附件，协商一致后才对外公布处罚决定。[2]

再次，欧盟反垄断法域外适用坚持影响原则。欧洲委员会对影响原则的理解与适用与美国法院相关法律规定所提出的主张类似。欧洲委员会认为，根据影响原则和理论，一国或者地区的主管机构有权对影响到欧盟的限制竞争行为执行相应的措施，即使涉案企业处于该地域范围之外或者在此之外从事经营活动，具有外国国籍、与该地域无联系或者受外国法调整的协议，从事相应的活动。[3]同时，欧洲委员会通过影响原则判断能否发挥反垄断法域外效力的理论实际上涵盖了反垄断法的三大领域，即滥用市场支配地位、禁止限制竞争协议和经营者集中。在影响原则的基础上，欧盟反垄断法的适用不再取决于限制竞争行为的发生地，欧盟反垄断法同样可以被适用于发生在欧盟范围之外但是对欧盟产生实质影响的限制竞争行为。对于实质性的判断，笔者认为可以从以下几个方面进行归纳：第一，限制竞争协议导致了欧盟内部市场相关产品价格上涨、变动或者被固定；第二，限制竞争协议导致相关产品向欧盟的出口数

---

〔1〕 侯德红："刍议欧盟反垄断法执行"，载《科技与企业》2013 年第 9 期。

〔2〕 侯德红："浅析欧盟反垄断法执行及对中国之借鉴"，载《黑龙江省政治管理干部学院学报》2013 年第 3 期。

〔3〕 Commission, *Sixth Report on Competition Policy*, Brussels, April 1977, p. 37.

量减少；第三，限制竞争协议直接导致欧盟相关产品市场与第三国市场相互隔绝；第四，限制竞争协议涵盖的价格协调、信息交换和禁止企业在欧盟范围转售给当地买方等行为涉及相关产品向欧盟的出口及在欧盟范围内的销售；第五，限制竞争协议包含的价格协调等涉及企业同时将相关产品出售给企业集团内部及位于第三国的企业，再通过后者将产品整合到其他产品之后销售到欧盟市场的经营行为；第六，占有市场支配地位的企业拒绝向欧盟下游企业供货；第七，对于并购监管案件，只要涉案经营者集中，满足欧盟《并购条例》中的经营额门槛规定，并导致欧盟相关市场结构改变，在欧洲委员会和普通法院来看，即均满足行为影响直接性要求。[1]按照以上判断标准，实质性影响依然是判断欧盟反垄断法能否适用的关键。

最后，欧盟反垄断法无论是本区域内还是区域外适用，均主要遵循保护欧盟内部市场竞争秩序的共同目标。欧盟反垄断法在法律规定上虽然没有明确适用范围的判断依据，但是，欧盟法院和欧洲委员会都认为竞争利益是欧盟必须要保护的重大利益。所以，对破坏竞争利益的行为都必须进行规制。但是，在适用中，由于行为发生地和行为影响地国家利益的着眼点是不同的，所以，影响行为适用本国或者本地区的反垄断法就很有可能与他国相关法律规定产生冲突。在欧盟反垄断法域外适用的实践中，欧洲委员会通常会在调查过程中与可能产生利益冲突的第三国或者地区主管机构进行事先沟通，尤其是签订双边竞争政策或者反垄断法执行合作协议的国家。如果在沟通过程中，第三国或者地区主管机构并没有针对欧洲委员会行使管辖权提出明确质疑或者表明该调查涉及本国或者本地区

---

〔1〕　于馨淼：《欧盟反垄断法域外适用研究》，法律出版社 2015 年版，第 216~217 页。

的重大利益。那么，在欧盟法院和欧洲委员会看来，就不存在根据国际礼让或者类似国际法原则而放弃自身管辖权的正当理由。[1]

（二）"纸浆案"对于反垄断法域外效力的分析

该案发生于 1984 年 12 月，欧洲委员会决定对欧盟成员国、美国以及加拿大等地的纸浆生产企业及企业协会进行处罚。[2]这项调查持续了三年多，决定的基本依据是上述地区企业通过限制竞争协议或者协同行为操控相关市场的纸浆价格。因此，这些企业违反了《欧洲经济共同体条约》第 85 条关于禁止垄断协议的规定。[3]由于欧洲委员会在管辖权问题上做了详细阐述，欧洲委员会认为，本案中涉案的所有企业在特定时间直接向欧盟出口或者在欧盟范围内从事相关产品经营活动。其中，部分企业在欧盟范围内拥有子公司或者代理商等分支机构。涉案企业间协调价格、交换与竞争有关的价格信息以及从事出口转售禁止等限制竞争行为，同时涉及向欧盟范围内买方的全部直接供货或者在欧盟范围内将纸浆转售给当地的买方。并且，涉案的限制竞争协议或者协同行为涵盖了欧盟范围内 2/3 的相关产品的供货以及欧盟范围内大约 60% 的相关消费量。所有迹象都表明，涉案协议以及协调行为通过参与企业被用于相关产品向欧盟出口以及在欧盟范围内的绝大部分销售。涉案行为对欧盟范围内纸浆的销售价格以及转售产生的影响不仅是重大的而且是故意的。据此，欧洲委员会认为其对于涉案企业及其行为享

---

〔1〕 于馨淼：《欧盟反垄断法域外适用研究》，法律出版社 2015 年版，第 223 页。

〔2〕 Entscheidung der Kommission vom 19. Dez. 1984 betreffend ein Verfahren nach Artike185 des EWG-Vertrags （IV/29. 725-Zellstoff），ABI. EG1985 Nr. L 85/1.

〔3〕 刘旭："中欧垄断协议规制对限制竞争的理解"，载《比较法研究》2011 年第 1 期。

有管辖权。

　　涉案的非欧盟企业对欧洲委员会的管辖权提出了质疑。欧洲委员会在决定中充分论证了域外适用欧盟反垄断法的正当性，但是在欧洲委员会作出决定后，许多注册地在欧洲经济共同体成员国之外的涉案企业和企业协会仍然基于管辖权问题产生争议。1985年4月，涉案企业采取联合或者独立的方式向欧洲法院提起撤销欧洲委员会处罚决定的诉讼。申请的主要理由如下：首先，原告认为，欧洲委员会并没有正确地理解《欧洲经济共同体条约》第85条关于空间效力范围的内容，因为依照欧洲法院在1972年"染料案"中的判决，法院并不承认影响原则，而是基于企业整体性原则认定涉案的行为限制了共同体市场上的竞争；并且，如果承认上述第85条基于欧洲委员会的解释可以被适用于原告企业，那么欧洲委员会的决定就将违反国际法。其次，美国KEA协会成员企业提出欧洲委员会基于影响原则适用反垄断法规范这些企业行为的做法违反了国际法上的不干涉原则。提出的主要理由是，出口卡特尔已经得到了美国1918年《韦伯-波默林法》的豁免，美国反垄断法并不适用，而欧洲委员会在本案中适用《欧洲经济共同体条约》第85条禁止出口卡特尔，则将损害美国通过上述法案促进出口的利益。[1]涉案的加拿大企业也同时提出，欧洲委员会的处罚决定损害了加拿大的国家主权，并因此违反了国际礼让原则。

　　欧洲法院将这些案件合并审理，并就管辖权问题单独作出判决。法院根据《欧洲经济共同体条约》第85条的内容明确指

---

　　〔1〕　根据欧洲委员会的调查：KEA已于1952年依照《韦伯：波默林法》登记并获得豁免，Entscheidung der Kommission vom 19. Dez. 1984 betreffend ein Verfahren nach Artike185 des EWG‐Vertrag（IV/29. 725‐Zellstoff），ABI. EG 1985 Nr. L 85/6，Rn. 29.

出，虽然本案纸浆的主要来源是加拿大、美国、芬兰等国（均在欧共体之外），但是如果上述这些第三国的纸浆生产商是直接通过注册地在共同体的经销商销售其商品，便是为了获得客户而参与共同体市场上的价格竞争，该案件主要涉及共同体成员国之间所形成的区域范围内的竞争。这些通过协议方式限定向共同体客户的销售价格（并且实际上以约定价格销售相关产品）的企业，即执行了上述协议的第三国企业，应被视为参与违反了《欧洲经济共同体条约》第85条的规定，即以限制共同体市场上的竞争为目的或者产生相应作用的限制竞争协议。但是，在本案中，欧洲委员会在上述情况下将欧盟反垄断法适用于非欧盟企业。鉴于此，欧洲法院认为，对于第85条的空间适用范围的判断并没有错误。欧洲委员会在本案中适用欧盟反垄断法规范涉案企业行为是基于地域管辖原则。同时，欧洲法院针对加拿大等国家提出的欧洲委员会在本案中管辖权的行使违反了国际法不干涉原则以及国际礼让原则的观点进行了反驳。针对美国企业提出的违反不干涉原则的主张，欧洲法院明确了适用的依据，即当两个国家的规范导致私人将受制于矛盾但又必须同时遵守的规则时，虽然这两个国家有权制定和执行这些规范，但是两者同时也负有自我限制其管辖权实施的义务。据此，原告主张了本案中，因为美国已经豁免了相关的出口卡特尔，所以欧洲委员会适用欧盟反垄断法的行为违反了上述不干涉原则。但是，欧洲法院却认为，无论原告主张所依据的上述规则在国际法上是否真实存在，本案的具体情况都并不满足该规则适用的构成要件。因为在本案中美国和欧盟的相应规范之间并不存在矛盾。并且，欧洲委员会可能因为管辖权冲突，在作出处罚决定前与美国相关部门进行磋商，但是后者并未提出抗议。进行过上述分析，欧洲法院对加拿大企业提出的违反国际礼让原则的问题只作出了简要回答，即反驳了原告主张对欧洲委员会行使管辖权，适用欧盟反垄断法规范涉案企业行为的质疑。

欧洲法院对该案的判决直接影响着欧盟反垄断法域外适用的发展。所以，从这个案件中，我们可以归纳出欧盟反垄断法发挥域外效力主要遵循的原则：第一，欧洲法院仍然坚持地域管辖原则。欧洲委员会在该案件的审理中仍然坚持了地域管辖原则，并且否定了原告提出的欧洲委员会管辖权行使违反国际法的意见。在该案中，我们可以看出欧洲法院仍然坚持地域管辖原则。第二，欧洲法院对地域管辖原则做出了扩张解释。本案中，非欧盟企业在欧盟境外签订限制竞争协议，但是部分涉案的企业在欧盟内部市场上无分支机构，这就导致欧洲法院不能通过企业整体性原则证明欧洲委员会的管辖具有合理性，但是又不能纵容非欧盟企业通过人为设定协议签订地的方式规避欧盟反垄断法，因为其行为已经对欧盟机构造成了实质性的破坏。第三，欧盟通过欧洲法院主张的是欧盟反垄断法适用实施的标准。欧盟机构管辖权范围通常是按照相关竞争协议是否在欧盟区域范围内实施来确定的。若在欧盟区域内实施，那么，即使参与的跨国企业在欧盟没有分支机构，也可以根据欧盟反垄断法的具体规定规范此行为，欧盟机构依然对该行为享有管辖权。

根据上述评析，我们不难看出，对欧盟反垄断法域外效力的承认，虽然遵循了传统的地域管辖原则，但是对于欧盟反垄断法域外效力的适用问题，欧盟法院除了要求企业行为对欧盟内部市场有一定影响，通常还要要求其在欧盟市场实施该行为。同时，根据企业整体性标准判断涉外案件能否适用欧盟反垄断法。从企业整体性来看，外国企业在欧盟设立子公司，若子公司在欧盟区域范围内实施了排挤和限制竞争的行为，那么，欧洲法院认为母公司需要对此行为承担责任。据此，欧盟反垄断法针对外国企业的适用要求满足行为实施地在欧盟范围内，其中要遵循的重要判断标准是子公司是否是在外国母公司的指示和命令下从事相关的限制竞争行为。通过案例不难看出，欧盟一直对地域管辖原则作出扩张解释，其实质上已经与影响原则十分接近。[1]但是，这种扩张解释仍然不能替代影响原则所发挥的重要作用，特别是限制竞争行为企业在欧盟范围内不但没有相应的分支机构或者代理人，并且在该区域范围内也未从事垄断行为，如果该行为在欧盟市场产生了限制和排挤市场竞争的实质性影响，根据影响原则，欧盟反垄断法可以适用。但是如果严格按照欧洲法院的理解，就会否定欧盟反垄断法的域外适用。从某种意义上来说，否认欧盟反垄断法的域外效力，是与市场经济秩序的目标相违背的。因此，欧盟反垄断法域外适用也最好能通过影响原则解决行为地与影响地管辖权冲突的问题。

由此可见，从美国和欧盟在司法实践中的典型案例，我们可以看出，反垄断法域外适用几乎都运用效果原则对案件进行定性，并且也都由于反垄断执法机构意见不同而导致各国之间存在管辖权冲突。从目前我国反垄断法的适用状况来看，外国的承认与接受主要体现在我国《反垄断法》第2条。该条款为我国反垄断法域外管辖权的行使提供了理论依据。第2条不但明确了国际法传统的地域管辖原则，而且还以行为地为标准，确立了我国反垄断法对境外垄断行为规制的效力，为我国反垄断法域外适用提供了法律依据和现实支持。据此，我国反垄断法在司法实践中的承认与接受不但需要合理使用效果原则，还

---

〔1〕 Basedow, Welt kartll recht, Mohr Siebeck 1998, S. 15.

需要化解管辖权冲突带来的种种问题。

第二节　影响域外效力的重要因素

影响域外效力的重要因素主要表现在世界各国国家政治与经济的不同，以及因法律意识形态和对垄断行为执法标准不一而形成的国家间的冲突。具体可以从以下几个方面进行分析。

一、国别冲突：反垄断法适用基础不同

反垄断法域外适用的国别冲突，主要是指由于各国的国情不同，导致反垄断法适用的基础不同。为了减少对本国利益的损害，需要发挥反垄断法的域外效力对跨国垄断行为进行规制。因此，从国家主权利益的角度来讲，要对超越本国区域范围内的排挤、限制竞争行为适用本国的反垄断法无疑会造成与他国反垄断法相冲突的局面，并且，各国都会积极主张本国对案件的管辖权。因此，在实践中，国家之间对反垄断法域外效力的承认与接受情况便直接决定了案件的管辖法院。[1]一国在发挥反垄断法域外效力的同时，有可能为了最大限度地保护本国国家利益与经营者的利益而忽视他国利益。随着国际市场的不断发展，经济全球化趋势加强导致跨国并购、国际卡特尔等国际垄断行为的形式趋于复杂，数量有增无减。这些现象促使受到损害的国家积极采取法律手段，发挥本国反垄断法的域外效力，严厉打击危害跨国经济利益的行为，从而保护本国的竞争秩序、经济利益。同时，各国的经济实力对法律适用的程度也具有一

---

〔1〕　时建中主编：《反垄断法——法典释评与学理探源》，中国人民大学出版社 2008 年版，第 17 页。

定影响，因此，若法律适用受到政治与经济的干扰，那么国家之间的利益冲突便会在无形中加剧。所以，从国别角度分析，国家利益和政治思维才是决定反垄断法域外效力发挥的最根本因素。

（一）政治考量：国家间的政治关系

国家间政治关系是传统国际法必须要考虑的影响因素。政治方面的因素不仅包括一个国家对经济享有的主权，还包括对自然资源享有的主权。从规制一国的经济法律来看，反垄断法域外效力的发挥会直接涉及他国的经济主权，而经济主权也同时受到政治关系的影响。对此，1980 年，美国第七巡回法院审理的"铀出口卡特尔案"就是一个典型的例子。在该案中，美国生产商的利益受到了严重的威胁，主要是由于他国公司订立的铀出口卡特尔行为造成了限制竞争的结果。形成该种卡特尔的主要原因是美国在全球铀市场占有 3/4 的份额，在该领域的销售明显占据主导地位，它对外国生产该类产品的行为进行了限制。[1]外国的同类企业禁止美国的产品在境外销售。美国法院对他国的企业采取制裁，要求外国经营者给予美国经营者 3倍赔偿。该判决一出，许多国家都对此十分不满。例如澳大利亚、加拿大和英国的行政机关认为，美国的这种赔偿请求实际上并不符合国际法的规定，它是一国擅自采取的霸权主义行为。[2]有学者认为："反垄断域外效力施行中的冲突主要表现为政府间的政策冲突，这种冲突的根源在于政治问题，所以从国际法学的角度寻求解决是较难的，并且在国际法角度无法从根源上解决问题，跨国反垄断的冲突只能通过协商和谈判进行，若一国

---

〔1〕 参见王晓晔："美国反垄断法域外适用析评"，载《安徽大学法律评论》2002 年第 1 期。

〔2〕 杨柳："论经济法的域外效力"，载《经济师》2007 年第 1 期。

政府通过本国法律，按照自身意志对限制竞争的行为进行法院裁决，那就是适用'经济实力就是权力'的原则。"[1]若各国均以政治实力影响对国际垄断案件的裁决，将本国反垄断法强加于他国，如果又欠缺国际法规则的规制，反垄断法的域外适用就会演变为国家之间的政治较量，这样也就丧失了建立国际反垄断法规制的意义。

（二）经济考量：各国国家利益

如前文所述，影响反垄断法域外效力的重要因素是各国的国家利益。由于企业活动国际化的增多，跨国限制竞争对各个国家的影响也在凸显，各个国家反垄断立法的实体程序也是不一致的，一国在对案件进行反垄断法域外执行的同时，不可避免地会造成法律冲突。这种冲突可能是由于价值目标追求、经济基础的不同，导致国际反垄断规则体系还不具备建立的基础，很难在短期内实现这一目标，这就给反垄断法的域外执行带来了很大的难度，引发了国家间的利益冲突。例如，在跨国公司合并域外效力送达的程序上，首先需要适用民事诉讼程序的相关制度向他国当事人送达诉讼文书，本国须与其他国家签订协议。若在该并购中，一国的行政机关认为该合并会产生限制竞争的影响，并购就不能按照计划行使，当然，这种方式具有很大的局限性，能否从根源上解决跨国合并造成的问题不置可否。世界各国如果不能积极协调该问题，那就应当从统一反垄断法国际规定的角度入手寻求出路。目前来看，对于并无损害的公司合并应该尽快批准进行正常的商业行为，从有些国家抵制他国反垄断法域外适用的情形看，其抵制的措施主要是通过制定一系列的法律保留规定促使境外反垄断法难以适用，其中还会

---

[1]　王晓晔、吴倩兰："国际卡特尔与我国反垄断法的域外适用"，载《比较法研究》2017 年第 3 期。

禁止他国的行政机关在本国开展调查，或者拒绝承认和执行他国的反垄断裁决。另外，有些国家还在本国反垄断法中设置了域外效力的规定，目的是有针对性地打击报复其他国家，运用反垄断法的域外管辖权保护本国经济利益。这种情况是对他国的经济行为进行打击的一种方式，会导致国家之间的立法、司法与执法的冲突加剧。

二、法律意识形态迥异：法系、法文化与法律规则不同

大陆法系和英美法系是目前世界最主要的两大法系。由于大陆法系主要以成文法规定为主，英美法系主要以判例法为主，所以法律形态的不同也决定着各国对反垄断法域外效力的承认存在不同的认识。目前，部分行为理论、行为归属理论主要是对国际管辖权和国际管辖理论的扩张适用。域外效力所涉及的效果原则是否能在不同法律意识形态之下形成确定相同的理论？对效果的界定及影响的程度是否能有相同的标准？效果原则是否存在合理性？笔者认为，这些问题取决于一国反垄断机关的认知判断。所以，在反垄断法域外效力的适用中，法律思维和法律基础不同也可能直接影响域外效力的发挥。法律意识形态的不同决定了各国对反垄断法域外效力的理解有所偏差，会给域外效力理论带来难题。

如上文所述，法系不同带来了法律思维以及法律文化存在差异，这些差异直接导致法律规则在制定之时各国就会存在潜在冲突。发达国家对反垄断法的遵守和维护早于发展中国家，因此，对其域外效力的承认与接受也当然早于发展中国家。同时，发展中国家竞争文化的缺失现象是普遍存在的。[1]对此，

---

〔1〕 刘进：《发展中国家反垄断法实施机制研究》，湘潭大学出版社 2014 年版，第 85 页。

早在 1998 年 12 月，WTO 工作组在年度报告中就曾指出，应该强调"竞争文化"的重要性，因为"竞争文化"可以为反垄断法和竞争政策的实施起到积极的推动作用。[1]但是，事实上，从法律文化与法律思维的角度思考，对反垄断法域外效力的接受与承认均具有深远的影响，但是对其进行培育和发展并非易事。日本的一些模式值得我们借鉴。日本公正交易委员会（Federal Trade Commission, FTC）采取了一系列的措施。例如，在提起反垄断法相关诉讼时，通常将案件的事由、证据、审判过程以及判决结果对外公布，用于宣传反垄断法的功能和内容。1953 年以来，FTC 对日本几家大型银行和企业滥用市场支配地位的行为给予了反垄断法规制，并公开质询，以提高公众对反垄断法使用的评判能力。同时，FTC 不断接受外来法律思想，并将其融入日本的法律文化中。从日本对竞争文化的培育经验来看，竞争政策的引导和公平理念的形成逐渐影响着反垄断法域外效力相关理论的认知判断。另外，1979 年，经济合作与发展组织（OECD）理事会通过了《关于竞争政策以及受豁免或受调控部门的建议案》[2]，并将其推荐给各个成员，这些举措都有利于反垄断法域外效力的接受与承认。[3]在这个方法中，通过法律思维逻辑来构建一个全面的整体（比如民主、自由、公正和道德等法律思维方法的延续），并且这种思维模式形成后不

---

〔1〕 See Hiroshi Iyori, "Competition Culture and the Ains of Competition Law", Towards WTO Competition Rules－Key Issues and Comment on the WTO Report（1998）on Trade and Competition, p. 127.

〔2〕 林燕平："论 WTO 体制下发展中国家的竞争政策和竞争立法"，载《法学》2005 年第 11 期。

〔3〕 刘进：《发展中国家反垄断法实施机制研究》，湘潭大学出版社 2014 年版，第 86~87 页。

会因为立法者的意图而消亡。[1]另外，世界各国法律文化的互相影响也对反垄断法域外效力的承认与接受具有一定意义。反垄断法域外效力起源于美国，它制定的法律本身具有管辖权扩张的意图。而后，欧盟的区域法律现代化发展整体看来也接近美国模式。第二次世界大战后，德国竞争法在美国的影响下发展起来，德国制定的竞争制度重点遵循了一种所谓的"本土管制"哲学，并将这种法律文化深刻地融入了当地竞争执法。[2]从更广泛的意义上来说，寻求能够处理全球行为的跨国制度必须继续考虑各种国家制度所具有的历史和文化背景。法律的发展是把这种影响成功地融入当地的竞争执法哲学。正如一位历史学家所描述的那样："众所周知，在西方国家的支持下，联邦共和国的历史是在外国的统治下开始的。但是，即使这样，也有如此多的土生土长的信念和价值观，以此为基础影响着法律的制定。"[3]综上所述，法律意识形态的不同、法文化和法律思维的不同直接决定了对限制竞争行为的认定，也影响着反垄断法域外效力在现实生活中发挥的作用。

三、各国对垄断行为执行标准不一

从本质上看，反垄断法发挥域外效力是各国法律性质的延

---

〔1〕 William S. Laufer, "Japan, Regulatory Compliance, and the Wisdom of Extraterritorial Social Controls", *Hastings International and Comparative Law Review*, Vol. 18, Issue 3 (Spring 1995), p. 487.

〔2〕 Hannah L. Buxaum, "German Legal Culture and the Globalization of Competition Law: A Historical Perspective on the Expansion of Private Antitrust Enforcement", *Berkeley Journal of International Law*, Vol. 23, Issue 2 (2005), p. 474.

〔3〕 See HALEY, supra note 12, at 4 (noting that with the exception of Ludwig Erhard, German political leaders in the post-war period viewed these laws not as a development that would bepositive for the nation's economy but as "antithetical to economic recovery and growth."); see also Stedman, supra note 12, at 450~451.

伸，它本身并不会造成冲突问题，但是由于发挥反垄断法域外效力的最终目的是使本国法得以适用，从而确保该法能够得到执行，因此在执行的过程中势必会引发管辖权冲突的问题，如果不能够最终使本国反垄断法得到执行，那么发挥域外效力也就没有存在的意义了。所以，本国在执行一国反垄断法域外适用制度时，势必会引发与其他国家在执行权方面的冲突，体现出管辖权的冲突问题。从司法实践来看，一国通过运用本国竞争法对跨国垄断行为实施管辖，遭到他国反垄断法的抵制时就会遭遇域外适用的困难。更为严重的是，还有可能多个受损害国家同时向某一个行为地国家主张管辖权，域外管辖同样面临积极冲突。在戴姆勒-奔驰公司与克莱斯勒公司的并购案件中，由于这两家公司同属于大型跨国公司，所以在世界各国均具有经营活动。两者通过成功收购其他企业以扩张自己的利益，设置有专门的团队对四十多个国家的反垄断法进行研究，并且根据研究情况，对其中的十个国家实施申报与批准。这些国家由于意见不同，部分申报被核准，也有部分被拒绝，而采取何种态度则是反垄断主管机构基于国家利益进行考量的结果。从化解域外效力冲突的角度来讲，如果一个国家仅仅单方面适用本国法律，那么问题很难得到有效解决。另外，还有一个经典的案例是"美国波音公司与美国麦道公司并购案"。在该案件中，两个不同国籍的企业进行合并，合并行为对本国市场秩序具有重大影响，应当适用反垄断法的规定对合并行为进行审查。然而，欧共体理事会1989年第4064号条例规定，企业之间如果想要合并，必须履行向欧共体委员会申报的程序，经过相关机构的调查，对于符合一定要求的企业，才能认为欧共体委员会对该案件取得管辖权。在此案件中，若行政机关认为合并会对境内竞争产生实质、破坏性影响，那么，一旦行政机关拒绝批准合并，在解决不了的情况下，应将争议提交给 WTO 机构进行裁决。在案件纠纷产生和解决的问题上，波音公司最终决定通过接受一系列附加条件，承诺不再进行限制和排挤竞争的行为，基于此，行政机关最终给这次合并发放了通行证。该案件说明，由于各地区执法的标准不同而产生的不同效果，直接影响着案件的处理结果。通过这个案例我们还可以看出，如果一个国家被视为破坏了竞争秩序，并且该行为被严厉禁止，但同时该行为又在行为地国被允许，甚至从这个国家的宏观经济决策和产业政策发展方向来看是被国家的产业发展政策所鼓励的。这样看来，受害国和行为地国会由于政策和法律规定的不同，而使得其不能得到行为地国的协助，反垄断法就不能实现规制效力。另外还有一个例子是，在美国发挥反托拉斯法域外效力的同时，很多国家都认为其对本国利益构成威胁，所以，有些国家对此加以反对。1979 年，澳大利亚颁布了《（限制执行）外国反托拉斯法判决法》。根据该规定，澳大利亚授权总检察长颁布命令，以限制本国对他国反垄断法判决的承认，或者降低澳大利亚政府对该判决的处罚数额。若按照上述的理论，针对别国反垄断法的域外效力的实施，许多国家均通过采用国内立法措施来抵制他国反垄断法。通过上述案例我们可以看到，各国所发挥的反垄断法域外效力，究其本质是以内国法为基点，通过对跨国垄断行为的惩戒，维护市场秩序。但是，基于各个国家法律规定的不同，国内法与国际法律规范之间本身便存在一定的差异，若套用国内法原则规范跨国经济行为，就有可能造成与国际法相违背的局面，从而导致与传统国际法所倡导的行为、原则标准不相符合，并且与国际法的基本精神背离的局面。各国反垄断法律制度建构的内容没有统一的法律基础，这会导致这些问题的出现。所以，从上述案件我们可以看出，尽管政府机构可以解决反垄断法诉讼前的问题，但是执行也可能存在冲突。如果执行判决欲对他国垄断行为实施强制措施，若这些措施损害他国利益，则势必会受到他国的抵制，造成执行方面的冲突。[1]自从效果原则在"美国铝业公司案"中被提出，各国便都以国内法的形式确立了反垄断法域外适用制度，这些法律规定都以效果原则作为适用的基本原理，但是又没有细则规定适用的基本范围，从而使得管辖权适用的标准不同，各国均以国内法的形式确立本国反垄断法域外适用制度。在目前跨国并购活动愈加频繁的背景下，各国执行标准不一的局面导致很多企业可能会向多个国家进行申报，从而希冀企业合并能够得到法律的批准。各国对合并的批准主要取决于各国的政策导向和利益驱使，所以难免会做出不同的裁定，甚至可能出现完全相反的裁决。若同一个垄断行为不但直接影响到多个国家利益，而且根据效果原则的适用，许多国家对该行为都具有管辖权，如果国内法的规定不同，便有可能造成法律上的冲突。[2]同时，即使是同一国家，对涉及本国和外国的限制竞争行为都存在差别待遇。例如，目前多数国家都对出口卡特尔行为做出了豁免，但是该行为实际上是被进口国所禁止的。美国对外贸易法的这个规定主要体现在1918年《韦布-波密伦出口贸易法》中，允许经营者只是对涉及出口贸易的行为进行登记，即使商品的价格数量以及分割市场的情况存在限制竞争的行为，国家也都可以给予豁免。[3]随后，美国在1982年《出口贸易公司法》中对出口企业的限制竞争行为也做出了规定，即从事限制竞争行为的企业

---

〔1〕　王晓晔：《欧共体竞争法》，中国法制出版社2001年版，第477~478页。

〔2〕　时建中主编：《反垄断法——法典释评与学理探源》，中国法制出版社2008年版，第18页。

〔3〕　U，S，C，A，Sections 61~65.

经反托拉斯局批准，领取出口许可证。如果没有发生实质性的损害，并且没有影响到美国市场的竞争，那么就可以从法律豁免的角度考虑如何对该行为进行处理。[1]由此可见，针对限制竞争行为，如果是进口企业则要进行规制，同一行为在法律标准判断方面存在的巨大差异会直接影响案件的结果。因此，归纳起来，解决该问题首先要判断该行为是否属于反垄断法规制的范畴，在不同国家对该行为认定标准不一的局面下，如何进行协调？同一行为可能对发展中国家的市场构成实质性影响，但是对发达国家却仅构成普通影响。在法律标准的不同的情况下如何对此进行判断？在开展反垄断法的域外调查过程中，是否适用统一的标准？这些都是反垄断法发挥域外效力面临的现实困难，也是摆在司法实践面前的难题。

第三节　化解反垄断法效力冲突的国际合作规则

由于目前反垄断法域外效力本身就蕴含着冲突与矛盾的问题，国际上也未能针对各国反垄断法域外效力的适用给予统一的国际法适用规则，这就促使反垄断的国际执法合作成了解决反垄断法域外效力接受与承认问题的重要方式。

一、积极推进双边合作模式

目前，多数发达国家已经就反垄断法域外管辖达成了一些双边协定，这种双边合作模式是通过积极礼让和消极礼让的方式避免在反垄断法域外效力的承认与接受上出现冲突。然而，

---

〔1〕　王晓晔：《王晓晔论反垄断法》，社会科学文献出版社2010年版，第567页。

由于依据不同，案件的判决结果存在差异。此时，双边合作还可以避免在实施境外调查或者执行时的现实困难，提高反垄断法的执法效率。[1]

首先，美国与我国积极开展了反垄断法的双边合作。美国与中国订立双边反托拉斯合作协议，该协议带来的潜在好处是有利于合作双方建立良好的贸易关系。反托拉斯合作协议需要建立在协商、妥协和信息分享之上，并结合各方的激励机制维护双方的合作关系协议。[2]由于该协议具有积极的意义，因此双方关于反托拉斯的合作是成功的。至少能够避免采用敌对手段解决纠纷，进而降低效率。在通常情况下，国家可能试图通过建立一个公平、自由的国际贸易秩序解决反垄断法域外效力的问题。在美国和中国建立双边协议的情况下，双方可能形成共同打击国际垄断行为的对策。随着中国于 2001 年加入 WTO 组织，中国不再容易受到贸易报复的影响，同时双方的合作促成了国家之间的和谐互动，避免了反垄断诉讼中许多的不确定性，以及由法庭复杂程序带来的重大行政成本。[3]中国与美国的双边反托拉斯合作使得这两国的企业能够受到合作协议的制约，同时也可能增加两国机构互相抵触的可能性。[4]尽管各国在反垄断法域外效力适用过程中会产生摩擦，但是双边反垄断合作协议仍然积极地推动着各国反垄断机构的对话。美国和中

〔1〕　戴龙：《日本反垄断法研究》，中国政法大学出版社 2014 年版，第 197 页。

〔2〕　Anu Bradford, "Chinese Antitrust Law: The New Face of Protectionism?", The Huffingtion Post, Aug. 1, 2008, http://www. huffingtonpost. com/anu-bradford/chinese-antitrust-law-the b_ 116422. html.

〔3〕　Anu Bradford, "Chinese Antitrust Law: The New Face of Protectionism?", The Huffingtion Post, Aug. 1, 2008, http://www. huffingtonpost. com/anu-bradford/chinese-antitrust-law-the b_ 116422. html.

〔4〕　See Lucio Lanucara, "The Globalization of Antitrust Enforcement: Governance Issuesand Legal Responses", 9 Ind. J. Global Legal Stud. 433, 439 (2002).

国应通过两国竞争主管机构之间的协作，形成共生关系，通过有效合作的方式发挥各国反垄断法的域外效力。[1]

其次，美国与其他国家也订立有许多双方合作协议，在促进国际反垄断国际合作方面起到了积极的作用。美国与德国于1976年签署了第一个独立的反托拉斯合作协议，在20世纪90年代又通过新的国际反托拉斯协议扩大了双边合作。随后，在1992年，关于反垄断法的双边合作不断升级，这些双边协议主要包括1995年的《美加合作协议》，1998年的《美国欧盟委员会合作协议》（下文简称《1998年协议》），1999年的《美澳互惠反托拉斯执法援助协定》，1999年的《美国巴西合作协议》，1999年的《美以合作协定》，1999年的《美日合作协定》《美利坚合众国政府与墨西哥合众国政府关于竞争法适用的协定》等。除了传统的积极礼让，1998年的《美国欧盟委员会合作协议》首先引入了积极礼让条款（US-EC Agreement），积极合作的核心原则是在双边反托拉斯合作协议中纳入积极的礼让条款，潜在地鼓励竞争法官员更积极地打击国内垄断。世界各国通过双边协议的方式能够"解决反垄断调查过程中偶尔出现的一些紧张局势"，这证明确立反托拉斯执法是成功的，对我国建立反垄断法双边合作具有重要的借鉴意义。因此，具体来看，以下双边反垄断合作协议致力于解决由域外适用引发的问题：

（一）以美国与德国建立的双边协议为例

（1）美国与德国建立的双边协议的发展状况。1967年10月5日，美国和德国签订了《美国政府和联邦德国政府之间关于限制性商业惯例的相互合作协议》（简称《美国－德国反垄断协议》）。该协议的主要目的是协调各国反垄断法管辖权，解决反

---

　　[1] Matthew Cooper, "The Role of Positive Comity in U. S. Antitrust Enforcement A-gainst", *Japanese Firms*: *A Mixed Review*, 10 PAC. RIM. L. & POL'Y 3. 383, 398 (2001).

垄断法域外效力适用的问题。美利坚合众国政府和德意志联邦共和国政府考虑到限制性竞争行为影响其国内或国际贸易，并有损于国家的商业利益和社会经济，通过反垄断合作协议对限制竞争行为进行规制，更有效地促进经济合作与发展。在合作协议中，双方明确规定了各自参与的反垄断机构。美国的反垄断机构包括美国的反托拉斯部、司法部和联邦贸易委员会；德国的反垄断机构包括德意志联邦共和国的联邦经济部长（"Bundesminister fiir Wirtschaft"）和联邦卡特尔办公室（"Bundes‐Kartellamt"）。双边合作协议中的"信息"应包括报告、文件、备忘录、专家意见、法律简报和诉状、行政或司法机构的决定等书面或电脑记录。此外，双边协议还对"限制性商业惯例"做出了规定，主要包括可能违反反托拉斯法的内容。反托拉斯调查程序是指任何有关限制性企业的调查或诉讼。《美国‐德国反垄断协议》第 2 条明确指出了反垄断法的合作和协助的范围、方法以及条件。具体是指：第一，双方同意其反垄断机构将会协助反托拉斯当局在本协议规定的范围内从事以下行为：①反托拉斯调查或诉讼；②有关竞争政策和可能产生竞争的反托拉斯法律的变化；③与限制性商业惯例有关的活动。[1]第二，双方同意向对方提供任何重要的、会引起反托拉斯当局注意的信息，或者只要是涉及限制商业惯例并对另一方的国内或国际贸易具有实质影响（不论其来源）的信息便都需提供。第三，各方同意，应另一方当事人要求，其反垄断机构将获得并提供另一方所要求的信息，在第 1 款事项范围内，可以就第 2 条所指的事项提出请求并提供信息，并将以其他方式提供与此相关的建议和协助。这种建议和协助应包括但不限于交换信息和有关特定

---

〔1〕 "Agreement Relating to Mutual Cooperation Regarding Restrictive Business Practices", *International Legal Materials*, Vol. 15, Issue 6（November 1976）, p. 1282.

经验的总结，任何一方反托拉斯当局均可以处理垄断行为。协议双方应该援助垄断机构提供相关信息，例如提供任何意见或证词、调查或程序、立法或政策，以及传送或提供对反垄断主管部门的简要说明、辩护文件和法律。第四，协议合作一国的反垄断机关，在向另一方管辖范围的个人或者企业寻求获得信息或面谈时要以自愿为基础。第五，应反垄断法的要求，经各方同意，另一方反垄断机构通过协商，对双方都受影响的情况，共同合作方就可能的协调问题进行咨询。[1]第六，双边合作协议的第4条直接将反垄断法域外效力冲突如何适用给予明确规定：经双方同意，在与其国内法、安全、公共政策或其他重要的国家利益领域采取行动，以免抑制或干涉任何反托拉斯法调查程序。凡适用反托拉斯法，都很可能会影响对方的重要利益，因此开展反托拉斯调查或诉讼应该通知另一方，在适当情况下与其他方协调。[2]

（2）美国与德国的双边协议对我国的借鉴之处。从《美国–德国反垄断协议》的基本内容来看，虽然是国家反垄断间最初的尝试，其中有很多不完善之处，但是从条款的内容我们可以看到，从冲突适用原则、协调与合作、保密条款，再到执行程序和生效条件，双边合作协议的确可以在一定层面上解决反垄断法域外效力适用中的问题。第一，这部协议确认了涉案双方可以根据自身利益目的采取反垄断调查，但是不得干预另一方根据自身利益采取反垄断调查。双方是在互相承认和尊重的基础上开展反垄断行动的。第二，通知义务。若反垄断调查对另

---

〔1〕 "Agreement Relating to Mutual Cooperation Regarding Restrictive Business Practices", *International Legal Materials*, Vol. 15, Issue 6（November 1976）, p. 1282.

〔2〕 "Agreement Relating to Mutual Cooperation Regarding Restrictive Business Practices", *International Legal Materials*, Vol. 15, Issue 6（November 1976）, p. 1282.

一方具有影响，必须要及时通知对方，尽量避免对另一方造成损害。第三，确立了双方互相合作的模式。由《美国-德国反垄断法协议》第4条可以看出，当反垄断域外管辖与一国的安全、公共利益冲突时，双方应该将管辖内的信息提供给对方，以便于在管辖范围内获得便利。第四，确立相互协商的机制。在一方采取反垄断行动可能会对对方利益产生损害情况下，可以采用协商的方式，尽可能增加合作的机会，避免主权对权利的干预与滥用。并且，从整体条款来看，没有涉及任何主权让渡的问题。双边协议为其他国家的反垄断法合作协议提供了积极的参考，对后续多个国家双边合作协议的签订起到了指导作用。[1]

综上所述，由于各国反垄断法对垄断行为的执法程序冗余和不一致，无论对于行政部门还是企业，反垄断法适用中的冲突都不可避免地会增加法律成本与经济成本，从而限制国际贸易交往。由美国与德国的双边协议我们可以看到，双边合作不但可以简化程序，有助于双方开展涉外垄断行为的调查，还可以通过协商的方式有效促成反垄断法的国际合作，具有进步意义。

（二）以美国和欧盟建立的双边协议为例

（1）美国和欧盟双边协议的发展状况。美国和欧洲委员会于1991年和1998年建立的双边协议为美中双方潜在的双边反托拉斯合作协议的形式和内容提供了指导。1991年《欧洲共同体委员会和美国政府间关于竞争执法协议》（简称《1991年协议》）是欧共体与美国订立的第一个反垄断法双边合作协议。早在订立之前，欧洲委员会就致力于发挥反垄断法的域外效力。

---

〔1〕 Volcker, in Immenga/Mestmacker, Wettbewerbsrecht：EU，Ⅱ. Abschnitt，B，RN. 5.

1991 年双方经过协商制定了双边合作协议。该协议的主要目的是减少双方的意见分歧，一方采取反垄断行动时，具有通知另一方的义务。《1991 年协议》第 2 条第 2 款规定："无论何时，反垄断主管机关意识到自己的执行行动可能影响另一方的重要利益，就应及时进行通报。"[1]并且，该协议也提出了信息交互的规定。双方约定每年定期进行关于执法状况及经济领域信息的交流，并对本国的政策变动及其他反垄断法涉及的事务进行讨论，对于反垄断法域外效力适用导致的冲突问题，双方必须按照反垄断法调查的法律规定执行，双方采取的决定和政策都要相互尊重，并且根据状况衡量双方的利益采取一定措施，尽量避免利益冲突。美国与欧洲理事会签订的《1998 年协议》第 3 条规定，不管这些活动是否也违反了请求方的竞争法，也不管请求方的竞争主管部门是否根据本国的竞争法已经开始或打算执行强制执行活动，要求方的竞争主管机关均可以要求被请求方的竞争主管机构进行调查，并且有理由按照被请求方的竞争法来补救反竞争活动。[2]欧共体和美国达成协议，负责欧共体竞争局的专员莱昂·布里坦（Leon Brittan）建议通过谈判达成一个条约或者不太正式的协议，以便在跨国兼并案中分配美国政府和欧共体委员会之间的管辖权。莱昂爵士对 1990 年 9 月开始实施的《欧共体合并条例》[3]表示了相当的担忧，认为它可

〔1〕 刘宁元：《反垄断法域外管辖冲突及其国际协调机制研究》，北京大学出版社 2013 年版，第 165 页。

〔2〕 Agreement on the Application of Positive Comity Principles in the Enforcement of Their Competition Laws, U. S. –E. C. art. III, June 4, 1998, 37 I. L. M. 1070, available at http://www. usdoj. gov/atr/publicinternational/docs/1781. pdf [hereinafter U. S. –E. C. Agreement].

〔3〕 Council Regulation 4064/89, 1989 OJ. （L 395）1; for background, see Colin Overbury & ChristopherJones, EEC Merger Regulation Procedure: A Practical View, in Annual Proceedings of The Fordham Corp. L. Inst. （1990）353（Barry Hawk ed. 1991）.

能造成垄断行为，这个条例赋予了欧共体针对大型跨国兼并和合资企业的重大执法权，包括那些在欧共体有重大销售行为的美国公司。因此，他认为，司法特权和救济的冲突机会已经增加，需要通过双边协议解决。[1]《1991年协议》第4条具体规定了可以基于被请求一方的执行措施推迟或者终止调查，即请求方的反垄断法执行机构可以在被请求执行过程中推迟或者终止执行措施。

（2）美国与欧盟订立的协议主要为反垄断双边合作提供了以下借鉴之处：第一，在通报机制上，1998年《美国欧盟委员会合作协议》比1991年建立的协议更加完善，并且该通报是以主动通报为主，这实际上调动了各国的主动性。并且，该协议在通报的内容、范围、时间上都做出了明确的规定，更具有合理性。其中，不但包括竞争主管机关采取的可能影响一方的执行行为，还包括为履行本协议而进行的交流。这种信息上的充分沟通应足以使被通报方根据其利益是否受到影响而做出判断。第二，很好地发展了积极礼让原则。双边协议规定的规则涵盖了提出要求的一般条件、延期以及暂停执行行动的条件，并且对要求履行的条件、执行的提前通报都作出了规定，使得纠纷的处理具有实践性和可操作性。同时，对影响双方利益的反竞争行为，约定由一方采取执行行动，减少了另一方执行行动的成本。另外，协议双方还建立了彼此互信的模式。被要求方在理清反竞争行为对利益的损害的同时，要使该行为对要求方利益造成的有害后果能够得到恰当的调查，并得到充分的救济。第三，在《1991年协议》执行开始就建立了反垄断行为的评

---

〔1〕 Sir Leon Brittan, "Competition Policy in the European Community: The New Merger Regulation", *Address Before the EC Chamber of Commerce* (March 26, 1990); "Comm'n of theeur", *Communities*, *20th Report on Competition Policy* 17 (1991).

估和审查机制，针对现实状况和潜在可能形成的影响做出分析。《1998 年协议》在此基础之上对上述问题做出了更为细致和完善的规定，逐渐细化的规定使得反垄断双边合作更具操作性。

综上所述，尽管世界各国建立起了反垄断法的执法合作，但是由于他国反垄断法和本国国内法律条款存在明显差异而仍然会导致反垄断执法冲突的发生。美国与欧盟订立的双边协议虽然不能保证完全解决这些问题，但是约束了协议双方的行为，大幅降低了法律冲突出现的可能性。因此，世界各国都可以通过订立关于竞争方面的双边合作协议，以规范广泛的友谊、商业和航运方面的秩序，[1] 从而积极化解由反垄断法域外适用带来的现实冲突。

（三）双边合作存在局限性

双边合作模式虽然在一定程度上解决了反垄断法域外法律适用冲突的问题，但是由于是在两国之间订立的协议，所以也存在一些难以克服的局限性，归纳起来有以下几点：

（1）双边协议的适用范围具有局限性。首先，反垄断法双边合作由于仅是两个国家间订立的协议，所以仅对两国具有约束力。但是，垄断行为也可能损害到第三国利益。订立协议的两国最终达成的意见以及做出的决策是否会对第三国产生不良影响？双边协议很难解决此问题。在司法实践中，特别是在跨国反垄断案件中，无论是对相关市场的界定，还是对行为发生地、结果地以及连接点的认定都有可能涉及第三国。基于此，双边协议的适用范围是有限的，它不能从根本上解决反垄断法域外管辖带来的执法冲突。

---

〔1〕 Diane P. Wood, "The Impossible Dream: Real International Antitrust", 1992 U CHI. LEGAL F. 277, 293.

（2）程序法与实体法之间的差异依然存在，这直接影响了双边协议的独立性。双边合作的协调对相关国家的反垄断法律与程序产生趋同影响，但影响的力度相对较小。同时，统一反垄断法的实体和程序规则也不是双边合作的目标，这使得各国在反垄断政策上存在差异，进而不愿意形成统一的根本性目标。此外，双边协议文本出现了直接写明与现行法律不一致的情况，协议的内容不应被解释为对各自法律的改变。这就使得双边协议与国内法之间仍然存在一定的间隙，仍然可能引发协议执行与适用的冲突。

（3）双边协定有其存在的前提条件，即双方国家都已经制定有反垄断法，并且都存在实施反垄断调查的主管机关。从上文关于反垄断双边协议我们可以看出，大部分反垄断双边协议都是在发达国家之间订立的，发展中国家经济发展相对较慢，对反垄断法的重视程度也不够高，所以缺少稳定和健全的主管机关，因此双边协议的签订很难在此之间开展。[1]

（4）反垄断法双边合作协议通常是在各国政府间开展，具有政治性，但是对于各国立法机关，双边协议也仅是起到一定程度的作用，很难直接影响法律的实施以及价值理念的形成。例如，日本反垄断法主要是以维护中小企业利益为目的，消除可能带来的不公平竞争。欧盟和美国的反垄断法都是以维护国家或者地区共同利益为目标。所以，不同双边合作协议很难对各国的反垄断法价值目标产生影响。最重要的是，由于双边合作协议是各国政府间的行为，所以对法院不具有强制约束力。在通常情况下，欧盟和日本的立法机关会尊重双边协议的约定。按照行政主管机关做出的反垄断裁决执行，但是，美国属于私

---

〔1〕　戴龙：《日本反垄断法研究》，中国政法大学出版社 2014 年版，第 197 页。

法主导型，行政机关做出的决定通常必须要经过法院给予最终的裁定。因此，双边合作协议并不能完全解决反垄断法域外适用的问题，仍然存在一定的弊端。

（5）各国之间相互冲突的反垄断法规定可能使企业无所适从。在通常情况下，根据双边协议的规定，相关法律的适用可以根据具体情况协商。但是，也存在各国反垄断机构意见不统一的情形，这种情况会给被执行者带来诸多麻烦。

综上所述，双边合作协议的确也存在诸多缺陷，但是长远看来，各国都在以积极主动的态度解决反垄断法域外适用的冲突，为世界范围开展反垄断法调查提供了理论参考依据。因此，双边协议是化解各国反垄断法冲突的重要模式。

二、积极探索区域组织合作模式

地区反垄断合作模式的发展实际上受制于各地区的政治、经济、社会和文化的协调。无论是自由贸易区还是联盟国家，都是为了反垄断而组成的实体。由于反垄断法域外效力的发挥可能造成法律冲突，因此需要形成多边合作模式来解决由冲突带来的各种问题。目前，反垄断地区多边合作模式正在探索中不断进步，多边合作模式在发展过程中不断呈现出发展不均衡的特点。一般来说，一个国家的反垄断法建设会直接影响地区多边合作的速度，发展速度快的地区在多边合作与协调上十分和睦（例如，欧洲与美洲地区），但是，亚洲与非洲地区等发展中国家的合作就相对欠缺。具体来看，以下地区的反垄断多边合作发展情况对我国具有借鉴意义。

（一）《北美自由贸易协定》中的反垄断法域外效力机制

（1）《北美自由贸易协定》中关于反垄断规则的内容。北美自由贸易区是受美加自由贸易区〔1〕的影响而形成的。1990年6月，美国总统布什和墨西哥总统萨利纳斯双方达成全面的自由贸易协定，随后指示各国贸易部长开始筹备工作。之后，加拿大于1991年2月加入谈判，经过14个月的谈判，1992年美国、加拿大、墨西哥签署了《北美自由贸易协定》（North America Free Trade Agreement，NAFTA）。该协定是北美最全面的自由贸易协定，共27章。〔2〕北美自由贸易区将逐步淘汰北美地区的商品和服务贸易壁垒、消除投资障碍、加强对知识产权的保护。随着关税和其他贸易壁垒的消除，北美自由贸易区获得了自由竞争的贸易环境。〔3〕《北美自由贸易协定》第一章写明了该协定的主要目的，其中与反垄断相关的是消除贸易壁垒，改善自由贸易区公平竞争，并制定有效的争端解决机制。第十五章是对竞争政策的论述。其中第1501条规定了竞争政策的合作措施，确立了贸易自由与市场竞争之间的关系。每一个成员方都应该考虑到禁止反竞争商业行为和对此采取适当行动的规定有助于达到本协定的目标。应该采纳这些制度，并就任何一缔约国采取的措施的有效性进行协商。各个成员都应该促进自由贸易区竞争法律制度的执行，主管机关之间要进行有效的协调，所有成员国对反垄断法律实施政策都要进行合作，其中包括自由贸易区与反垄断法的实施，以及政策相关的司法协助、通报和信

---

〔1〕　美国与加拿大首脑于1985年3月会晤，首次提出了建立自由贸易区的主张。经过1986年5月两国之间的协商与谈判，1988年1月2日签署了《美加自由贸易协定》，并于1989年1月生效，美加自由贸易区成立。

〔2〕　Statement Released by the White House, Office of the Press Secretary, Washington, DC, August 12, 1992.

〔3〕　North American Free Trade Agreement, US Department of State Dispatch, Vol. 3 pt2, No. 33-August 17, 1992 (August 1992), pp. 641~6443 pt2 Department of State Dispatch 641 (1992).

息的协商与交互。[1]第1502条直接规定了设立垄断性企业的条件。[2]但是该条的限制性条款也十分明确,垄断性企业的设立不影响其他成员方的利益。第1502条第2款规定,成员方要建立或者授权建立垄断性企业,如果该企业对其他方具有影响,则要承担通知的义务,以及降低损害或根除的义务。并且,在企业运行过程中应该确保企业在《北美自由贸易协定》范围内运作。[3]第1502条第3款规定,任何成员方采取措施管理任何私有性垄断或者政府垄断都必须要满足下述四个条件:第一,垄断性企业必须按照协议规定的内容实施行为;第二,相关市场进行垄断或者货物买卖,也要考虑商业条件情况,例如商品的质量、价格、运输成本等其他条件;第三,在相关市场购买或者接受垄断商品或者服务时,对投资者的投资应该给予非歧视待遇;第四,不得利用垄断地位,与母子公司或者其他共有权企业交易,进而影响相对方投资者的利益。[4]《北美自由贸易协定》第1504条对贸易与竞争工作做出了规定,针对反垄断法、竞争政策与贸易之间关系的相关问题提出了进一步建议。

(2)《北美自由贸易协定》中的反垄断规则。从《北美自由贸易协定》对于各成员国之间的协调政策可以看出,自由贸易协定的目的是解决争端问题,虽然没有提出解决纠纷的争端机制,但可以看出,美国对《北美自由贸易协定》的定位是承认各国多边合作对解决问题起到积极作用,但是又没有对反垄

---

[1] Hollifield, James F. Trade and Migration in North America: The Role of NAFTA, Law and Business Review of the Americas, Vol. 11, Issue 3 & 4 (Summer/Fall 2005), p. 327.

[2] See NAFTA, Article 1502.

[3] See NAFTA, Article 1502.

[4] 戴龙:《反垄断法域外适用制度》,中国人民大学出版社2015年版,第153页。

断法的域外适用做出明确的限制，并不试图建立超越国家实体法的协定。然而，由于在协定中明确提出要加强反垄断法实施的合作机制，所以为了能够达到合作的效果，该协定也允许各个成员国通过双边合作的模式对反竞争行为进行规制。《北美自由贸易协定》与欧盟反垄断合作的方式不同，它主要是通过原则性的竞争政策支持区域反垄断合作，但是并没有在法律协助、磋商以及信息交换方面制定较为细致的规定。虽然在区域范围内发挥反垄断法域外效力只是起步阶段，但是各个成员方在政策上的积极支持态度有利于通过协定的原则解决反垄断法发挥域外效力遇到的问题。

综上所述，多边合作主要受到地区文化和经济发展程度的影响。而竞争文化直接决定了反垄断法及反垄断合作与协调的发展。从《北美自由贸易协定》来看，该地区的竞争文化较为浓厚，因此在反垄断合作上通常都具有更多的机会，该协定关于反垄断法规则的内容对全球反垄断合作起到了推动效应。[1]因而，其他地区也可以通过多边合作与协调的方式促进各国反垄断法的发展。

（二）经济合作与发展组织中的反垄断法域外效力机制

反垄断法需要国际组织的协调才能更好地发挥域外效力，消除潜在冲突。1961年9月，经济合作与发展组织（Organization for Economic Co-operation and Development，OECD）正式成立。该组织是由美国、加拿大和意大利等欧美18个国家共同发起的。经济合作与发展组织与其他国际组织相比，较早地致力于竞争政策的多边协调工作。该组织下设竞争法委员会，主要工作是收集和研究各个成员的竞争政策与信息，并协调各方的竞争执

---

〔1〕　刘宁元：《反垄断法域外管辖冲突及其国际协调机制研究》，北京大学出版社2013年版，第225页。

法。竞争委员会的主要目标是提升市场竞争力度并拉动就业，为经济带来更多的活力。具体来说是负责审查单个国家和国际组织竞争政策与法律的发展情况，审查政府间政策的相互关系，从而为提高竞争经济改革的效率提出有效的策略和方法。在竞争法领域，其执行体制和程序规则起到了具体的保护和促进竞争的作用。从该组织颁布的文件来看，主要有以下内容对反垄断法发挥影响作用。

（1）OECD 通过建议、指南、手册、报告等形式，对成员间反垄断合作和协调方面给予极大的帮助。这些文件主要用于平衡竞争政策与产业政策及其他政策之间的关系，为企业提供涉及垄断行为的适用方法和途径、定期审查法规和竞争法的豁免。2000 年《核心卡特尔报告》、2001 年《采取宽大处理方案以对抗核心卡特尔报告》、2007 年《商业领域的垄断和优势力量滥用指导》、2010 年《竞争法下竞争者之间的信息交换》以及 2011 年《跨国企业指南（竞争部分）》等都是在经济合作与发展组织订立的有关反垄断方面的规则。这些规则主要集中在控制企业合并、禁止滥用市场支配地位，以及禁止反竞争协议制度三个方面。

（2）《跨国企业准则》的内容涉及反垄断行为的具体规则。OECD 中比较典型的是早在 1976 年便已制定并经过多次修改的《跨国企业准则》，尽管该准则不具有法律约束力，但是对企业的行为具有十分有效的指导作用。该准则明确规定了在发展中国家设有分支机构的跨国企业应该遵守当地法律的规定，与所在国的竞争管理机构保持良好的关系，不得实施固定价格、分割市场、滥用市场支配地位等限制竞争的行为。跨国企业可以兼顾经营所在国的法律以及可能受企业行为影响的所有国家的法律，根据效果原则域外适用其反垄断法。[1]《跨国企业准则》还同时建议，竞争主管部门在调查和制止反竞争方面应该进行更深入的合作，不同管辖区的竞争主管部门在审查垄断行为时，各个企业应该推动协调、合理的决策过程和竞争补救措施，为政府和企业节约相应成本。[2]1998年经济合作与发展组织还公布了《理事会关于有效打击核心卡特尔的行动建议》。该建议认为核心卡特尔对区域市场具有明显的限制作用，所以成了打击的重要对象。其针对操纵市场投标、固定价格、限制出口及划分市场的行为给予打击。但是，对于部分合理降低成本及提高生产效率的行为，应该认定为合法。同时，在国家间的竞争执行与合作方面该组织还颁布了1999年《关于积极礼让的报告》、2005年《竞争当局在核心卡特尔调查中关于规范信息交换的最佳实践》等。

综上所述，从经济合作与发展组织颁布的以上规则我们可以看出，经济合作与发展组织制定的报告都涉及相关法律的完善，实施机制的框架结构、所执行的效果都具有指导意义。经济合作与发展组织在全球范围内关注经济发展，维护良好的竞争秩序，这就为反垄断法的域外适用起到了协调作用，而各成员方通过在此平台的沟通与交流，推动了反垄断法的多边合作。

（三）欧盟组织反垄断法域外效力机制

20世纪50年代，欧洲地区最早出现反垄断多边合作成果，也较早接触竞争理念。多边合作模式不断发挥其重要功能，促进反垄断法域外效力的实现。欧盟反垄断法的发展主要是建立

---

〔1〕 戴龙:《反垄断法域外适用制度》，中国人民大学出版社2015年版，第194页。

〔2〕 戴龙:《反垄断法域外适用制度》，中国人民大学出版社2015年版，第194页。

在反垄断法区域多边合作的共同市场上，在欧盟内部相关市场建立合作，解决成员国之间反垄断法域外效力适用的问题，并且有效规范影响成员国贸易的限制竞争行为。

（1）欧盟反垄断法多边合作的发展状况。欧盟多边合作要追溯到 1951 年《巴黎条约》统一反垄断法的规定。其中第 65、66 条明确规定了私人的限制竞争行为：除高级机构或者委员会的特别许可以外，企业之间的协议以及协会的决定和协同行为如果直接或者间接地限制了竞争行为，便均是违背法律规定的。1957 年《罗马条约》第 2 条明确规定了欧洲共同体建立的主要目的，第 3 条 Q 项至 C 项则明确了相关的规定，即共同体的成员国相互约定取消国家层面上对共同市场建立和维持的相关限制。而 2009 年《欧盟条约》明确了反垄断法的具体规定，例如滥用市场支配地位、禁止垄断协议等规定。第 19 条及相关规定也明确了欧洲法院被赋予了欧洲条约解释上的垄断权，比如涉及如何理解反垄断法中影响成员国贸易的要求，或者欧盟反垄断法域外适用的法律依据都与欧洲法院司法解释相关。欧洲委员会还颁布了许多通告和指南，用于辅助《欧盟条约》中反垄断法的执行。2011 年，欧洲委员会颁布了《关于欧洲职能条约第 101 条适用于横向合作协议的指南》。[1]虽然这个文件不具有强制约束力，属于软法的规定，但也是欧盟反垄断法规定的重要组成部分，其中主要阐明了反垄断法实践如何适用的问题。《2003 年执行条例》颁布后，根据其第 3 条的规定，对于成员国之间贸易影响的跨境协议或者行为，成员国自身的反垄断立法和执行上的空间都被极大地压缩。[2]并且，该条款也明确了欧

---

〔1〕 Guidelines on the applicability of Article 101 of the Tfeu to horizontal co-operation agreements〔2011〕EU OJ 11/1.

〔2〕 Hossenfelder/Lutz, Wuw 2003, 120.

盟组织与成员国之间反垄断法的问题，具有强制的平行适用
关系。

（2）欧盟反垄断多边合作对反垄断法国际合作的启示。总
体来说，欧盟反垄断多边合作和协调是全面、高效并具有实质
性的。首先，欧盟的多边合作模式是一种自觉行为，这种行为
来自于竞争理念的推动作用。通过倡导竞争维持市场的秩序，
推动了各国成员国反垄断立法发展。成员国之间的垄断行为在
受到多边合作规制之后，成员国之间都未发生任何实质意义上
的冲突。其次，欧盟反垄断法包含了具体、完整的程序规则。
《欧盟条约》第81~82条是实体规则体系的内容，第83~86条
的规定是对程序规则体系的阐述，从实体规则到程序规则均有
具体规定。欧盟成员国必须严格遵守《欧盟条约》的规定，并
且必须确保实现反垄断目标。再次，欧盟反垄断法也具有直接
适用的效力，《欧盟条约》第17条明确规定了欧盟公民的范围，
并赋予了欧盟公民享有条约规定的权益与义务。一方面，反垄
断法必须要遵守，另一方面要根据反垄断法规定的内容主张权
利。最后，欧盟成员国通过制定多边合作的规定形成了完整的
反垄断法实施体制。《欧盟条约》第211条明确了欧洲委员会的
职责，第220条明确了法院的职责。上述两大执行机构职责的
明确使得欧盟反垄断法的效力可以得到更加彻底的发挥。[1]

综上所述，从欧盟多边合作的发展状况来看，基于竞争理
念的不断发展，欧盟的反垄断法规则具有直接适用的效力，其
从产生到完善的过程不但保证了区域市场的有序竞争，还维护
了地区的稳定，减少了国家之间的冲突。

---

〔1〕 Stephen Yelderman, "International Cooperation and the Patent-Antitrust Inter-
section", *Texas Intellectual Property Law Journal*, Vol. 19, Issue 2（Winter 2011）, p. 193.

第四章

我国反垄断法域外效力的适用状况及理论应用

我国执法机构对涉外垄断案件的调查与执行直接反映了我国反垄断法域外效力的适用状况。本章将从垄断协议、滥用市场支配地位和经营者集中三种垄断行为类型入手，对适用我国法律的涉外案件进行分析。同时，通过对垄断行为的效力分析和强制性规定等基础理论，寻找适用我国法律途径解决涉外垄断纠纷的办法。

第一节　我国司法实践中垄断行为的域外性分析

在我国的司法实践中，垄断行为主要包括垄断协议、滥用市场支配地位和经营者集中三种类型，本节主要是对这三种类型的域外性进行分析，同时通过剖析典型的涉外案例，以反映目前我国反垄断法延伸至域外的适用状况。

一、垄断协议的域外性分析

垄断协议的域外性分析是根据我国《反垄断法》对垄断协议的规定，分析该涉外垄断行为是否属于我国垄断协议的行为类型，并且该行为是否违反了我国的法律规定，从而适用我国《反垄断法》进行规制。我国《反垄断法》第 13 条对垄断协议作出了规定。其明确指出："垄断协议，是指排除、限制竞争的协议，决定或者其他协同行为。"[1]理论界认为："经营者之间通过订立协议、决议、密谋或者联合一致的其他协同行为共同排除或者限制市场竞争，[2]对经济发展具有或者可能具有不利影响，应受到反垄断法规制。"[3]

（一）垄断协议的认定

首先，垄断协议的形式分为两大类：横向垄断协议和纵向垄断协议。[4]横向垄断协议是指"相互之间形成竞争关系的经营者，通过充分协商达成一致，从而形成了垄断协议"。横向垄断协议体现的具体形式是"固定或者变更商品的价格协议，或者限制生产数量和销售数量的协议，划分销售市场和原材料采购市场的协议，[5]最后还有购买新技术、设备或者限制新产品、新技术的协议，联合抵制协议"，以上是横向垄断协议的主要模式。[6]纵向垄断协议是指"在生产和销售过程中，处于不同阶段的经营者，通过协商达成一致，从而形成垄断协议"。[7]纵向垄断协议通常是"向固定的第三人转售商品的价格协议，目的是限制向第三人转售商品的最低价格"。[8]

---

[1]　《中华人民共和国反垄断法》第 13 条。

[2]　王慧："试析《反垄断法》规制的经济垄断行为"，载《法制与社会》2011 年第 13 期。

[3]　李昌麒主编：《经济法学》，法律出版社 2017 年版，第 191 页。

[4]　王兴运、郑艳馨：《竞争法学》，中国政法大学出版社 2010 年版，第 56 页。

[5]　李青："反价格垄断法律规定和工作进展"，载《中国价格监督检查》2012 年第 7 期。

[6]　《中华人民共和国反垄断法》第 13 条。

[7]　《中华人民共和国反垄断法》第 14 条。

[8]　李昌麒：《经济法学》，法律出版社 2017 年版，第 192 页。

其次，目前，我国垄断协议的主要特点是共同意思联络下的协议、决定和协同行为。垄断决定通常是由实力雄厚，具有主导地位的企业集团、商会、企业联合组织等团体在共同意思表示之下反映的共同意愿。这类型的共同行为主要是通过公司章程，具有约束成员的建议和规定。对限制竞争行为的判断，必须是以排除和限制竞争为目的，只是对成员具有约束力的决定并不属于此列。另外，协同行为有时涉及限制竞争。它是指除了协议、决定之外的企业，他们之间形成共同的意思表示，从而实施的反竞争行为。因此，垄断协议的判断标准首先是意思表示的一致性，其次是行为目的的一致性。经营者的协同行为如果具有一致性，并且是为了排除和限制竞争，那么即使没有共同的意思表示作为基础，也应该视为是共同协议，产生排除和限制竞争的社会效果。在一般情况下，对企业垄断行为的判断主要是采用外观主义和结果主义相结合的方式，即具有特定的行为，并且产生了实质影响的结果。其构成要素主要有：第一，垄断协议的主体是经营者，并且该经营者不一定必须具有垄断地位。但是，需要根据行为目的判断外观具有一致性，进而推定存在"协议"。第二，垄断协议必须是限制性的、排他性的，除了豁免之外的几种情形都应该被视为法律所禁止。

最后，对于那些促进竞争效果能够补偿反竞争效果的垄断协议，反垄断法设置了豁免适用的制度，主要体现在我国《反垄断法》第15条中，即"经营者能够证明所达成的协议属于下列情形之一的，不适用本法第十三条、第十四条的规定"。下面几种情形可以实行豁免："第一，为改进技术、研究开发新产品的；第二，为提高产品质量、降低成本、增进效率，统一产品规格、标准或者实行专业化分工的；第三，为提高中小经营者经营效率，增强中小经营者竞争力的；第四，为实现节约能源、保护环境、救灾救助等社会公共利益的；第五，因经济不景气，为缓解销售量严重下降或者生产明显过剩的；第六，为保障对外贸易和对外经济合作中的正当利益的；第七，法律和国务院规定的其他情形。"另外，属于前款第 1～5 项的情形，不适用《反垄断法》第 13、14 条规定的，"经营者还应当证明所达成的协议不会严重限制相关市场的竞争，并且能够使消费者分享由此产生的利益"。[1]对于不属于以上豁免情形的限制竞争行为则视为垄断协议。《欧盟运行条约》第 101 条第 3 款对垄断协议的豁免适用规则是："在下列情况下，可以不适用第一百零一条规定：如果上述协议、决定、协同行为有助于促进商品的生产、销售或者促进技术进步、经济发展，并使消费者可以公平的分享由此带来的收益，并且不会为实现上述目标，向经营者施加不必要的限制；或者使上述经营者可能实质性的消除在相关产品中的竞争。"[2]所以，从该条款我们可以看到，"以限制竞争为目的很可能会对市场产生消极影响，并危及共同体竞争规则的目标实现"。[3]欧盟委员会也遵循了本质损害标准。[4]豁免适用分别有积极条件和消极条件，不但要有助于促进生产技术、销售和经济的进步，还要与消费者公平分享由此带来的收益。并且，该协议不会给经营者带来不必要的限制，不会实质上消除竞争，这几方面的因素要同时具备才可以。在举证责任分配

〔1〕《中华人民共和国反垄断法》第 15 条。

〔2〕刘廷涛："欧盟卡特尔适用规则及豁免规定对中国之启示"，载《东方法学》2015 年第 3 期。

〔3〕万江："欧盟关于纵向价格垄断协议的规定及法律适用"，载《中国价格监督检查》2012 年第 5 期。

〔4〕Bruno Lebrun and Thibault Balthazar, "Definition of Restrictions of Competition by Object：Anything New Since 1966?", UGGC, 06 July, 2011.

方面，当事方承担该项的举证责任。我国《反垄断法》豁免适用的反垄断法的举证责任也应当由经营者承担，执法机构承担证明相关协议的第 13 条、[1]第 14 条的举证责任。[2]同时，2012 年，《最高人民法院关于审理因垄断行为引发的民事纠纷案件应用法律若干问题的规定》第 7 条规定，若案件涉及被诉垄断行为属于第 13 条规定的内容，被告则要承担对该协议不具有排除和限制竞争的效果的举证责任。[3]

综上所述，我国《反垄断法》对垄断协议做出了严格的认定，这为涉外垄断行为性质的判断提供了重要的法律依据。我国对行为认定与责任划分的规则可以作为认定涉外垄断行为性质的理论支撑。

（二）垄断协议的涉外案例分析

近年来，我国处理了一些涉外垄断的案件，通过对典型案例的分析，我们可以总结出我国反垄断法域外效力在解决国际纠纷中发挥的主要作用，以及通过何种途径更好地发挥我国反垄断法的域外效力。以下是国家发展和改革委员会（简称"发改委"）处理的汽车行业涉外垄断协议案件。

---

〔1〕《反垄断法》第 13 条禁止具有竞争关系的经营者达成下列垄断协议："（一）固定或者变更商品价格；（二）限制商品的生产数量或者销售数量；（三）分割销售市场或者原材料采购市场；（四）限制购买新技术、新设备或者限制开发新技术、新产品；（五）联合抵制交易；（六）国务院反垄断执法机构认定的其他垄断协议。本法所称垄断协议，是指排除、限制竞争的协议、决定或者其他协同行为。"

〔2〕《反垄断法》第 14 条禁止经营者与交易相对人达成下列垄断协议："（一）固定向第三人转售商品的价格；（二）限定向第三人转售商品的最低价格；（三）国务院反垄断执法机构认定的其他垄断协议。"

〔3〕《最高人民法院关于审理因垄断行为引发的民事纠纷案件应用法律若干问题的规定》（2012 年 1 月 30 日由最高人民法院审判委员会第 1539 次会议通过，2012 年 6 月 1 日起施行）第 7 条规定："被诉垄断行为属于反垄断法第十三条第一款第（一）项至第（五）项规定的垄断协议的，被告应对该协议不具有排除、限制竞争的效果承担举证责任。"

2014 年 8 月，发改委对日本的 8 家汽车零部件企业，4 家轴承企业实施的价格垄断行为作出处罚，该案所涉金额较大，罚款金额约为 12.35 亿元人民币。[1]发改委的调查显示：2000 年 1 月到 2010 年 2 月的 10 年间，日本 8 家生产汽车零部件的企业为了能够减少竞争，获得最有利价格，通过企业之间的多方会谈，互相协商价格，从而多次达成订单报价协议并且实施。价格协商涉及我国国内市场的零部件生产企业，价格协商后的零部件主要被用于日系轿车的生产。2000 年到 2011 年 6 月，日本的 4 家轴承生产企业组织召开汽车零部件亚洲研究会，并共同协商零部件的价格，针对我国国内市场实施的零部件涨价方案，直接影响到了我国汽车产业链的发展。因此，这 8 家零部件生产企业和 4 家轴承企业涉嫌达成垄断协议。该协议损害了我国企业，造成了实质性的损害，违反了我国《反垄断法》的相关规定。排除、限制市场竞争的不正当行为影响了我国汽车零部件、整车以及轴承的价格，这种情况直接损害了下游企业以及我国消费者的利益。所以，在这两个案件中，当事企业多次达成并实施价格垄断协议，并且，违法行为的时间持续 10 年以上，违法情节严重。发改委在查明事实的基础上，依法从重处罚，并且对主动提供重要证据的相关当事人适用宽大的政策，减轻或者免除处罚。之后，对汽车零部件价格垄断案的处罚决定分为几种情况：对于第一家主动报告达成垄断协议并提供重要证据的日立公司，免除处罚。对于第二家主动报告达成垄断协议，并且提供重要证据的电装公司，处以上一年销售额 4% 的罚款，对于只协商过 1 种~2 种产品的公司，分别给予相应的处

---

〔1〕 国家发展改革委价监局："日本十二家企业实施汽车零部件和轴承价格垄断被国家发展改革委罚款 12.35 亿元"，载《中国价格监管与反垄断》2014 年第 9 期。

罚。[1]关于轴承价格垄断的处罚决定也有以下几种情况：对第一家主动报告达成垄断协议有关情况，并且提供重要证据的企业，给予免除处罚的决定。[2]给予第二家主动报告情况，并提交涉及中国市场所有证据的企业，处上一年销售额4%的罚款。2006年9月退出亚洲研究会，但是继续参加中国出口市场会议的公司，也要处以上一年销售额6%的罚款。对提议专门针对中国市场召开出口市场会议的公司，处以上一年度销售额8%的罚款。该案所有的涉案企业都要面临整改，其整改措施主要有以下几条：第一，根据中国法律相关规定对目前的销售政策、销售行为进行全方面的整改；[3]第二，公司内部必须进行反垄断的培训，确保行为符合中国法律的要求；第三，采取实际的行动，消除之前因违法行为导致的不良后果，主动维护竞争秩序，对消费者进行保护。[4]

综上所述，从该案可以看出，针对涉及破坏我国利益的垄断行为，我国可以发挥反垄断法的域外效力，执法机构对这种行为进行事实查明，及时要求停止损害、赔偿损失，保护了我国经营者和消费者的合法权益。

二、滥用市场支配地位的域外性分析

我国反垄断法对滥用市场支配地位做出了明确的规定，它

〔1〕 李青："反价格垄断法律规定和工作进展"，载《中国价格监督检查》2012年第7期。

〔2〕 李青："反价格垄断法律规定和工作进展"，载《中国价格监督检查》2012年第7期。

〔3〕 "12家日本汽车零部件和轴承企业因价格垄断被罚款12亿"，载国际在线：http://news.cri.cn/gb/42071/2014/08/20/6891s4661136.htm，最后访问日期：2018年1月2日。

〔4〕 戴龙：《反垄断法域外适用制度》，中国人民大学出版社2015年版，第241页。

是指"在相关市场内，经营者具有能够控制商品价格、数量或者其他交易条件，或者能够阻碍、影响其他经营者进入相关市场能力的市场地位"。[1]《反垄断法》第 17 条禁止条款也规定了属于滥用市场支配地位的行为：第 1 款首先是对价格方面的考量，对销售商品和购买商品的价格做出了规定，过高、过低都有可能形成垄断行为；第 2 款是指主要针对利用低价占领市场的行为进行规制；第 3 款是针对交易中的拒绝交易行为给予规制；第 4 款是指以限定交易或者指定交易的模式形成垄断；第 5 款是目前常见的捆绑销售的垄断行为模式，以及附加条件的交易；第 6 款是交易者一方采取不公平、不合理的差别待遇的垄断行为；第 7 款采用兜底条款，即其他滥用市场支配地位的行为。[2]

（一）滥用市场支配地位的认定

认定市场支配地位是反垄断实践中的一个重点，[3]从多数国家的立法体系来看，对于滥用市场支配地位的行为，大多数采用的是列举的形式，并设置了兜底条款。之前的《欧共体条约》第 82 条规定了四种滥用行为："第一，采取直接或者间接

---

[1]　彭双五："专利池滥用及其反垄断规制"，载《南昌大学学报（人文社会科学版）》2012 年第 9 期。

[2]　《反垄断法》第 17 条禁止具有市场支配地位的经营者从事下列滥用市场支配地位的行为："（一）以不公平的高价销售商品或者以不公平的低价购买商品；（二）没有正当理由，以低于成本的价格销售商品；（三）没有正当理由，拒绝与交易相对人进行交易；（四）没有正当理由，限定交易相对人只能与其进行交易或者只能与其指定的经营者进行交易；（五）没有正当理由搭售商品，或者在交易时附加其他不合理的交易条件；（六）没有正当理由，对条件相同的交易相对人在交易价格等交易条件上实行差别待遇；（七）国务院反垄断执法机构认定的其他滥用市场支配地位的行为。本法所称市场支配地位，是指经营者在相关市场内具有能够控制商品价格、数量或者其他交易条件，或者能够阻碍、影响其他经营者进入相关市场能力的市场地位。"

[3]　孙怡："滥用市场支配地位的法律规制问题探讨"，载《商业经济研究》2017 年第 14 期。

的方式，制定不公平的交易条件，主要包括买卖的条件，销售价格的条件等；第二，造成了消费者损害的限制竞争行为，阻碍了经济市场的活力，限制了技术的发展；第三，设置交易条件，指数交易主体难以进行公平的竞争，导致部分经营者处于劣势地位；第四，订立交易合同的过程中，附加条件和义务，并且这些条件与义务本身与合同并没有直接的关系。"[1]归纳滥用市场支配地位的四种类型，主要有：

（1）垄断高价或者低价的行为。按照目前市场价格的规律，在正常市场竞争机制之下，价格的高低是由市场供给和需求两个方面共同作用的。市场价格的高低实际上对消费者有着重要的影响，它是实现资源优化配置的重要保障。在垄断市场中，经营者在市场中的主要目的是追求自身利益最大化，逐利性的天性迫使经营者有可能违背经济规律去实现自身目标，通过制定较高的价格，将高附加值置于消费者身上。从现实状况来看，垄断高价与低价的行为扭曲了市场的发展，高价本身会侵害消费者利益，而经营者低价垄断占领市场后，肯定会继而提价，以从消费者身上获取利益。因此，各国的立法机关都对此类型的行为进行了严厉的打击。即便是跨国的垄断高价与低价行为，对于涉及该性质的行为，如果没有及时制止，也会给国际市场环境带来很多的问题。市场公平价格如何认定是一个极为复杂的问题。在竞争性的市场条件下，一个产品的合理价格应该大致与成本相符合。欧洲法院在审判案例中认为，只有在相同或者相似的条件下，市场价格才具有可比性，所以在采用时间比较的方法时，应该注意不同时期的价格变化。

（2）掠夺性定价。掠夺性定价的特点在于低价仅是暂时性

---

〔1〕 阎桂芳、刘红："滥用市场支配地位的反垄断规制研究"，载《生产力研究》2010年第10期。

的，经营者销售的商品是低于成本价格的，主要目的是通过低价占领市场，从而对其他竞争者形成排挤。它是占有市场优势地位的经营者占领市场的一个途径，具有垄断性质。对此，我国《反垄断法》第11条做出了详细的规定。根据本条的规定，认定掠夺性定价不要求以经营者排挤对手为目的。

（3）拒绝交易。一般来说，交易双方采取平等自愿的模式，市场主体可以通过自身利益的衡量选择交易对象，并且也可以选择拒绝某种交易。但是，这里要做区分的是，拒绝交易与上述的这种行为并不相同，它是滥用市场支配地位的一种行为。这种行为合法与否的判断标准是理由的合法性。如果没有任何理由，那么该行为就丧失了合法的理论依据，构成滥用市场支配地位中的拒绝交易。拒绝交易对市场竞争的影响十分明显，一般情况表现在四个方面：第一，拒绝交易。在垄断的历史中，20世纪60年代，欧洲引入了超级市场这一销售方式，拒绝给另一个商家供货起到了限制竞争的消极作用。第二，生产商为了限制产品的价格，拒绝与批发商、零售商进行交易，生产商的目的是限制他们按照设定好的价格要求进行买卖。实践表明，拒绝交易是卖方在买方不遵守转售价格的情况下所能采用的最有利的武器。第三，限制消费者购买渠道。供应商实际上通过拒绝给某些销售商供货的方式，替消费者"过滤"了部分销售商。这种过滤的后果可能是积极的，但是也可能是消极的。例如，在部分特殊或者高科技商品领域，供应商为了向消费者提供质量、价格稳定的商品和较好的售后服务，拒绝向不合格的销售商供货，对消费者具有积极的作用。第四，位于上游和下游不同生产阶段的第三方企业的经营活动受到严格的限制。[1]

---

［1］ 王栋："'在线应用商店'商业模式的反垄断法规制"，载《知识经济》2012年第2期。

（4）强制交易。强制交易的特点是市场中具有相对优势的经营者，指定交易的相对人，或者仅允许一些交易相对人参与市场交易。[1]占有支配地位的企业，与其他的经营者订立排他性交易合同的目的是通过提高市场门槛，限制和抑制其他竞争者，阻碍下游竞争。美国在《克莱顿法》中对强制交易做出了规定。该法第3条规定："经营者在商业经营的过程中，商品不论是否授权专利，都是在美国使用、销售和出租的，或者签订销售合同，必须是附加一些条件，例如必须给予回扣，或者折扣，不购买其他服务或者商品，以固定的价格购买，如果该行为产生实质影响，或者造成了市场的垄断，那么该行为就属于违法行为。"[2]可见，这种强制交易不但排除了现有的市场竞争，还排除了潜在的竞争，不但限制了意思自治，还阻碍了合同自由。所以，世界各国均通过对该行为的规制以维护本国的市场秩序、保护消费者的利益。

（5）搭售或者附加不合理的交易条件。这种行为不但违反意思自治原则，还会将经营者在某一相关市场的优势地位延伸到其他的市场。《谢尔曼法》第1条也对搭售行为进行了明确的规制。在该法中，搭售是指经营者提供服务或者销售商品时，要求消费者购买另一种产品，并以此为条件。搭售的情况就是"一揽子"强制销售第三方产品。判断搭售行为是否合法，主要有以下三种合理的理由：第一，符合交易习惯，关联商品一起销售如果能够起到提高利用率、降低成本的目的便是合理的。第二，能够体现使用价值，有利于最大限度地发挥性能，并且合并销售具有合理的理由，分开销售是有损害的，合并销售有利于产品的

---

〔1〕 李昌麒：《经济法学》，法律出版社2017年版，第205页。

〔2〕 "克莱顿法"，载中国法律法规资讯网：http://www.86148.com/onews.asp?id=3810，最后访问日期：2018年1月5日。

安全使用。第三，搭售的是新产品，并且搭售不构成竞争损害。

（6）差别待遇的情况。差别待遇主要是经营者根据不同的买方，提供不同的服务或者价格，使得买方享受不平等的交易机会。[1]差别待遇的形式对经营者的竞争有着直接影响，不但会影响到同一商品的价格，还会影响到消费者的利益。德国《反对限制竞争法》第19条第4条款规定："除了对此种差别待遇具有合理和客观的理由之外，要求在市场占有优势地位的经营者自身向同类产品市场的购买者要求的不利的付款或者其他交易条件。"[2]另外，该法第20条规定还对差别待遇做出了规定："企业协会也需要以公平的方式对同类企业开放，不得采取直接或者间接的方式阻碍其他经营者，如果没有合理的理由，就应该对所有经营者采取相同待遇，不得采用直接或者间接的方式设置差别待遇。"[3]

综上所述，滥用市场支配地位的行为具有以上六种常见的类型。因此，在涉外垄断案件中，可以结合上述情况进行分析，从而对涉外行为进行定性，选择适用的法律规定。

（二）滥用市场支配地位的涉外案例分析

1. 微软黑屏事件

微软黑屏事件自2008年1月开始以来，距今已经过去了十多个年头。该案是一起我国反垄断法域外适用的典型案例。[4] 2008年1月20日，微软中国公司对外公开宣布，微软系统将对

---

〔1〕 李昌麒：《经济法学》，法律出版社2017年版，第205页。

〔2〕 邹青松："德国相对市场优势地位理论与实践中的依赖性要素研究"，载《福建金融管理干部学院学报》2011年第6期。

〔3〕 时建中：《反垄断法——法典释评与学理探源》，中国人民大学出版社2008年版，第39页。

〔4〕 "政府回应微软黑屏 黑屏事件的四个'有没有'"，载人民网：http://politics.people.com.cn/GB/1026/8306773.html，最后访问日期：2018年1月5日。

全部系统进行更新，并对用户推出这两个重要的通知，一个是Windows正版系统增值计划，另外一个是Office正版增值计划。这两个系统的通知主要针对使用Windows XP专业版盗版系统的用户，要求其使用正版。Office XP、Office 2003、Office 2007盗版软件的用户，未通过正版验证的个人电脑操作系统桌面将可能会遇到电脑黑屏、提醒警告等情况。对该行为，微软公司做出的解释是，通过警告方式来打击盗版，为正版用户提供更好的服务。并且，这两个程序的更新会给用户以选择式的服务体验，所有用户的更新主要是通过微软服务站或者自动下载的方式完成。经过这次验证，用户可以了解自己使用的WindowsXP或Office产品是否为正版，并获得相应的授权。微软公司表示，桌面变成纯黑色，并不是一般意义上的黑屏，黑色桌面背景不会影响计算机的功能，或者给用户带来自动关机等不便。但是，微软此举引起了中国用户的强烈反应，大部分学者都认为，微软的此种行为构成违法，违反了反垄断法的规定。2008年10月，董正伟律师向工商总局提出申请，对微软黑屏进行反垄断执法，并处以微软公司10亿美金罚金。

那么，微软公司的行为是否构成垄断？对于这一问题，学界理论主要聚焦于以下几方面：第一，微软公司对普通用户实施黑屏计划，实际上是一种垄断行为。从我国《反垄断法》的规定来看，它在本质上属于滥用市场支配地位的行为，是一种对用户附加不合理交易条件的垄断经营行为，因此，我国用户没有义务配合微软公司进行正版验证。微软公司的行为可能是一种总的策略行为，他更多地是想针对它的竞争者。[1]第二，微软公司对用户设置黑屏的计划，等同于黑客攻击行为，对用户的信息数据进

---

〔1〕 "关注微软黑屏事件：是否涉嫌垄断"，载新浪网：http://news.sina.com.cn/c/2008-10-28/155816541935.shtml，最后访问日期：2018年1月20日。

行窃取，利用市场支配地位，危害计算机信息安全，损害社会公共利益，具有垄断性质。例如，我国国家版权局就认为，尽管微软公司的行为是保护自身的权益，但是，维护自身权益应该采取得当的措施，采用该种方式是否具有正当性，维权措施是否恰当，是否触及法律的底线应是讨论的重点。目前，微软公司对系统一直采用全球统一定价，其产品价格对于发展中国家来说已超过了其用户的承受能力。现在，微软在中国个人的电脑操作系统在市场上占有重要的地位。我国盗版微软软件较多，国际上借此认为中国知识产权保护不力。因此，微软公司实施对企业的保护是十分必要的，但是，这种保护问题在于是否会超过正当知识产权保护的限度，进而构成滥用知识产权的行为。这也成了案件争议的焦点。

2009年11月，国家工商总局表示，此案已进入反垄断执法程序。经调查，微软公司的操作系统在全球个人电脑操作系统的占有率已经稳定地保持在95%以上，微软公司在市场中占有绝对的支配地位。另外，该企业进入市场的准入门槛较高，其他企业很难进入，所以微软公司受到了高门槛的保护。[1]另外，消费者对微软软件的应用在商业上缺乏显著的替代性选择。因此，微软公司显著处于行业的主动地位。

首先，微软公司造成垄断后果，违背了经济学的规律。

第一，有效竞争被打乱。微软公司企图通过捆绑销售行为，使自己的IE浏览器在浏览器市场上形成垄断地位，在没有或者缺少参照物时，该行业因为垄断导致技术更新缓慢，最终阻碍了本行业的发展。而微软公司为了能够在市场销售方面占据优势地位，每年都会在研发上投入大笔资金，对操作系统进行修

---

〔1〕　童兆洪："大陆、英美两大法系法律适用之比较"，载《杭州商学院学报》2002年第10期。

改、更新，巩固和扩大用户人群。从而达到了抑制竞争对手、扰乱市场竞争秩序、损坏社会公平的目的。

第二，垄断造成了社会资源优化配置受限，使得其不能得到充分利用。目前，在高新技术产业发展中，微软公司的经济实力遥遥领先，其他竞争对手的实力与其悬殊很大。从市场长期均衡的角度来看，生产商必须在使用最低平均成本的情况下，保持生产均衡。但是，在垄断条件下，边际成本低于平均成本，想要保持长期均衡的状况十分困难。因此，其他社会资源很难得到充分利用，微软市场的垄断行为造成了资源的浪费。

其次，垄断行为侵害了消费者的利益，使得弱势群体的利益难以得到保护。微软的行为侵犯了计算机用户的物权和隐私权以及计算机系统信息安全。[1]据统计，微软将 Windows 系统出售给计算机制造商的价格浮动在 40 美元~50 美元间，这与其他操作系统的历史价格和现行价格相比，都是比较低的。这就使消费者在价格上能够获得最大的满足。但是，在垄断的条件下，保持长期均衡生产时，需求价格远高于最低的平均成本，这对消费者十分不利。微软公司通过制定低廉的价格，使得产品大面积占据市场，其他相同或者类似的竞争者感到很难从市场中再获得利润，则选择不进入或者主动退出。这种模式的出现巩固了微软公司在该领域的垄断地位。微软公司形成垄断后，消费者选择的余地就更少了，市场自然会受到严重的阻碍。

综上所述，这种捆绑销售的行为本身就构成了"搭售"。当整个市场仅仅由一家或者几家企业控制时，整个行业就会因为缺少竞争而导致发展速度缓慢，进而停滞不前。该种行为侵害了我国消费者的利益，因此要受到我国法律的规制。

---

〔1〕"微软'黑屏'再遭举报律师要求工商总局对其罚款"，载人民网：http://mnc. people. com. cn/GB/8240432. html，最后访问日期：2018 年 1 月 4 日。

2. 高通公司滥用市场支配地位案件〔1〕

美国高通公司于 1985 年创立，总部位于美国加利福尼亚州的圣迭戈市。该公司是国际知名无线技术企业，全球 3G 与 4G 研发的领头羊。目前，公司主要经营的业务是向全世界各国的制造商提供相关的技术使用授权，因此与世界上所有的电信设备、消费电子设备知名品牌都有业务关系。2013 年 7 月，我国发改委收到针对美国高通公司的举报，认为高通公司通过滥用市场支配地位实行了价格垄断。该行为已经违反了我国《反垄断法》第三章的相关规定。2013 年 11 月，发改委对高通公司在北京和上海的两家公司进行了调查，并且对下游多家国内外企业进行调查。调查结果显示，高通公司在无线标准必要专利许可市场具有市场支配地位。CDMA、WCDMA 和 LTE 等通信标准成了全球行业的标杆。无线通信专利因被纳入以上技术，成了无线标准必要专利，该专利在相关市场中，其技术标准是同行业中的标杆，因此对于用户消费者具有唯一性和不可替代性，对于同行业的其他公司来说，毫无疑问地排除了其他经营者的专利。无线标准必要专利发展到今天已经具有不可替代性，它的专利技术成了实现无线通信技术标准的必要手段。〔2〕从相关市场需求替代的角度来看，制造商生产特定的无线技术终端，已经将无线标准必要专利纳入了相关技术标准，且该技术标准不可缺少，每一项的特点和用途都具有不可替代性。〔3〕每一项无线标准许可由于其性质的特殊性和重要性都可能构成单独的

---

〔1〕　中国世界贸易组织研究会竞争政策与法律专业委员会编著：《中国竞争法律与政策研究报告 2015 年》，法律出版社 2015 年版，第 292~293 页。

〔2〕　仲春："标准必要专利相关市场界定与市场支配地位认定研究"，载《知识产权》2017 年第 7 期。

〔3〕　陈娜："搭售行为的反垄断法分析路径"，载《湖南警官学院学报》2015 年第 8 期。

相关产品市场。[1]高通公司作为无线标准必要专利的拥有者，对其进行了组合许可，所以在该案件中，该组合许可市场可以被认定为相关市场。[2]最终，2015 年 10 月，发改委公布了调查的结果：

第一，经过在相关市场的调查，高通公司的份额占有率为 100%，远超于每一项无线标准必要专利独立构成在相关市场的市场份额，多于每一项无线标准必要专利独立构成的产品市场，组合形成专利许可的相关市场也就不存在任何的市场竞争。所以，根据《反垄断法》第 19 条第 1 款第 1 项对相关市场经营者的支配地位做出的规定，高通公司的市场占有份额符合"一个经营者在相关市场的市场份额达到二分之一"的规定，可以推定高通公司在无线标准必要专利许可市场具有垄断地位。

第二，高通公司同时具备了控制市场的能力。由于高通公司持有无线标准必要专利组合，无线通信终端制造商生产经营符合技术标准的通信终端，均需要经过高通公司允许方能获得相关的专利组合许可，否则就丧失了进入该市场领域的资格，一旦进入该市场，高通公司便掌握主动权，可以向该公司主张侵权，要求其停止侵害、赔偿损失。因此，这就迫使许可人与高通公司达成许可协议成了进入该市场的必经途径和选择。[3]有证据表明，高通公司因为在市场占有绝对优势，所以，在很大程度上享有专利许可的权利，以及影响和阻止其他竞争者进

---

〔1〕 林芹："高通案评介与反思——从标准必要专利权滥用的反垄断法规制切入"，载《河北科技师范学院学报（社会科学版）》2017 年第 6 期。

〔2〕 仲春："标准必要专利相关市场界定与市场支配地位认定研究"，载《知识产权》2017 年第 7 期。

〔3〕 钱玉文："知识产权禁令制度功能新探"，载《常州大学学报（社会科学版）》2015 年第 9 期。

入市场的能力。可见，高通公司直接决定着市场的发展方向。[1]

第三，被许可人已经对高通公司形成了高度的依赖。高通公司的专利技术许可涉及相关技术领域的多个方面，所以，其在市场中的重要地位和对市场的影响不容忽视。若其中一部分专利许可缺失，会给经营者造成巨大的损失，给客户造成负面影响，并且难以满足客户的需求。[2]因此，被许可人在多年的生产与销售当中已经形成了对高通公司的绝对依赖，使得高通公司在市场中形成了优势话语权。

第四，高通公司垄断地位的形成导致了同行业的竞争者难以进入相关市场。无线通信技术标准在相关的技术领域具有统一的标准。技术的一个重要指标目的在于促进无线通信终端的互相兼容，该标准一旦被业界接受与承认，那么，其他所有的竞争性技术就都可能被淘汰或者排除在外。并且，将这些技术纳入技术标准体系后，如果要对这些实施后的技术标准进行改变，势必会增加下游经营者的成本，以降低其利润，这样的循环状态有可能导致其他技术标准更加难以对原先的标准形成替代。所以，其他竞争者几乎丧失了进入市场的可能性。[3]在调查中，高通公司就目前所造成的影响并未提供不具有市场支配地位的反向证据。

第五，高通公司在基带芯片市场也具有市场支配地位。[4]

---

〔1〕 陈娜："搭售行为的反垄断法分析路径"，载《湖南警官学院学报》2015年第8期。

〔2〕 仲春："标准必要专利相关市场界定与市场支配地位认定研究"，载《知识产权》2017年第7期。

〔3〕 "国家发展和改革委员会行政处罚决定书［2015］1号"，国家发展和改革委员会网站：http://www.ndrc.gov.cn/gzdt/201503/t2015030 2_ 666209.html，最后访问日期：2018年2月23日。

〔4〕 任海洋、吴景伟："规制滥用市场地位维护公平竞争秩序——透析我国滥用知识产权反垄断执法第一案之高通案"，载《价格理论与实践》2015年第2期。

无线通信的专利直接影响着该技术的进步。基带芯片作为实现通信终端的重要部件，它的特性与功能直接影响着技术标准的效果。不同的无线通信技术标准也是在不同情况下应用无线标准必要专利。无线通讯的终端制造商会基于功能、价格、质量等因素进行考虑。根据查明的事实，在相关市场，高通公司占有一半多的市场。Strategy Analytics 的数据显示：2013 年，高通公司在 CDMA 基带芯片市场的市场份额占比分别为：CDMA 市场份额占有 93.1%，WCDMA 基带芯片市场占有 53.9%，LTE 市场占有 96%。可以看到，每个市场的份额占比都超过了 50%。并且，高通公司具有进入基带芯片销售市场的能力。Strategy Analytics 的数据还显示：2007 年至 2013 年这 6 年里，在基带芯片的国际市场中，高通公司稳居第一，并且形成了对市场的强大控制力。同样，主要的无线通信终端制造商对高通公司的基带芯片也具有高度的依赖性，由于下游企业对高通公司的依赖性增强，使得其他竞争者丧失了机会，难以参与到市场竞争之中。

根据对以上案情的分析，我们可以看出，高通公司在我国境内实施了滥用市场支配地位的行为，并对我国企业造成了实质性的损害。具体分析如下：

第一，在没有任何正当理由的情况下，高通公司实施了搭售行为。其基带芯片销售与专利许可搭售违反了《反垄断法》第 17 条第 1 款第 5 项的相关规定。根据有关资料，高通公司在基带芯片销售的过程中明确要求对方先签署专利许可协议，否则就拒绝供应芯片。并且，高通公司在和芯片厂商签订的供应协议中也曾规定，如果违反许可协议，高通公司有权中止芯片供应协议。高通公司将芯片销售与实施专利许可捆绑的行为属于搭售型滥用市场支配地位的行为。高通公司基于捆绑销售芯片的模式，必须先购买专利使用授权，这就迫使众多的消费者不得不购买芯片。所以，不签订专利使用授权的协议，客户不仅难以获得高通公司的芯片，并且也没有途径取得其他公司的芯片。高通公司在市场中处于优势支配地位，这使得其在芯片市场的份额和交易地位得到巩固，高通公司在这两个市场的地位已经完全限制了正常的竞争，并且对终端客户的约束有所加大，使得下游企业不得不接受不平等的条件。第二，高通公司在专利许可中仅提供"一揽子"的打包许可，不向被许可人提供针对标准必要专利与非标准必要专利的可选择方案。并且，在与高通公司的交易中，交易相对方没有任何议价的能力，只能全盘接受高通公司的"一揽子"许可，这对交易方十分不公平，已经造成了限制竞争的影响。同时，高通公司还在交易时附加了一些条件，这些条件基本都不具有合理性，这种行为违反了《反垄断法》第17条第1款第5项的规定。在没有正当理由的情况下，高通公司强迫被许可人将专利进行免费反向许可，并且向被许可人附加一些不合理的交易条件。

基于对上述情况的分析和理解，我国发改委经调查后认为，高通公司不能针对专利许可提供相应的证据。高通公司所提的多个理由均未得到发改委的采信。发改委认为，高通公司的上述行为排除、限制了市场竞争，并且阻碍了相关市场的技术创新和发展，对我国的市场造成了实质性的损害，同时也损害了消费者的利益。因此，从具体的法律规定来看，这种行为违反了我国《反垄断法》关于附加不合理条件的规定，若采用垄断高价进行商品的销售，或者丧失正当理由对商品捆绑、搭售，都要承担相应的法律责任。因而，发改委对高通公司做出了60.88亿元人民币的行政罚款，并且要求其进行内部整改。整改的措施主要有："第一，收取专利许可费，即针对在我国境内使用和销售的手机，必须按照整机批发净售价的65%收取专利许可费；第二，针对提供的专利许可收费的情形，必须要提供专利许可的明细单，对于已经过期的专利不得再进行收费；第三，不要求我国被许可人将专利进行免费的反向许可；第四，不得没有理由的搭售产品；第五，不得通过订立不合理条款，强制签订协议。"

由此可见，我国运用《反垄断法》对高通公司进行的处罚，在涉外垄断行为的治理上具有重要的意义，体现了我国政府的执法标准，实现了维护国家利益的重要目的。高通公司虽然接受了如此之高的罚款，但是依然没有撤出中国市场，可见高通公司对中国市场有着更多的期待利润点。

三、经营者集中的域外性分析

目前，商务部反垄断局按照季度公布了经营者集中无条件批准案件的基本情况：2015 年第三、四季度以及第 2016 年第一、二季度公布的无条件批准案件数量分别为 79 件、80 件、81 件以及 93 件。[1]大部分的案件都是无条件批准案，2015 年 8 月到 2016 年 7 月，商务部还对 3 起交易以附加限制性条件的方式予以批准。我国《反垄断法》第 30 条规定，国务院反垄断机构如果处理了禁止经营者集中的案件，这些案件需要及时进行公布，一方面反映了我国行政机关对反垄断案件的关注，另一方面还反映了行政机关反垄断的信心。从目前公布的多数案件来看，商务部所公布的涉及经营者集中的相关案件，很多案件的类型都属于跨国公司之间的并购。

（一）经营者集中的认定

经营者集中主要针对的是企业之间的合并情形，多个企业

---

[1] 中国世界贸易组织研究会竞争政策与法律专业委员会编著：《中国竞争法律与政策研究报告 2016 年》，法律出版社 2016 年版，第 87 页。

如果进行合并，或者一个经营者控制了其他经营者，那么就意味着该经营者在经济上获得了主导地位。[1]若经营者通过合并或者一方取得控制后，其行为对竞争秩序产生实际的效果，例如经济力量的过度集中，出现了限制竞争的垄断结构，那么就会受到反垄断法的规制与调整。经营者集中所形成的结果是多样的，一方面，起到促进的作用，即有利于形成规模经济，实现资金和实力的集中，便于企业集中投入，同时也可以提高经营者的竞争能力。另一方面，过度的集中会导致个别企业处于市场优势地位，限制其他经营者的竞争。我国《反垄断法》第20条对经营者集中做出了明确的规定[2]，但是在条文背后并没有司法解释对这两方面作出具体的解释。2008年8月1日，国务院第20次常务会议通过，2008年8月3日发布《关于经营者集中申报标准的规定》第3条[3]，针对经营者集中的申报标准也做出了规定。[4]该条款说明，无论是跨国公司还是国内企业，也不论限制竞争行为是否发生在国内，只要符合上述两个标准，就必须向我国反垄断执法机构进行申报。因此，在事先的审查中，商务部都要对集中可能产生的各种社会效益、损害后果以及带来的影响进行综合判断。

---

〔1〕 李昌麒：《经济法学》，法律出版社2017年版，第260页。

〔2〕 我国《反垄断法》第20条："（一）经营者合并；（二）经营者通过取得股权或者资产的方式取得对其他经营者的控制权；（三）经营者通过合同等方式取得对其他经营者的控制权或者能够对其他经营者施加决定性影响。"

〔3〕 《关于经营者集中申报标准的规定》第3条，以下两种情况经营者应当事先向国务院所属商务主管部门申报，未申报的不得实施集中："（一）参与集中的所有经营者上一会计年度在全球范围内的营业额合计超过100亿元人民币，并且其中至少两个经营者上一会计年度在中国境内的营业额均超过4亿元人民币。（二）参与集中的所有经营者上一会计年度在中国境内的营业额合计超过20亿元人民币，并且其中至少两个经营者上一会计年度在中国境内的营业额均超过4亿元人民币。"

〔4〕 丁茂中："经营者集中控制制度中资产剥离的合适购买者问题研究"，载《安徽大学法律评论》2013年第5期。

经营者集中可以根据当事人是否处于相同的生产阶段，将其划分为横向经营者集中、纵向经营者集中和混合经营者集中三种类型。横向经营者集中，主要是指在相关市场的同一生产经营过程中，生产相同产品的经营者之间所形成的集中。这种企业通常都是具有竞争关系的企业。这种情况最容易形成垄断。另外，纵向经营者集中，是指从事同一产业，在不同的阶段处于不同市场层次的经营者，通常是上下游企业之间的集中。例如，产品生产商和销售商上下游之间企业所签订的联合协议。最后，还有混合经营者的集中，它是指横向经营者集中、纵向经营者集中以外的其他经营者集中的方式。它是处于不同市场的企业之间的集中，即参与集中的企业不仅没有竞争关系，而且也没有商品上的买卖关系。例如，餐饮生产企业与汽车制造生产企业之间形成的集中。从短期来看，这种集中对市场的影响较小，但是该种模式在市场形成规模以后对市场的影响更大。

经营者集中主要实施审查制度，它本身实行事前审查制度，在反垄断法的三大规制体系中，经营者集中的行为通常是事前申报，行政机关予以审查，控制其垄断行为；对垄断协议、滥用市场支配地位的行为是事后审查的模式。[1]经营者只有在实行的集中行为符合法律规定的申报条件，并得到反垄断机构的许可后，才能够实施集中的行为。如果应当申报但是没有申报，或者在反垄断机构同意之前就实施集中的行为，就会受到行政处罚。2015年8月到2016年7月，商务部对3起交易以附加限制性条件的方式予以批准。这3个案件分别是："诺基亚收购阿尔卡特朗讯

---

[1] 国家发展改革委价监局："国家发展改革委对高通公司垄断行为责令整改并罚款60亿元"，《中国产经》2015年第1期。

股权案"[1]、"恩智浦收购飞思卡尔全部股权案"[2]、"百威英博啤酒集团收购英国南非弥勒酿酒公司股权案"[3]。此外，商务部还变更了"西部数据收购日立存储案"[4]，以及"希捷收购三星硬盘驱动器业务案"的限制性条件[5]，并且对"沃尔玛收购纽海控股33.6%股权案"的限制性条件采取了解除的处理措施[6]。在此期间，商务部还对7起应报但是未报案依法进行了行政处罚。

（二）经营者集中的涉外案例分析

1. "诺基亚经营者集中案"

2015年，商务部发布第44号公告，发布了关于诺基亚涉嫌

---

〔1〕 "商务部公告2015年第44号关于附加限制性条件批准诺基亚收购阿尔卡特朗讯股权案经营者集中反垄断审查决定的公告"，载中华人民共和国商务部网站：http：//www.mofcom.gov.cn/article/b/c/201510/20151001139748.shtml，最后访问日期：2018年2月9日。

〔2〕 "商务部公告2015年第64号关于附加限制性条件批准恩智浦收购飞思卡尔全部股权案经营者集中反垄断审查决定的公告"，载中华人民共和国商务部网站：http：//www.mofcom.gov.cn/article/b/c/201511/20151101196189.shtml，最后访问日期：2018年2月9日。

〔3〕 "商务部公告2016年第38号关于附加限制性条件批准百威英博啤酒集团收购英国南非米勒酿酒公司股权案经营者集中反垄断审查决定的公告"，载中华人民共和国商务部网站：http://fldj.mofcom.gov.cn/article/ztxx/201607/20160701369044.shtml，最后访问日期：2018年2月9日。

〔4〕 "商务部公告2015年第41号关于变更西部数据收购日立存储经营者集中限制性条件的公告"，载中华人民共和国商务部网站：http://www.mofcom.gov.cn/article/b/c/201510/20151001139045.shtml，最后访问日期：2018年2月9日。

〔5〕 "商务部公告2015年第43号关于变更希捷科技公司收购三星电子有限公司硬盘驱动器业务经营者集中限制性条件的公告"，载中华人民共和国商务部网站：http://www.mofcom.gov.cn/article/b/c/201510/20151001144107.shtml，最后访问日期：2018年2月9日。

〔6〕 "商务部公告2016年第23号关于解除沃尔玛收购纽海控股33.6%股权经营者集中限制性条件的公告"，载新浪网：http://finance.sina.com.cn/roll/2016-06-08/doc-ifxsvexw8695984.shtml，最后访问日期：2018年2月9日。

经营者集中案例的反垄断调查公告。[1]经商务部多次审查，该经营者集中对通信标准必要专利许可的相关市场存在排除、限制竞争的可能性。[2]

收购方诺基亚公司成立时间较早，具有较强的资金实力。[3]2015 年 4 月 15 日，诺基亚公司收购了阿尔卡特朗讯公司，[4]双方就收购事项达成协议。双方签署了收购交易谅解备忘录，在这次收购的方式做出了规定。[5]根据提供的审查资料，商务部在合并审查时发现，多个市场存在横向重叠。[6]调查显示：通信技术标准必要专利许可市场可能存在限制排除市场竞争的情况。第一，两家公司并购后，集中增强了通信标准必要专利市

〔1〕 "商务部公告 2015 年第 44 号关于附加限制性条件批准诺基亚收购阿尔卡特朗讯股权案经营者集中反垄断审查决定的公告"，载中华人民共和国商务部网站：http://www.mofcom.gov.cn/article/b/c/201510/20151001139748.shtml，最后访问日期：2018 年 2 月 9 日。

〔2〕 公告中指出，2015 年 4 月 21 日，商务部收到"诺基亚收购阿尔卡特朗讯股权案"的经营者集中反垄断申报。经审核，商务部认为该申报文件、资料不完备，要求申报方予以补充。同年 6 月 15 日，商务部确认经补充的申报文件、资料符合《反垄断法》第 23 条的要求，开始对该项经营者集中申报予以立案并开始审查。7 月 14 日，商务部决定对此项经营者集中实施进一步审查。

〔3〕 诺基亚公司于 1865 年在芬兰赫尔辛基注册成立，在赫尔辛基证券交易所和纽约证券交易所上市，股权结构分散，无最终控制人。它是一家跨国通讯和信息技术公司，主要有三个业务单元：诺基亚网络、HERE 地图和诺基亚科技。并且，诺基亚在中国设有 15 家子公司。

〔4〕 该公司于 2006 年在法国注册成立，在巴黎和纽约证券交易所上市，股权结构分散，无最终控制人。阿尔卡特朗讯的业务单元分为接入及核心网络。阿尔卡特朗讯也在中国设有 16 家子公司。

〔5〕 本交易将在法国和美国证券市场，通过公开要约方式完成。诺基亚预计交易金额为 156 亿欧元（约 1274.5 亿元人民币）。交易之后，若诺基亚拥有阿尔卡特朗讯 100% 的股份，阿尔卡特朗讯的前股东们将持有合并后实体达 33.5% 的股份。如果交易后诺基亚持有阿尔卡特朗讯的股份少于 95%，诺基亚将有权采取其他必要措施使其对阿尔卡特朗讯达到 100% 持股。

〔6〕 仲春："标准必要专利相关市场界定与市场支配地位认定研究"，载《知识产权》2017 年第 7 期。

场的集中度。经过此次合并，在 4G 市场，诺基亚公司处于第一位。第二，下游市场进入的主要障碍是能否获得通信标准必要专利。诺基亚公司在该方面对整个市场具有很强的控制权。因此，该公司如果采取了限制竞争行为，就可能排除其他经营者的竞争。第三，被许可人对该许可具有很强的依赖性，并且对许可人不具有相互制衡的能力。通信标准必要专利许可的依赖程度高，且不具备有效制衡能力。[1]最终，商务部经过对诺基亚公司的多轮审查，认为该公司的行为已经对我国经营者造成了排挤和限制。商务部要求该公司必须做出整改：第一，在同等条件下，不得执行禁令阻止公平、合理的其他标准实施。第二，若诺基亚公司要将技术转让给第三方，则必须及时通知被许可人。该公司必须履行通知义务，被许可人享有知情权。第三，当诺基亚在未来将标准必要专利转让给第三人时，不但要转让权利，还要同时转让义务。第四，我国商务部针对诺基亚公司的整改状况进行监督，如果上述整改未履行，我国有权对其进行处理。[2]

由此可见，诺基亚公司在相关市场实施的行为已经排除和限制了其他竞争者，尽管该公司属于外国企业，但是对我国市场造成了实质性的、严重的损害影响，我国商务部应该对该企业进行法律规制。

2. "可口可乐收购汇源公司案"

"可口可乐收购汇源公司案"是商务部处理的典型的禁止经

---

〔1〕"商务部公告 2015 年第 44 号关于附加限制性条件批准诺基亚收购阿尔卡特朗讯股权案经营者集中反垄断审查决定的公告"，载自中华人民共和国商务部网站：http://www.mofcom.gov.cn/article/b/c/201510/20151001139748.shtml，最后访问日期：2018 年 2 月 9 日。

〔2〕"诺基亚收购阿朗终获商务部批准，但核武器专利却被雪藏"，载和讯网：http://tech.hexun.com/2015-10-20/179967633.html，最后访问日期：2018 年 2 月 23 日。

营者集中的案例。2008年9月18日,可口可乐公司向商务部提起申报,同年11月20日,商务部正式立案审查。在审查中,考虑到该案件规模巨大,涉及的影响范围较大,在初步审查后,商务部认为有进一步审查的必要。2009年3月18日,《反垄断法》第28条:"经营者集中具有或者可能具有排除、限制竞争效果的,国务院反垄断执法机构应当作出禁止经营者集中的决定。但是,经营者能够证明该集中对竞争产生的有利影响明显大于不利影响,或者符合社会公共利益的,国务院反垄断执法机构可以作出对经营者集中不予禁止的决定。"〔1〕从商务部认定的经营者集中所造成的重要影响来看,排除或者限制竞争效果主要有以下三个方面的体现:第一,根据目前的市场份额,市场调研公司所提供的数据显示:汇源果汁在我国果汁行业具有一定的知名度,他在我国的纯果汁市场份额已经接近50%,中浓度果汁的市场份额也高达39.8%。按照这个比例,汇源果汁是行业里的"龙头老大"。在当时,可口可乐旗下的果汁子品牌也在市场占据第二的位置。所以,如果这两家企业进行合并,合并后的企业市场占有率有可能会达到70%以上,这样就会对同行业的竞争者构成威胁,中小型果汁企业有可能因为在市场的占有率低、销售不畅而面临倒闭,同时也会形成限制市场竞争的局面。〔2〕可口可乐公司本身在碳酸饮料市场占有多数份额,形成了优势地位。如果收购汇源公司成功,就有可能会将这种优势延展到果汁饮料市场,从而导致该公司制造部分价格较高的产品,使得其他生产商的生存空间变小,消费者也不得不在

---

〔1〕 丁茂中:"经营者集中控制制度中资产剥离的合适购买者问题研究",载《安徽大学法律评论》2013年第5期。

〔2〕 刘春泉:"可口可乐收购汇源果汁的反垄断法律分析",载《金融博览》2008年第10期。

这些产品中进行选择，这就使得国内企业竞争受到挤压，不利于自主创新，最终会损害国家的经济利益。另外，从品牌效应方面来分析，可口可乐公司本身在饮料市场占有优势地位，汇源公司又在果汁市场占有重要地位。因此，如果可口可乐公司这次收购成功，两者的品牌在中国市场都具有强大的影响力，那么便可能形成在中国市场的垄断。如今，在资本市场，品牌是企业成败的关键因素，卖产品不如卖品牌。[1]可口可乐公司在收购之后将汇源品牌完全控制，或者雪藏，这不但可以达到消除竞争对手的目的，还会使得汇源果汁退出中国市场，进而破坏我国名牌企业在世界上的影响力。此外，可口可乐公司本来就是饮料界的龙头老大，汇源在被收购后会被可口可乐控制，上游的厂商利益也会受到严重损害，任凭外企提高饮料界的进入门槛。可口可乐将会整合上下游的生态链，在上游建立门槛，危害我国果农的利益。该案件是《反垄断法》实施以后第二批公开处理的经营者集中案件。虽然案件的审查决定和对反竞争效果的推理证明在当时并不是十分充足，但是一些关键的事实与证据仍然体现了商务部运用反垄断法审理案件的决心、态度与水平。

综上所述，上述案件涉及外国企业在我国实施了集中行为，商务部在处理外国企业并购我国企业，或者并购行为对我国企业产生实质影响的案件时，需要进一步加强和完善针对事前审查机制的交流与合作。目前，在美国、欧盟和日本，反垄断机构之间建立了沟通和交流的平台，对经营者集中案件可以在不违反双边合作协定、国内法律的前提下进行有效的沟通，确保反垄断机关针对同一案件的审查时限以及决定相对统一。尽管

---

〔1〕 "用反垄断法分析可口可乐收购汇源一案"，载新浪博客：http://blog.sina.com.cn/s/blog_ e60e1ecf0102wacu.html，最后访问日期：2017年12月29日。

可能会遇到针对同一案件各国的反垄断机关有着不同的处理方式的情况，但是及时的沟通与交流，可以使法律冲突降低到最低，经济成本也会大大降低。目前，我国反垄断法双边合作仍然处于起步阶段，只有不断加强经营者集中审查的力度、细化审查的步骤、缩短审查的时间，才能提高我国《反垄断法》对涉外经营者集中案件的处理能力，减少反垄断法域外适用的法律冲突。

第二节　垄断行为的私法效力推动涉外纠纷的解决

垄断行为私法效力认定主要是从民事角度肯定涉外垄断行为具有私法属性，从而使得跨国消费者能够通过民事救济途径对垄断行为造成的损害请求赔偿，有效地推动涉外案件纠纷的解决。

一、私法效力认定的内涵及法理基础

（一）私法效力认定的内涵

垄断行为的私法效力是反垄断法基于私法性质产生的约束各国行为人的法律效力。反垄断法以破坏市场经济运行秩序作为违法性判断的依据。涉外垄断行为的私法效力研究是从国际市场角度考察和评价以契约方式形成的跨国经营活动。如果按照反垄断法的标准进行评判，是否会构成违法行为？在私法的领域中，交易双方以遵循契约自由为基本原则，但是由于跨国经营者具有逐利性，因此契约自由有可能会导致垄断的形成。例如跨国经营者签订的并购合同，反垄断法的作用主要是针对经营者双方以合同形式达成的限制、排挤他人的竞争行为给予适度干预，保证公平交易的进行。从私法角度来讲，契约自由

是以合同关系为基础，考量当事人之间的公平对等关系。双方合意订立合同，若形成跨国限制竞争行为，那么如何考虑该合同条款的效力？如果仅是从当事人相对关系的角度进行分析则是不全面的，而必须将此合同的效力扩展至反垄断法层面，对该行为所产生的影响进行评价，并根据反垄断法认定该行为是违法行为。反垄断法基于保护消费者利益规制经营者间的合同行为，民法则从保护合同双方利益出发规制跨国经营者的行为。那么，如何能在反垄断法认定行为违法的同时又不违反民法私法的本质，并对两部法律产生的竞合问题做出协调呢？这就需要确立反垄断法具有与民法相同的私法效力，以私法的价值要求审视限制竞争行为。从两部法律追求的价值理念来看，维护当事人利益、维持公平合理的交易秩序是共同目标。因此，我们可以肯定地认为，反垄断法也具有私法追求的价值目标。在规制违反竞争秩序行为的司法实践中，仅通过反垄断法执法机构进行处罚很难达到规范市场秩序的目的，还需要其他的法律规范共同协作才能完成。从这个角度考虑，民事救济途径也成了协助反垄断法发挥效力的重要领域。我国的《反垄断法》虽然有涉及民事责任的规定，但是仅规定受到损害的当事人可以通过损害赔偿请求权以及恢复名誉等民事救济的途径获得利益保护，其他再无相关规定。至此延伸，在涉外垄断案件中，世界各国对反垄断法涉外违法行为私法效力的认定都需要通过协调两个不同部门法之间的关系，相互协力，惩戒违反反垄断法的行为，协助跨境经营者与消费者主张自身的权益。那么，垄断行为私法效力认定的法理基础是什么呢？

（二）私法效力认定的法理基础

目前，研究违反涉外反垄断法行为在私法上的效力问题是将民法认定违法性之既有理论带入涉外垄断案件进行思考，以确定涉外垄断行为人的民事诉讼地位，并划分民事责任。目前，从反垄断法规范企业间经营活动角度出发，若我国经营者与他国经营者之间订立的交易合同违反了我国《反垄断法》的规定，受到我国执法机构的行政处罚，在民法上，当事人之间的合同关系是否有效呢？当事人是否能够请求履行违法的合同条款，成了现实中需要解决的问题之一。跨境经营者在从事交易活动时，如果订立的合同违反了反垄断法的相关规定，那么该合同不仅要从民法角度考量合同当事人之间的关系，还要从反垄断法角度考虑市场竞争的问题。

首先，反垄断法的目标价值是确定涉外垄断行为私法效力正当性的基础。反垄断法的目标价值在于维护稳定、健康的市场经济秩序。目前，主要的学术观点认为，确定法律规范的效力，是要遵守法律条文的规定。违反反垄断法的行为，如果从反垄断法角度来讲，遵循法律条文的规定是合情合理的，但是从民法的角度来讲，垄断行为的私法效力不但需要符合法律条文的规定，还需要符合公序良俗的原则。从《合同法》对效力性规定问题的理解来看，如果仅是通过较为抽象的理论规范进行分析，很难直接对反垄断法的规定作出认定。如果必须对其进行强制性规定、禁止性规定的区分，或者更进一步地划分为效力性规定和取缔性规定，则需要结合案件的实际情况进行分析。所以，在司法实践上，如果抛开反垄断法的公法立法目标，仅是从民法的角度考虑，缺少公法的支持就等于忽视了公法和私法之间法律调控目标和价值实现的问题。所以，在判断垄断行为私法效力的问题上，除了违反其他行政法规所衡量的基准之外，还需要以反垄断法实现的主要目标作为衡量垄断行为私法效力的又一关键因素。

其次，私法秩序融洽是解决违反反垄断法行为私法效力问题的必要前提。垄断行为私法效力的认定，有两个主要的问题需要解决：第一，要在反垄断法规范本身的调控范围内进行认定；第二，要遵循私法属性所具有的价值规律和规制理念。反垄断法是从公法角度维护和保证市场秩序，但是民事法律毕竟是以私法的性质出现的，所以即使受到经济法的引导而不断加深对宏观经济秩序的关注，但基于法的本质也是从微观私法自治的角度维护公平正义的秩序。因此，既需要关注反垄断法的公法性质，同时也要关注私法内部法律秩序之间的调和，减少法律体系之间的冲突。从法律发展的过程中我们不难看出，没有任何一部法律是能够单独生存的，必须要以其他法律作为辅助。公法的发展需要稳定的私法体系作为支撑，所以在日本和德国，解决垄断法行为私法效力的问题主要是从公序良俗的角度进行扩张解释。因为，毕竟公序良俗很难针对违反反垄断法的所有行为进行规制。另外，为了满足反垄断法调控的需要，如果过度地扩大民事法律原则，有可能导致与传统民法形成不相融合的法律冲突。所以，必须要以公序良俗为基础，系统、全面地对违反反垄断法效力的行为进行认定。

二、垄断行为的私法效力对涉外案件的影响

针对垄断行为私法效力的认定问题，不但要从各个国家反垄断法的角度进行研究，还要结合民事法律规定的内容进行研究，全面、细致地从双重视域范围进行探讨。目前，从涉外垄断行为私法效力判定的理论探源来看，不但要考虑法律条文的真实目的，从法律规范的角度审视垄断行为的效力属性，还要充分运用民法的基本原则（例如公序良俗原则），对其进行评判，其共同追求的目的就是在私法规范的领域找到反垄断法对行为禁止的法律依据。那么，它是如何影响反垄断法域外适用

的呢？

首先，从对民事救济责任承担的立场考虑，垄断行为私法效力认定有利于受害人提起民事诉讼。承认涉外垄断行为的私法效力，有助于经济法与民法救济措施形成联动机制，相互支撑。具体来看，垄断行为肯定会引起民事赔偿，需要停止侵害、消除危险或者损害赔偿，所以，承认垄断行为的私法性质有利于救济制度对公法机制的支持。其主要体现在以下几个方面：第一，垄断行为发生后，不仅要通过国家行政机关保护受害人的利益，受害人自己也可以通过民事诉讼的方式维护自身利益。反垄断法执法机构应该积极履行调查义务，采取调查取证等相关方式，获取垄断案件的资料。若当事人以自身受到损害作为依据提起民事诉讼，并且要求经营者进行损害赔偿，那么就要求反垄断法执法机构将从案件调查中获取的相关证据、资料一并移交至法院，以便法院对案件性质做出认定。[1]第二，对垄断行为私法效力的确认，有利于受害人实现证明责任制度。涉外垄断行为首先是由反垄断法执法机构进行认定，在认定行为确有实质损害或者限制竞争的问题后，对涉外垄断行为做出行政处罚。如果在民事诉讼审理的过程中，根据生效的行政处罚决定，垄断行为可以当然地被推定为具有私法效力，就可以要求经营者举证，减轻受害人的举证责任。这样更有利于受害人维护自身权益，实现民事权利。第三，承认垄断行为的私法效力有利于实现受害人的赔偿。垄断行为发生后，对受害人的损害赔偿制度实际上是民事法律中应该关注的重点，但是一直没有受到重视，所以涉外垄断案件涉及侵权行为的问题，举证是较难的，受害人本身处于弱势地位会增加举证的难度，所以需

---

〔1〕 王玉辉："竞争秩序引入私法秩序之探讨——以垄断协议的私法效力之争为视角"，载《南阳理工学院学报》2012年第1期。

要建立较为完善的损害赔偿制度。该制度的建立最终还是要依赖于民事法律制度。所以，垄断行为私法效力的确定，是依赖民事法律制度的前提，只有更好地发挥它的私法效力，才能及时使受害人得到法律保障。对限制竞争行为的抑制需要反垄断法与民法共同发挥作用。

其次，涉外垄断行为的私法效力认定有利于受到损害的跨境受损害人利用侵权法行使自我保护的权利。反垄断法执法机构对涉外垄断行为采取行政处罚措施。垄断行为也可以被视为民法上的侵权行为，被害人可以通过侵权责任的处理方式要求停止侵害，或者要求损害赔偿。从维护市场经济秩序和公共利益的目的出发，反垄断法执法机构对限制竞争行为的规制也可以被视为行为人受到侵害行为后寻求侵权法的救济，利用法律制裁侵害行为人。作为民法中的一部分，可以认为反垄断法的涉外垄断行为侵害了相关人的权利和利益，那么相关人当然可通过民事途径行使诉权、追究责任。所以，在民事法律关系中，引入竞争秩序的理念是确认垄断行为私法效力的有效途径，也是部门法之间互相联系，确保民法与经济法在规制垄断行为的角度上达到统一。同时，民法中的民事救济行为与反垄断法追究行政责任不同，这也从另一个侧面约束和抑制了涉外垄断行为的发生，更好地维护了社会公共利益。据此可见，相关人可以根据反垄断法要求行为人承担行政责任，也可以根据民法的规定请求损害赔偿、停止侵害。两个部门法共同规制垄断行为，并且维护公正、自由的竞争秩序。民法作为私法，也在另一方面有力地补充了行为规制，并且弥补了反垄断法公权力不足的问题。[1]

---

〔1〕 王玉辉："竞争秩序引入私法秩序之探讨——以垄断协议的私法效力之争为视角"，载《南阳理工学院学报》2012年第1期。

最后，涉外垄断行为私法效力认定可以弥补反垄断法公法性质之不足。对涉外垄断行为的评判，其中很重要的一点是考量私法的秩序规则。当涉外垄断行为被认定为有效并且缺乏期待可能性时，应认定为有效原则。但是，若确认私法效力对维护私法的秩序有阻碍作用，那么，该私法秩序就会作为阻却事由否定行为具有私法效力。所以，对私法效力的认定应当考虑私法秩序的问题。垄断行为的私法效力被接受和承认后，与合法的法律行为的有效性并不相同。当垄断行为产生时，受害人有权对违反反垄断法的行为透过民事诉讼的途径请求损害赔偿。在请求损害过程中，并不预设肯定或否定反垄断法违法行为的效力。同时，确认涉外垄断行为的私法效力主要是通过法律规定和公序良俗原则相结合的方式进行，私法秩序作为公序良俗原则的一种，如果反垄断法否定了这一原则，并且根据私法秩序的要素进行分析也确认无效，则行为当然会被认定为无效。因此，判断垄断的私法效力考量的因素是多方面的。

三、垄断行为私法效力的主要学说

目前，针对垄断法行为私法效力的判定，学界主要有以下学说：

（一）当然无效说

按照我国法律规定的内容，违反反垄断法行为的私法效力是当然无效的，这是我国学者早期为了充分贯彻反垄断法所做出的规定。《民法通则》《合同法》的规定是认定私法效力无效的依据。若通过反垄断违法行为的私法效力进行判定，反垄断法实际上并没有设置专门的条款。所以，垄断行为的私法性质应该与行政法规对违法行为的判断相类似，主要依据有以下几个条款:《民法通则》第 55 条第 3 项、[1]第 58 条第 5 项,[2]以及《合同法》第 52 条第 5 款。这些条款规定了合同无效的要件, 如果实施行为违反了法律、行政法规的强制性规定, 该行为便是无效的。根据以上法律的规定, 反垄断法行为于私法当然无效。在日本, 为了实现法的目的, 当时的主流观点认为违反法律规定的行为应该是无效的。若违法行为是有效的, 则可以通过法律强制执行来履行。有些学者认为, 为了能够实现反垄断法规范的目的, 反垄断法对垄断行为的规范不会因其私法效力而产生请求履行的矛盾。日本学者末弘严太郎对绝对无效说提出了基本的判断标准, 以供司法实践中的执法者作为参考:第一, 违反法律规定的行为无效, 对于禁止性目的是否必要;第二, 违反法律规定的行为, 是否违反了民法中的公序良俗;第三, 若因违反法律规定而被认定为无效, 是否会引发交易双方间的不公平。按照以上三个方面的标准进行判断, 我们可以从私法角度对违反反垄断法的行为作出判断。

（二）强制规范效力区分说

随着我国法律规范体系的不断健全, 经济法与民法两个部门法的内容也在不断成熟,《合同法》不断出台相关司法解释。需要注意的是, 针对垄断行为是否适用于"强制性规定", 是否应该对该行为认定为私法上的无效, 学界都具有不同意见。例如,《合同法》第 52 条的规定[3];《最高人民法院关于适用〈中华人民共和国合同法〉若干问题的解释（二）》（简称《合

---

[1]　《民法通则》第 55 条第 3 项:（三）不违反法律或者社会公共利益。

[2]　《民法通则》第 58 条第 5 项:（五）违反法律或者社会公共利益的。

[3]　《合同法》第 52 条规定:"有下列情形之一的, 合同无效:（一）一方以欺诈、胁迫的手段订立合同, 损害国家利益;（二）恶意串通, 损害国家、集体或者第三人利益;（三）以合法形式掩盖非法目的;（四）损害社会公共利益;（五）违反法律、行政法规的强制性规定。"

同法解释（二）》）第14条，也针对强制性规定做出了明确的解释，即"针对违反法律或者行政法规规定的强制性规定，是指效力性强制性规定"。因此，如果违反了法律和行政规定，则可以认定该行为违反了禁止性规定，那么该行为就是无效的。对禁止性规定再做划分，其又可以被分为效力性规定、取缔性规定。通过对违反反垄断法行为的私法效力问题进行讨论，实际上是从反垄断法律规范的性质出发，分析垄断行为是否违背了反垄断法的属性。因此，反垄断法禁止的行为性质是效力性规定还是取缔性的规定仍然存在很大争议。

（三）附条件说

附条件说是指合同违反了私法上的效力，除了该合同违反公序良俗的原则外，日本学者认为，如果行为违反了《独占禁止法》第19条的强行性规定也可直接认定该行为无效。日本在最高法院做出的"信用合同社借贷案"中，按照此规定提出了这样的理论。该理论认为违反反垄断法行为在私法上的效力，要符合该法条才可以。信用合同社借贷案的案例表明，在判断该行为是否在私法上属于无效时，如果其仅是违背了反垄断法的规定，是无法对行为做出定论的，还要分析其是否也违背了公序良俗的理论原则。简单来看，在民法体系中讨论违反反垄断法行为的效力，不能仅从反垄断法的形式上强调是否为强行法所禁止，还要考虑公序良俗的民法原则。公序，即公共秩序，是指国家和社会存在和发展过程中遵循的一般秩序；良俗，指善良风俗，是指国家和社会存在和发展过程中所必需遵循的基本道德。公序良俗的原则，是指民事主体应当按照规定实施行为，遵守公共秩序，并且行为符合善良的风俗，同时不能违反国家的公共秩序，以及社会的一般道德。这个学说直接明确了判断的标准，即违反独占禁止法的行为，同时还要违反公序良俗的原则，否则就不足以否定其私法效力。这个学说对违反反垄断法效力的行为做出了明确的规定。与之前的有效说、无效说相比，是从另一个不同的角度来分析私法效力的问题。

以上这些学说，从绝对无效说到附条件说，根据不同的历史背景逐渐发展和完善，通过考量不同的依据、范围和法律规定，使得效力认定能够更为严谨。以上学说的最终目的均是对违反法律法规的垄断行为的私法效力加以确定。

四、垄断行为私法效力的认定标准

涉外垄断行为私法效力的认定主要应考虑以下两个方面：从法律规定的角度分析，以法律规范的基本性质作为判断涉外垄断行为私法效力的主要标准；从司法实践出发，根据涉外垄断行为产生的外部性的影响和评价对其进行判断。法律规范效力属性的要素和公序良俗的要素共同作用，成为私法效力判定的两个重要因素。前者是从法律规则的角度出发，后者是从司法实践的角度出发，进行全面、科学的衡量和评价。这些因素归纳起来，有以下几个方面的内容：

首先，法律规范效力属性要素。贯彻强制或者禁止的法律意图，主要理由是要维护法律秩序的冲突性。所以，违反法律规定，并且该规定属于强制或者禁止的规定，则在私法效力原则上是无效的。如果该条款在但书中明确说明了该规定是有效的，则可以对其做出有效判定。目前，我国的法律规定仅肯定了当然无效说，使得我国强制性规范较为刚硬，缺少可以调整的部分。

目前，我国《合同法解释（二）》部分修正了我国当然无效理论的强硬性和局限性，法律规范效力要素成了判断违法行为私法效力的重要要素。史尚宽教授最早将禁止性规定分为效力性和禁止性。[1]

日本最早也是在 19 世纪 20 年代末，由学者本弘严太郎对违反行为的法律效力问题做出了规定。此后，我妻荣教授也对此做出了区分，确定为取缔规定和效力规定。效力规定和取缔规定对我国的无效说是一个质的飞跃。因此，可以这样说，目前我国的《民法通则》以及《合同法》第 52 条、《合同法解释（二）》中的规定都涉及强制性规范的效力，这成了公法进入私法领域的重要途径，也是承认涉外垄断行为违法性的重要考量标准。但是，在区分的同时，我们必须要意识到，在现代社会，对于效力性规定和取缔性规定的区分实际上是较难的，它在很大程度上依赖于执法者的自由裁量权，并且在调查取证方面都需要更高的技术标准作为支撑。反垄断法中的强制规范，从效力要素较强的规定，到取缔要素较强的规定，加以认定均依赖于司法者对法律条文和行为本质的理解。而《反垄断法》中关于涉外垄断行为的定性还需要结合具体的案例，所以不能单纯地界定行为的性质，必须针对不同问题，分情况讨论，从而认定涉外垄断行为的私法效力。同时，在私法效力的认定上还要考量法条中公共利益的立法意图。因此，只能灵活地认定反垄断涉外违法行为效力。

如上文所述，对行为性质的认定要考虑《合同法》以及《合同法解释（二）》的规定，尽管提供了认定行为私法效力的法律依据，但是并没有实质认定，因此还要充分考虑行为的违法程度，交易安全保护的相关因素。

其次，公序良俗要素。在《德国民法典》中，公序良俗的相对面是善良风俗。在英美法中，与之相类似的解释则是公共

---

〔1〕 史尚宽：《民法总论》，中国政法大学出版社 2000 年版，第 330~331 页。

政策。公序良俗原则的主要作用有两个方面：第一，填补法律漏洞。在民事法律关系发生之时，参与其中的民事主体在法律强制性规则的条件下，可以以公共秩序的一般要求以及善良的风俗习惯实施民事行为；第二，克服法律局限性。在处理民事纠纷的同时，仲裁者在法律规定不足或不违背强制性法律规范的条件下，可以运用公共秩序的一般要求以及善良风俗习惯处理纠纷。根据公序良俗原则，民事法律制度对民事主体权利行使的规制通常是做出必要的法律限制性规定，加上道德规范起到的作用，形成了系统性的公序良俗。

日本学者我妻荣教授对公序良俗进行了类型划分，具体有以下七种：第一，违反伦理的行为；第二，违反公平正义的理念，例如经营者之间达成了实施垄断行为的合同；第三，不当得利的行为，例如趁他人的疏忽，在窘迫的情况下对他人实施危害行为；第四，限制个人自由的契约；第五，限制自由处分生产基础财产的行为；第六，限制营业自由的行为。第七，存在侥幸的行为，例如赌博契约。[1]公序良俗是评价反垄断法禁止行为效力的重要评判标准，那么，我应如何对反垄断法违法行为给予公序良俗的评价呢？在通常情况下，民法中的公序良俗原则是在契约自由的基础上建立起来的，但是很少有学者会将公序良俗原则与经济法联系在一起，在反垄断法领域，对市场竞争的公共利益和秩序的理论联系也相对较少。

如果将公序良俗在市场经济中，就要使公序良俗原则的内涵和实质在反垄断法中得到有效的运用和发展。公序良俗原则需要建立在基本理论不断扩张的基础上，如此才能被更好地运用在司法实践中。日本学者山本敬三教授对公序良俗原则做出

---

〔1〕　渠涛：《公序良俗在日本的最新研究动向》，法律出版社 2003 年版，第1页。

了扩张解释。他认为："国家有权保护个人的权利不受侵害，同时使基本权利能够得到有效的实施。公法和私法规范都是要以保护各种基本权利为主要目的。基本权要受到保护，一般是立法者透过民主方式进行取舍后进行立法。对于违反行政规范行为的私法效力判断，如果不能通过立法者对否定效力做出明确规定的强行性规范，法院也只能通过日本的民法进行判断。"[1]如果只是当事人之前形成的契约，但是又是法律所禁止的，那么私法的效力可以根据公序良俗进行评判并宣布无效。例如，行为人受到欺诈、胁迫时的意思表示，可以依据民法的规定予以撤销。但是，对于反垄断法中具有垄断性质的行为，例如滥用优势地位，如果通过民法的规定不能约束该行为，此时民法中的公序良俗就可以作为评判标准出现。该学说通过公序良俗原则将公法和私法联系在一起，民法中的公序良俗成了判断垄断行为的外在考虑因素，这就是将竞争秩序作为公序良俗中的一种。竞争秩序扩展为经济层面的公序良俗后，我们可以将这一秩序分为跨国消费者和国际市场两种不同的公共秩序。从反垄断法域外效力发挥作用的角度来说，其主要对应的是国际市场的公共秩序，并且，它的前提是确保或者维持国际市场的竞争。从全球治理的角度来说，反垄断法域外效力的发挥就是为了维护国际市场的竞争秩序，禁止或者限制侵害的行为。国际市场的公共秩序不仅需要通过各国反垄断法的合作来实现，还需要借助私法的力量。这样看来，如果从民法角度对反垄断法进行评价，并且运用公序良俗的理论，则具有一定的可行性。其次，结合公序良俗理论如何对各国反垄断法禁止行为的私法效力作出分类讨论？笔者认为，可以分为以下四种情况：第一，

---

[1] [日] 山本敬三：《民法讲义Ⅰ：总则》，北京大学出版社 2004 年版，第181 页。

既没有违反本国的反垄断法，也没有违反公序良俗的理论，则可以认定该行为是有效的；第二，违反本国的反垄断法，但是没有违反公序良俗的理论，则该行为是有效的；第三，违反了本国的反垄断法，同时也违反了公序良俗的理论，则是无效的；第四，没有违反本国的反垄断法，但是违反了公序良俗的理论，则是无效的。这四种情况，分别论述了反垄断法域外效力与私法衔接的几种情况。综上所述，我们可以将国际市场竞争秩序认定为公共秩序中的一种，将其作为判断涉外垄断行为私法效力的方法之一。

最后，其他应注意的问题。通过对垄断行为私法效力认定问题的分析，我们不难看出，无论是从学术理论角度对法律规范效力作出区分，还是充分对公序良俗原则做出扩大解释，实现效力认定的重要一点是要将反垄断法的公法目标与私法秩序相结合，如此才能全面、科学地考量效力。归纳私法效力判定的几个规则如下：第一，明确反垄断法规范的目的。确认垄断行为的私法效力一定要与反垄断法规范的目的相吻合。对垄断行为私法效力的评判有助于从结果上考察是否妨碍实现反垄断法的立法目的，也同时避免了法律规范效力区别理论使得法律功能被弱化和掩盖。为了能够达到充分保护受害人的目的，也必须明确反垄断法规范的主要目的，从宏观角度给受害者提供健康的法制环境。第二，对垄断行为的种类做出区分。对垄断行为效力的区分需要结合反垄断法的市场目标，对于私法效力的考察，如果涉及不同市场调控目标中的类型，那么就要与相关行为的类型相联系，以便更好地作出判断。

五、私法效力认定的现实价值

首先，从民法的角度来看，反垄断法本身的立法价值在于维护公平、自由竞争秩序，而要形成良好的秩序则首先要注重形式正义，必须要从根本上解决交易双方由于地位不平等所造成的信息不对称的问题。具体来看，反垄断法基于其公法性质，主要是从宏观的角度对交易当事人的行为给予规制，例如对交易双方的市场地位、经营者的状况或者是市场规模进行分析，从而做出对经营活动私法效力的认定，这也是反垄断法在民法中的表现，它也是民法所追求的当事人之间的实质平等。同时，将反垄断法中的竞争秩序认定为公共秩序，使民法中的公序良俗能够发挥社会秩序和伦理的作用，这就是将反垄断法带入民法的思维体系和价值理念，以公序良俗的理念在反垄断法和民法之间搭建桥梁。并且，公序良俗从法律原则的角度突破了我国《合同法》第52条关于无效形式要件上的基本规定，运用公序良俗的原则判断反垄断法违法行为私法效力无效，可以直接从民法的角度进行评价和判断。

其次，从反垄断法的角度来看，对于涉外垄断行为的私法效力认定问题应该根据具体案件的情况作出全面的判断，从交易安全、诚信公平的角度来讲，直接通过反垄断法条文进行考量，遇到具体的个案，再从特殊性的角度出发寻找妥善的认定方式。所以，在反垄断法视域下认定涉外垄断行为的私法效力，不论是适用《合同法》第52条的规定，还是适用公序良俗的原则，都要建立在贯彻反垄断法的目的之上，不能脱离反垄断法的本质。

综上所述，从反垄断法和民法的角度分析垄断行为的私法效力实际上是部门法之间联系和法律竞合两方面内容的相互作用与调整。涉外垄断行为的私法效力认定给民法调整的社会关系注入了新的血液，强调民法在保证形式正义、契约自由的基础上，还要关注实质公平。从反垄断法角度来讲，通过私法效力的确定，从民法的角度实现法律协助的目的，属于反垄断法中的民事纠纷的部分应该回归到运用民法手段解决，以充分保护受害人的利益。

第三节　强制性规定在反垄断法域外效力中的应用

目前，世界各国为了维护自身利益，在本国反垄断法域外适用的制定过程中，通常都会加强对其他国家反垄断法的域外适用的限制，进而加深了相互间的法律冲突。《中华人民共和国涉外民事关系法律适用法》的强制性规定涉及反垄断的条款，强制性地排除其他国家的相关法律适用。[1]这种强制性规定在一定程度上限制了当事人的意思自治原则。

一、强制性规定的定义与性质

（一）强制性规定的由来与定义

起初，公共秩序理论范畴中包含了强制性规定的内容，但随着各国越来越注重对私权的保护，法学界越来越注重强制性规定的理论，并将强制性规定从公共秩序的理论制度中单列出来，逐渐成了各国法律规避的制度之一，进而成了利益保护的法律利器。在现代国际私法中，弗朗西斯·卡基斯认为强制性规定主要是指为了维护国家和社会的公共利益，国家在调整涉外民商事法律关系的过程中，要制定具有强制性效力的法律规范。并且，在民商事活动中，要充分适用该规范。巴迪福和拉加德认为，对强制性规定的界定，要从国际私法中关于直接适用的法

---

〔1〕　刘璐："强制性规定与反垄断法域外适用的冲突与协调"，载《长江大学学报（社会科学版）》2013年第11期。

角度出发（Loisd'application immediate），它是指为了实现一国的公共利益、目标，并且维护政治、经济的稳定发展，不经过冲突规范的援引，而直接适用涉外民商事案件的实体强制性规范。[1] 英美法国家的学者将其称为直接适用的法，但是我国学者在国际私法的理论中通常将其称为"强制性规定"。在我国的理解中，强制性规定主要是强调法的"强制性"，直接适用的法则是强调法的"直接性"。在实际的司法实践中，两者都是为了排除外国法的适用，维护自己公共利益，所以基于目的相同的原则来看，两者可以被等同看待。在我国，第一次提出强制性规定的基本理论主要是对其下定义，并且对强制性规定适用的主要类型做出规定。《中华人民共和国涉外民事关系法律适用法》第4条对强制性规定进行了定义[2]。该规定的内容仅是从宏观上肯定了涉外民事行为可以适用强制性规定。在配套的司法解释中，最高人民法院对强制性规定的适用范围做出了明确的解释。《最高人民法院关于适用〈中华人民共和国涉外民事关系法律适用法〉若干问题的解释（一）》（以下简称《〈涉外民事关系法律适用法〉司法解释（一）》）第10条规定，[3]反垄断法的适用过程很多都涉及对外国法的承认与执行，因此，反垄断法的域外适用多了一层国际私法的规制，在实践中，反垄断法能够具体应用这些规定，使涉外垄断案件法律适用问题具有法律

---

〔1〕 ［法］亨利·巴迪福尔、保罗·拉加德：《国际私法总论》，陈洪武等译，中国对外翻译出版公司1989年版，第350页。

〔2〕 《中华人民共和国涉外民事关系法律适用法》第4条："中华人民共和国法律对涉外民事关系有强制性规定的，直接适用该强制性规定。"

〔3〕 《〈涉外民事关系法律适用法〉司法解释（一）》第10条规定："有下列情形之一，涉及中华人民共和国社会公共利益、当事人不能通过约定排除适用、无需通过冲突规范指引而直接适用于涉外民事关系的法律、行政法规的规定，人民法院应当认定为涉外民事关系法律适用法第四条规定的强制性规定。"

依据。但是，强制性规定的运用实际上也受到了一些限制，其主要体现在范围和适用程序上。例如，它通常指的是诉讼类的案件，非诉类的案件很难适用。但是，从适用的便利性角度来讲，由于强制性规定较为形象化，因此适用的难度远小于效果原则。如果垄断行为最终以诉讼的方式进行，且准据法是中国法或者法院地在中国，那么，便可以适用《涉外民事关系法律适用法》和《〈涉外民事关系法律适用法〉司法解释（一）》。《〈涉外民事关系法律适用法〉司法解释（一）》第3条第1款对特别除外制度做出了相关的规定。[1]可以看出，在这种情况下，涉及垄断的诉讼案件可以优先考虑适用《涉外民事关系法律适用法》的规则，如果垄断行为以非诉的形式体现，则需要根据我国的《反垄断法》适用"效果原则"进行规范和制裁。

（二）强制性规定的性质

强制性规定在国际私法理论中占有重要地位，无论是相关概念学说所体现的基本涵义，还是我国采取配套措施所规定的适用范围，这些都是从司法实践中得出的结论，解释了普遍适用的规律。运用强制性规定的理论调整民事关系更为直接，并且也为涉外垄断行为诉讼纠纷提供了理论支持。它不但明确规范了交易双方之间的权利义务，也为传统的法律规范理论做出了区分，从不同角度对法律关系进行审视，形成了新的法律规范。归纳起来，强制性规定主要有以下几个特征：

（1）强制性规定具有直接适用性。强制性规定具备三方面的要素，他们分别是连接点、实体性规范以及适用范围。从强

---

〔1〕《〈涉外民事关系法律适用法〉司法解释（一）》第3条第1款："涉外民事关系法律适用法与其他法律对同一涉外民事关系法律适用不一致的，适用涉外民事关系法律适用法的规定，但《中华人民共和国票据法》、《中华人民共和国海商法》、《中华人民共和国民用航空法》等商事领域法律的特别规定以及知识产权领域法律的特别规定除外。"

制性规定适用的角度考察，其主要被用于解决涉外民商事案件所产生的纠纷，这与传统的冲突规范相区别。强制性规定在传统冲突规范理论的基础之上，从国际私法的角度寻求解决纠纷的办法。第一，从我国现有的法律规定来看，强制性规定的特性决定了其首先具有强制性，其次是具有优先适用性。这两个方面的主要特点决定了交易双方之间的行为，不能仅通过意思自治的方式来进行适用，而需要根据强制性规定的内容考察适用的范围与标准。第二，强制性规定的特性决定了维护交易双方权利义务也具有强制性，不能够随意变更。从现有的法律规定我们可以看出，强制性规定所调整的主要范围是涉外民商事法律关系。按照该规定的内容，通常无需交易双方进行进一步协商便可以直接根据法律规定适用。若将强制性规定作为直接理论依据，则在涉外垄断案件的处理中，不但要明确强制性规定的认定标准，还要将调整对象特定化。另外，强制性规定往往与任意性规范、间接性规范具有一定差别。任意性规范、间接性规范都是主张选择适用，或者排除某种规范的适用。所以，一旦根据强制性规定的内容适用于涉外垄断行为，当事人就不得选择其他法律。第三，强制性规定也分为多种类型，主要有三种：法院地强制性规定、第三国强制性规定准据法、所属国强制性规定。在强制性规定的适用中，要考虑最密切联系原则适用的相关理论。强制性规定的直接适用也是有限制的，必须要在既定的范围内适用，遵循比例原则。最后，必须考虑根据案件的具体情况，对强制性规定进行合理的适用，考虑适用可能产生何种法律效果。

（2）强制性规定具有社会公益性。国家职能随着经济社会的发展而不断转变，国家机关也会根据不同的情况，对社会经济生活的各方面进行干预，国家机关通过法律规范的制定与执行来体现自身意志，强制性规定的重要特点就在于，无须冲突规范指引便可直接适用。强制性规定从内容上来看，主要涉及国际私法民事法律关系中具有重大利益的规范，但是，我国的强制性规定涉及的部门法比较广泛，例如刑法和行政法就会涉及大量的强制性规定。国际私法中的强制性规定具有自身的特点，它适用的范围通常是国家对私人经济关系的干预，并且它的规定分散在公法和私法规范中，没有形成确定的体系。强制性规定从表现形式上来看仅是在特定的领域中得以适用，并且要结合具体的问题进行分析。所以，不是所有的法律规定都会被视为强制性规定，这些类似的规定也都主要散见于多个国家的民商法体系中。并且，它还体现了实体规范与冲突规范的双重特性，国家意志和国家政策都体现在强制性规定的内容中。从制定该规定的法律方法上来看，强制性规定制定的初衷在于维护国家的经济秩序、政治秩序，以达到保护社会公益、保护消费者利益的目的。从法学理论基础的角度来讲，它是为了保证当事人能获得实质公正。[1]因此，强制性规定因为具有社会公益性，所以必须在国家法律、政策实施过程中发挥公益性因素的作用。但是，发挥社会公益性的特点，必须要考虑到以下几个方面的因素：第一，关注法律规范背后的立法目的和立法解释，关注其体现的法律效力问题。第二，强制性规定体现的社会政策会随着时间的变化而变化，所以要根据不同的政策变化和不同领域的问题重新进行深入的研究，对于公益性较强的领域要重新进行考量。另外，还要注重私法公法化的过程，不但要关注公益，还要关注私益。最后，国际私法中的强制性规则不同于当事人的意思自治、公共秩序保留原则，在分析国际

---

〔1〕　张文晋："国际私法中的强制性规定研究"，载《长春工程学院学报（社会科学版）》2012年第3期。

私法强制性理论的过程中，要处理好与他们之间的关系。[1]强制性规定在保护弱势群体合法利益时，可能会出现倾斜，在维护本国国家利益时，法官必须正确适用自由裁量权。

（三）强制性规定的标准

首先，涉外垄断行为是否适用我国强制性规定直接影响着我国能否获得案件的域外管辖权。因此，充分剖析强制性规定的认定标准，实际上是判断涉外垄断案件能否予以适用的第一步。总体来说，对强制性规定的认定标准，是基于对社会公共利益的考量，它是执法机关通过法律的形式干预经济生活，是在国际私法法律适用方面的又一体现。目前，法律适用中存在一些既能体现一国政策，又能够适用强制性规定的法律，如社会保障法、反垄断法、反倾销法、外汇管制法、价格法等。这些法律出台的基本目标是维护本国社会公益，保证经济的有序进行。上述法律所影响的生活领域，也往往与涉外民事法律关系相联系。但是，在适用强制性规定的同时，也要避免出现消极的效果，努力发挥国际私法的积极作用。

其次，强制性规定的理论在我国涉外民事法律关系适用法中占有重要地位。对于强制性规定适用的讨论，社会公共利益是强制性规定的第一要件。司法解释明确列举了强制性规定的内容，主要涉及国家和重大社会利益领域，主要保护三个方面的利益：第一，对弱者利益的保护，例如对占有市场优势地位企业的规制，目的是对中小企业的保护；第二，对我国涉及政治、社会、经济利益的行业进行垄断的行为进行规制，以保证国家和社会正常运转的具体化利益。第三，涉及食品安全、环境的社会公共事务。归纳上述规定，我们可以看到，强制性规

---

[1] 徐崇利："法律规避制度可否缺位于中国冲突法？——从与强制性规则适用制度之关系的角度分析"，载《清华法学》2011年第6期。

定主要涉及以下几个方面：经济法领域的相关规定、民商法领域的相关规定以及社会法领域的相关规定。[1]在上述领域相结合的内容方面，我国著名法学家肖永平教授指出，强制性规定的界定应该要能够维护特定领域的公益，若没有公益之目的，则不能认定强制性规定。王轶教授也提出了自己的观点，强制性规定在我国国际私法理论中虽然可以直接适用，但是也必须要考量在一定的范围内可以维护该领域的社会公共利益，并且在法律规则适用的选择上，强制性规定的适用不能影响其他规定的适用，只是替换准据法对同一事项的相关规定。[2]史尚宽教授对于强制性规定的标准也有着深刻的见解。他认为，强制性规定适用的主要原因是基于政治或者私法公法化、公法私法化或社会化范畴的需要，某种法律关系本应适用的准据法，根据联结因素，确定认定标准。有些学者认为，强制性规定首先应该结合相关的规范，权衡法益之间的冲突，并且要认真考虑立法的目的和价值，保证法律本身的利益。一般情况下，要先考虑大多数人的生命和权益。综合以上的意见，笔者认为，公共利益是强制性规定认定标准的必要条件。[3]无论这种公共利益所涉及的内容是哪一个领域，只要存在就有适用强制性规定的可能。

再次，以民商法领域的学者为代表，我国学者认为应对强制性规定继续做进一步的区分，即将其划分为效力性强制性规定、管理性强制性规定。部分学者对此持有不同的意见。王利

---

[1] 刘仁山："'直接适用的法'之理论与实践问题——兼评中国《涉外民事关系法律适用法》第 4 条"，载中国国际法学会主办：《中国国际法年刊（2011年）》，世界知识出版社 2012 年版。

[2] 王轶："强行法规范及其法律适用"，载《南都学坛》2010 年第 1 期。

[3] 肖永平、龙威狄："论中国国际私法中的强制性规范"，载《中国社会科学》2012 年第 10 期。

明教授认为，在国际私法发展的过程中，在对涉外民商事法律关系的适用进行讨论时，如果涉外民事法律行为要选择适用法律，均需要经过间接的冲突规范指引。另外，《涉外民事关系法律适用法》本身是单边的、间接的法律规范，如果想要在我国的法律中适用强制性规定，就必须依靠法律指引。目前，很多学者对强制性规定的适用标准都没有清晰的界定。他们认为，使用与否必须要与实践情况相结合，通过实践和我国立法中作出的理论总结来确定能否适用强制性规定。但是，涉及强制性规定的领域主要有消费者保护、外汇管理以及垄断行为规制制度，在这些领域可以直接适用强制性规定。

最后，在实践中，如果在涉外垄断纠纷中适用强制性规定，必须要明确强制性规定的适用不能仅限于某一个部门法，它可能涉及多个领域。例如，公司在跨国并购的过程中有可能排挤、威胁到我国企业，破坏我国市场竞争秩序的，可以直接适用反垄断法。如果我国法院在处理案件争议时优先适用强制性规定，很多国家都会采用法律规避制度适用强制性规定。所以，从长远来看，为了能够与其他国家形成互动关系，建立良好的法律沟通，必须对强制性规定的内容作出客观、准确的分析，并且要明确其认定的标准。同时，需要结合具体案件谨慎限定强制性规定的认定标准。

综上所述，明确强制性规定的具体标准，将强制性规定运用于反垄断法中，有利于维护国家和社会公共利益，更有利于我国享有涉外垄断案件的管辖权。

二、强制性规定在涉外垄断行为中适用的范式

世界各国出于维护国家政治、经济、文化和社会公共利益的考虑，在涉外案件中适用强制性规定。在涉外民商事关系中，

强制性规定通常使当事人不能排除该规定的适用，世界各国对强制性规定也有相关的论述。1980 年《关于合同之债法律适用公约》（简称《罗马公约》）第 3 条第 3 款就做出了关于国内法上的强制性规定，明确了该规定必须与国家利益相联系，交易人不能通过选择其他法律而规避该规定。[1]这类强制性规定的内容较为严格，它从根本上限制了其他法律的适用。只有在一国强制性规定的法律规范中仅包含有限的公共利益，并且，只有在与本案有密切联系的联结点的相关因素都与该国有关的情况下，才能考虑通过直接或者间接的方式适用该国强制性规定的内容。2008 年，《关于合同之债法律适用的第 593/2008 号条例》（简称《罗马条例Ⅰ》）又补充了第 3 条第 3 款的内容，即当事人之间不能采用协议约定的方式，从而规避法律规定，替代了《罗马公约》第 3 条的"合同强制性规定"。补充条款说明了当事人不能约定规避强制性规定的适用。此外，《罗马条例Ⅰ》第 3 条第 4 款为防止合同当事人规避欧洲共同体中的强制性规定，对当事人适用非成员国法律的意思自治也进行了一定的限制。由此可以看出，强制性规定通常都会反映各国的公共秩序，因此各国均十分重视，当案件有关的连接因素都集中于一国时，双方协议也不得排除强制性规定的适用。目前，世界主要发达国家都对强制性规定有着不同的认定标准和司法经验，并且强制性规定的研究在国家中出现了不断融合的趋势。[2]以下是典型国家关于强制性规定认定与适用的具体情况。

---

　　[1]　《关于合同之债法律适用公约》（简称《罗马公约》）第 3 条第 3 款："若强制性规定与该国的特殊利益相联系，当事人不得通过合同选择其他法律适用，减损该规定的适用。"
　　[2]　王立武："国际私法强制性规则适用制度的发展趋势"，载《政法论丛》2012 年第 1 期。

（一）德国关于强制性规定的认定与适用

德国关于强制性规定的认定标准在立法和司法实践中对我国涉外垄断案件适用强制性规定具有一定的借鉴意义。德国的国际私法与我国《涉外民事关系法律适用法》相同，也是在总则部分对强制性规定做出原则性论述。[1]1986年，《联邦德国国际私法》对强制性规定做出了规定。该法第34条明确规定，只有在特殊情况下合同才可以直接适用德国法律，这里涉及了直接适用的法。该条款只是阐述了强制性规定作为一般规定的内容，如果合同准据法是本国之外的法律，那么，就不会影响德国的强制性规定。因此，我们可以得出结论，德国强制性规定的适用也必须以排除冲突规范指引为基本要素。探寻该规定的主要目的，要以必要的内国联系为主要条件，强制性规定不受限制地贯彻德国的经济政策、社会政策以及法律政策。[2]从立法的主要背景来看，《合同之债法律适用公约》第7条属于国内条约之间的转化。该条意在说明：适用本公约的条款，如果在某些情况下与该国家有联系，并且适用该国家的法律，无论当事人在合同中是否约定必须要适用某个法律，都应该遵循强制性规定，并且必须要适用该规定，需要通过行为本身的性质、目的，以及适用强制性规定后可能产生的各种法律效果，对强制性规定的标准做出认定。第7条第1款也明确提出，不论双方当事人在合同中是否作出约定，在选择适用其他法律时，都应该首先考察是否可以适用强制性规定。第34条实际上是主动地贯彻与执行对本国利益造成重要影响的法律规范，但并不是消

〔1〕 王楚："论公共秩序保留制度的限制适用——基于国家利益本位向国际社会利益趋向转化的分析"，载《云南社会主义学院学报》2015年第11期。

〔2〕 Ulrich Magnus, in Staudinger BGB Kommentar, 13. Auf! . （2002）, Art. 34 EGBGB, Rn. 2.

极地抵触外国法律。在德国的民法范畴中，通常都是用主动接受和承认的方式执行对本国具有重大战略意义的法律。强制性规定在德国的民法体系中又被称为干涉性规范，它并不仅仅考虑案件的涉外因素，主要目的是通过运用法律手段实现本国经济、社会政策的目标。除了第 34 条的规定外，德国的国际私法理论还对强制性规定有所论述。《民法典施行法》第 27 条第 3 款、[1]第 29 条第 1 款[2]以及第 30 条第 1 款[3]均从不同侧面反映了强制性规定的认定标准。目前，根据普通法院做出的相关判例我们可以看到德国在司法实践领域关于强制性规定的适用。在相关案例中，交易当事人的基本情况是：原告是瑞士的一家银行，它的诉讼请求是要求被告偿还借款，借款的数额是117 778 马克，其中借款附加利息，偿还时必须按照借款数额的7%支付利息。被告是一家资深的税务咨询公司，住所地在德国。1991 年，原告与被告之间签订了贷款协议。根据德国的《柏林促进法》第 17 条的规定，被告将借款中的一部分用于投融资。与此同时，双方还就投融资的本金偿还问题签订了一个

---

[1]　《民法典施行法》第 27 条第 3 款规定："如果在选择法律时，其他事实均只与一个国家有联系，则对另一个国家法律的选择不影响那些依照该国法律不能通过协议而规避的法律规范的适用。"

[2]　《民法典施行法》第 29 条第 1 款规定："对于提供动产或提供服务，而其目的并非为了权利人或说消费者的职业或营利活动的合同，以及为此类交易融资的合同，当事人的法律选择不得导致消费者惯常居所地国法律中的强行规范所提供的保护被排除，只要（1）合同的订立是因在该国的明示要约或者广告所致，并且消费者在该国实施了为订立合同所必需的法律行为，（2）消费者的合同对方当事人或者其代理人在该国接受消费者的订货，或（3）合同涉及货物销售，而消费者已从该国旅行到另一个国家并在当地提出订货，并且该旅行是销售方为了让消费者订立合同而安排的。"

[3]　《民法典施行法》第 30 条第 1 款规定："对于劳务合同和劳务关系，当事人的法律选择不得剥夺根据第 2 款规定在未选择法律时应当适用的法律中的强制性规定给雇者提供的保护。"

资本的本金保险合同，被告将该合同以担保的方式转让给原告，原告基于保险合同中的请求权主张权利。2000 年 12 月 18 日，贷款即将到期，原告向被告主张各项权利，主要涉及了两方面的内容：第一，将贷款的形式转化为年息 8.7% 的不定期贷款；第二，合同要延长 5 年，利息不发生变化，被告要根据合同的规定支付剩余利息。原告在此之后要求被告尽快签约，并且催促被告尽快支付剩余利息，但是被告均未按照原告主张的权利履行相应的义务。根据合同的规定，2001 年 9 月，原告宣布解除合同，并且要求实现保险请求权所获得的利益。被告解释，之所以没有偿还借款，主要原因是原告没有提供真实、有效地解除贷。被告辩称，在该案件中，贷款合同并不符合德国《消费者信贷保护法》的规定，并且在计算年息时候，原来确定的 8.7% 也过高。所以，原告应该返还多余的利息。德国联邦法院在审理该案时，考察关于能否适用强制性规定的条款，涉了德国《国际私法》第 34 条的规定。法院审查认为，该法第 34 条适用于多数国内的强制性规定。因此，笔者认为，德国法院对强制性规定认定标准的判断，要充分考虑其是否是出于维护社会公共利益的目的，这才是考量适用该规定的关键。目前，如果规范的主要目的是保护特定群体，只有少部分是为了实现社会公共的利益，那么即使涉及社会公共利益问题，也不是国际私法上的强制性规定。所以，对国际私法强制性规定的探讨，必须以满足、追寻社会公共利益为认定标准。

由此可见，德国关于强制性规定的认定标准也是从影响本国社会公共利益的角度出发，若涉外垄断行为对本国造成了实质影响，危害到了本国的市场经济秩序，德国司法机关可以根据强制性规定直接适用本国反垄断法。

（二）英国关于强制性规定的认定与适用

英国对强制性规定的适用也为我国强制性规定在涉外垄断

行为中的适用提供了一定的借鉴。在英国早期的司法实践中
（例如根据准据法来认定经营者相互签订的合同的有效性），在
准据法与外国强制性规定之间产生冲突的情况下，法院是否会
否定该合同的效力？如果是交易双方签订的涉外垄断协议，该
协议如果在适用准据法和他国强制性规定之间引发冲突，那么
就有可能适用强制性规定的理论。即便双方当事人通过准据法
可以寻找到适用的法律，同时也可以根据最密切联系原则、公
共秩序等原则选择适用强制性规定。所以，通过这些法律适用
选择，我们可以看出，不论是合同准据法、法院地强制性规定，
还是准据法所属国强制性规定及第三国强制性规定，这些适用
都没有确定的顺序，必须要结合个案情况、强制性规定的限制
性条件，以及法律本身所要实现的主要目的，从而选择适用合
适的规定。

　　由此可见，英国在判断强制性规定能否被应用于涉外垄断
案件时，并不一概而论，而是根据案件的具体情况进行谨慎分析。

　　（三）法国关于强制性规定的认定与适用

　　法国关于涉外反垄断行为适用外国强制性规定的主要观点
是，权衡法院地审判中的利益和外国强制性规定两者之间的利
益冲突，如果不产生冲突。那么可以直接适用外国的强制性规
定；如果产生了冲突，则应该主要考虑法院地当事人的利益。
所以，对强制性规定适用规则的认定，归纳起来要注意两个方
面：第一，涉外垄断行为是否会涉及适用外国强制性规定？这
要根据案件本身的性质进行分析，看是否对他国有实质性影响。
第二，适用外国强制性规定后，会带来怎样的法律后果？对本
国产生何种影响？在司法实践中，为了维护法院地国利益，涉
外垄断行为在选择适用强制性规定时也要充分考虑法院地国的
利益，以及准据法所属国和第三国的强制性规定。

从上述三个国家对强制性规定的认定与适用状况我们可以看出，如果涉外垄断行为对本国产生重要影响，基于国家利益的考虑，涉及社会公共利益，各国均试图通过强制性规定适用本国法。如果各国在适用强制性规定的过程中产生了法律上的冲突与争议，那么就要考虑法院地当事人的利益，同时结合法律的最终目的和涉外垄断案件的情况进行谨慎、具体的分析。

三、基于反垄断法公法性质应当适用强制性规定

强制性规定适用的核心要素是维护社会公共利益，反垄断法通常是国家为了实现竞争政策、维护市场秩序而制定的基本法律规则，对垄断行为进行规制的最终目的是保护大多数消费者的利益，这与适用强制性规定的公共利益条件不谋而合。因此，涉外垄断行为的规制符合强制性规定的适用条件，无需冲突法的指引，当然可以直接适用。在适用时，主要应从以下几个方面进行分析：

（一）涉外垄断行为适用我国强制性规定之分析

首先，从德国、法国和英国强制性规定适用认定的标准和适用的条件来看，世界各国都将社会公共利益与违反强制性规定相联系。得出的结论是：涉外垄断行为适用强制性规定主要看危害行为是否同时破坏了社会公共利益。对于是否破坏社会公共利益的判断，笔者认为，在当下应基于垄断行为是否造成了对市场公共利益的实质性影响。目前，现有行为即使没有形成对公共利益的危害，但是后期对公共利益的损害是可以合理预见的，形成的垄断行为可以适用强制性规定。立法者必须要根据实际情况选择法律适用，如果符合强制性规定适用的主要内容，那么就应该全面衡量案件的情况，做出相应的裁决。所以，只要明确了认定的标准，再结合具体情况就可以对行为进

行判断。但是，必须充分考虑在社会公益的范围内对公益要素的条件和要求进行整合，避免过度保护公共利益，忽视遵循法律的其他方面。

其次，结合我国《涉外民事关系法律适用法》第 4 条所规定的强制性规定，若涉外垄断行为对我国造成了严重的、具有实质性的影响，那么就可以直接适用强制性规定。具体来说，就是不能为当事人排除或者变更的规范，从上文来看，包括禁止性和效力性两种强制规则。我国《反垄断法》的重要目的之一是对境外的限制竞争行为、破坏我国市场经济秩序的行为以及涉及危害国家利益的行为给予规制。此时，能否根据强制性的规定直接适用我国《反垄断法》呢？笔者认为，这当然是可以的。涉外垄断行为本身是破坏市场秩序、违背社会公共利益的行为，属于行政法规禁止的行为，有损国家利益，根据强制性规定的定义，可以直接适用我国反垄断法的条款，排除其他国家的法律适用。强制性规定如果能够与我国的反垄断法相结合，将其引入对垄断行为的规制，则更有利于实现我国反垄断法的域外效力。我国为了能够最大限度地保护国家的利益，对于涉外反垄断民商事纠纷案件的适用，可以根据《〈涉外民事关系法律适用法〉司法解释（一）》第 10 条的规定。可以看出，法律确认了强制性规定的效力，以排除其他国家法律的适用，目的是充分维护我国的社会公共利益。[1]因此，在确认我国反

---

[1]《最高人民法院关于适用〈中华人民共和国涉外民事关系法律适用法〉若干问题的解释（一）》第 10 条："有下列情形之一，涉及中华人民共和国社会公共利益、当事人不能通过约定排除适用、无需通过冲突规范指引而直接适用于涉外民事关系的法律、行政法规的规定，人民法院应当认定为涉外民事关系法律适用法第四条规定的强制性规定：（一）涉及劳动者权益保护的；（二）涉及食品或公共卫生安全的；（三）涉及环境安全的；（四）涉及外汇管制等金融安全的；（五）涉及反垄断、反倾销的；（六）应当认定为强制性规定的其他情形。"

垄断法域外效力的过程中，应根据国际私法关于强制性的规定再次确认反垄断法的效力，如此，在法律保障层面可以充分体现我国对涉外垄断案件管制的决心，也可以更有效地保障我国经济秩序的稳定，保护我国的国家利益和社会公共利益。由此可见，国际私法强制性规定施行的目的是保证我国反垄断法能够有效地发挥其域外效力，使我国执法机关享有对涉外案件的管辖权。无论经营者在交易行为中是否采用了最密切联系原则，或者通过准据法援引其他法律规范，一旦属于强制性规定适用的范畴，就可以自然地排除经营者的意思自治，强制性地排他适用于涉外垄断案件。

对于对我国产生实质影响、损害到我国的社会公共利益的涉外垄断行为，我国执法机关有权运用反垄断法对经营者进行处罚，并且强制性地适用我国法律。但是，反垄断法域外效力本身较为复杂，现在又与强制性规定相结合，因此，涉外垄断行为需要符合强制性规定的认定标准、法律适用的原则与规则，以及执法机关考察涉外垄断案件的目的、意义及密切程度才能适用我国的反垄断法。[1]

对于涉外垄断行为，我国法律对如何适用作出了明确的规定，然而，在实践中，强制性规定仍然会面临在我国反垄断法域外适用过程中能否被别国接受和承认的问题。由于强制性规定本身具有抽象性，所以能否被别国所接受和承认，对于我国的反垄断法规则是一个尤为重要的问题。各个国家为了保护国家主权都难以接受外国反垄断法的域外效力，究其原因，主要是因为我国与外国在经济利益或者市场秩序等领域产生了冲

---

[1] North Cheshire & Fawcett, *Private International Law* (14 ed), Oxford University Press, 2008.

突。[1]

（二）强制性规定适用与国内法的协调

强制性规定在与国内其他冲突规范的协调方面应该优先适用保护性冲突规范。反垄断法的最终目的也是保护消费者的利益。因此，如果涉外垄断行为主要涉及了消费者保护性冲突规范，那么该行为就要优先适用强制性规定。在冲突规范和强制性规定的选择适用中需要考虑，只有在保护性规范适用的法律保护低于国际私法中的强制性规定时，才可以直接适用该强制性规定。除此之外，强制性规定也体现了立法者的目的，为了能够协调强制性规定与内国法，需要对具体案件进行梳理，并且结合法律规范的立法目的、法律规则的发展，以及法律效果和社会发展进行综合判断。同时，随着社会的进步，强制性规定的内容及范围都可能会发生变化，因此，我们必须要运用发展的态度对强制性规定做出判断。在与我国国内法的协调中，也应该遵循上述顺序。

---

[1] 刘璐："强制性规定与反垄断法域外适用的冲突与协调"，载《长江大学学报（社会科学版）》2013 年第 11 期。

第五章

我国反垄断法域外效力的制度设计

我国反垄断法延伸至域外对涉外垄断行为进行规制，体现了我国反垄断法方面的进步，但是，在域外适用的过程中，也会产生一系列问题。本章将结合我国目前的司法现状，从立法、司法和执法方面对域外适用中存在的问题进行剖析，同时从引入国际原则、重构国内反垄断法体系，从加强国际执法与合作的角度有效推动我国反垄断法域外效力适用体系的完善。

第一节　我国反垄断法域外效力的司法现状及困境

我国现行《反垄断法》第2条[1]清晰、明确地肯定了我国反垄断法具有域外效力。[2]目前，国际上并未达成反垄断法的

---

[1]　《反垄断法》第2条规定："中华人民共和国境内经济活动中的垄断行为，适用本法；中华人民共和国境外的垄断行为，对境内市场竞争产生排除、限制影响的，适用本法。"

[2]　曹森林、张婷婷："论我国反垄断法的域外适用制度的完善"，载《金田》2013年第5期。

国际公约，因此为解决涉外垄断行为，发挥我国反垄断法的域外效力显然是明智之举。但是，该条款并没有明确界定境外行为是否包括国外经营者的行为以及是否同时包括国外政府及所属部门的行为。从目前国外的情况来看，该条款显然仅指国外经营者的行为。而政府实施的行为是否正当、合法要由该政府所在国的国内法与有关国际法解决。[1]另外，《反垄断法》第12条关于经营者的定义也并没有对境内和境外进行区分，所以，外国自然人、法人或者其他组织采取的垄断行为均适用我国的反垄断法。[2]目前，我国垄断行为的类型与国际反垄断规制的行为模式也大体相同，所以，我国对限制竞争行为的规制可以与国际上的通行做法接轨，在域外效力适用上，与其他国家的域外效力实施上具有相似性。

自《反垄断法》实施以来，我国商务部十分重视完善配套立法，不断完善经营者集中的反垄断审查法律体系。2016 年以来，我国反垄断法在制度规定上面也有了新的进展。目前，商务部已经制定 1 部行政法规，1 部反垄断委员会指南，7 部部门规章和规范性文件。为了配合立法的有效实施，商务部还制定了7 部办事指南和指导性文件，为当事人提供了明确的指引。[3]自2008 年《反垄断法》实施以来，截至 2015 年 12 月 31 日，发改委大力查处垄断案件。据统计：查处反垄断行政处罚案件 101件、价格垄断案件 97 起。与此同时，工商行政管理机关发布了

---

〔1〕　王先林：《WTO 竞争政策与中国反垄断立法》，北京大学出版社 2005 年版，第 256 页。

〔2〕　《反垄断法》第 12 条："本法所称经营者，是指从事商品生产、经营或者提供服务的自然人、法人和其他组织。"

〔3〕　参见中国世界贸易组织研究会竞争政策与法律专业委员会编著：《中国竞争法律与政策研究报告 2016 年》，法律出版社 2017 年版。

34 件反垄断竞争执法公告。[1]2017 年上半年，商务部针对涉外垄断案件的查处，主要涉及境外企业间并购，该类案件共 67 件，占全部案件数量的 43%；45 件境外与境内经营者之间的并购，这些案件占总数的 29%，同比增长 15%。由此可见，境外并购持续活跃。美国、欧盟、日本企业仍是主要的境外并购主体。[2]境外并购纠纷案件已经成为我国反垄断法发挥域外效力的主要案件来源。在我国的执法机构中，工商行政管理机关负责调查的主要是国内反垄断案件，也涉及部分域外垄断案件，例如"微软公司垄断案"。发改委调查的案件主要是价格垄断案件，其主要涉外案件有，2014 年 5 月"依视路镜片生产企业维持转售价格案"。但是，该案由于证据不足而难以确定是否应该采取域外适用。[3]

此外，2014 年，发改委对日本的 12 家企业做出了处罚，该案最终要求日本相关企业根据我国法律对销售行为和政策进行整改，并对员工进行培训，以使其行为符合我国的法律规定，维护我国企业利益和消费者权益。[4]商务部所处理的涉外垄断案件主要是经营者集中案件。例如，附加限制性条件批准"美国

〔1〕参见中国世界贸易组织研究会竞争政策与法律专业委员会编著：《中国竞争法律与政策研究报告 2015 年》，法律出版社 2016 年版。

〔2〕"商务部：上半年反垄断立案 172 件"，载中国经济网：http://finance. ce. cn/rolling/201707/14/t20170714_ 24212424. shtml，最后访问日期：2018 年 1 月 5 日。

〔3〕"部分眼镜镜片生产企业维持转售价格行为被依法查处"，载国家发展和改革委员会网站：http://www. ndrc. gov. cn/xwzx/xwfb/201405/t20 140529_ 613554. html，最后访问日期：2018 年 1 月 25 日。

〔4〕"日本十二家企业实施汽车零部件和轴承价格垄断被罚"，载中国政府网：http://www. gov. cn/xinwen/2014-08/20/content_ 2737348. htm，最后访问日期：2018 年 1 月 25 日。

百特国际和瑞典金宝公司机构并购案"，〔1〕附加限制性条件批准"谷歌和摩托罗拉并购计划案"，〔2〕这些案件均涉及反垄断法的域外效力。在国际执法合作层面，我国积极参与到中、日、韩，中国和格鲁吉亚，中国和新加坡等竞争政策的谈判中，从而推动各方合作以化解国际垄断行为在国家间的冲突，增强其他国家对我国反垄断法法律体系的了解。但是，在司法实践中，在反垄断法域外效力的承认与执行方面，我国仍然面临一些问题。归纳起来有以下几个方面：

一、涉外垄断行为规制的法律意识不足

法律意识决定法律保护运用的程度。从我国反垄断法的执行情况来看，目前，我国反垄断法域外效力的发挥与其他发达国家相比还存在一定差距。究其原因，利用反垄断法域外效力保护经济发展的法律意识还有待提高，特别是在我国经济发展中，面临的对外贸易越来越多，而反垄断法却仍然以处理国内垄断行为案件为主，对于涉外案件的处理相对较少，但是，涉外案件在影响力及涉案金额方面通常都远超国内案件。自《反垄断法》颁布以来，无论是执法机关还是经营者都逐渐树立起了规制垄断行为、确保市场竞争秩序的法律意识，但是，由于我国在域外的保护意识以及限制竞争行为的立法、执法经验与国外发达国家相比还存在一定差距，对反垄断法域外效力的发挥也未能给予足够重视，所以我国反垄断法域外效力要更好地

---

〔1〕　"商务部附限制条件批准美国百特收购瑞典金宝"，载中国政府网：http://www.gov.cn/jrzg/2013-08/13/content_ 2466376.htm，最后访问日期：2018年1月26日。

〔2〕　"商务部附加限制性条件批准谷歌收购摩托罗拉移动"，载网易财经：http://money.163.com/12/0519/20/81T76EFL00253B0H.html，最后访问日期：2018年1月5日。

发挥作用，需要立法机关，执法机构以及参与经营的企业、个人增强法律保护的意识。此外，反垄断法域外效力未能得到很好的发挥还有一个重要原因是法律思维的引导不够，我国企业应该积极地利用法律保护自身的竞争环境。目前，我国对涉外垄断行为的规定在《反垄断法》中并没有自成一章。2007 年，在制定反垄断法时可能还没有面临复杂的国际环境，基于立法的滞后性，域外效力规定的内容较少。但是，目前涉外垄断行为已经成了国际反垄断研究中的重要问题，所以，如果缺乏加强域外效力立法的意识，立法尚不能有所进步，便会阻碍域外效力的发展。

二、关于域外效力适用的实体性法律规范缺失

我国反垄断法在发展中不断进步与完善，但是从 2008 年颁布至今，仍然没有对域外效力适用规则提出实体性法律规范，以至于域外效力成为我国反垄断法中亟待完善的内容。这些问题主要体现在以下几个方面：

（一）现行《反垄断法》对域外效力的规定过于原则

我国反垄断法域外效力仅在《反垄断法》第 2 条的规定中得以确认，但是只运用效果原则确立了反垄断法域外效力的地位，这种情形很难指导司法实践。如果仅凭借第 2 条效力确认条款的规定，我国的反垄断法难以被应用到具体的限制竞争行为案件中。除了该条款的规定，也再无其他相关的法律规范加以解释。如果仅通过字面意思理解则难以被直接适用在具体的案件中，还需要通过再一次的法律推理才能适用。在一般情况下，只有在规则难以适用的前提下，才会直接适用法律原则，该原则的法律特性、适用范围、遵循的要素都需要执法机关进行甄别分析后才能使用，过于原则化的规定并不能真正解决我国反垄断法域外适用所面临的问题。所以，立法者必须看清目前我国反垄断法的缺失，以推动制定适合的规则体系，进而指导实践。

（二）缺乏对他国反垄断法域外效力接受与承认的具体规定

首先，从现行法律规定来看，我国反垄断法仅确立了本国法的域外效力，但是，对于是否接受与承认他国反垄断法的域外效力却只字未提。我国的立法者和执法者都期望在处理国际限制竞争行为的过程中最大限度地保护本国利益。但是，在国际贸易与合作中，单边主义法律规则有可能会带来难以化解的冲突，反而会降低司法效率。那么，在制定法律时是否要考虑承认和接受外国的反垄断法？笔者认为，鉴于目前没有确定在何种条件下接受与承认他国的反垄断法，我们必须要承认法律规定缺失会给司法实践带来诸多不便。如果我国仅是采取单边主义主张强调我国反垄断法域外效力的适用，而忽视对其他国家反垄断法的采纳，从全球治理的视野出发，这种态度显然是不妥当的。如果外国反垄断法延伸至域外，并且不危及我国利益或者即使危及我国部分经营者的利益，但是属于国际上均要制止的垄断行为，从公平正义的理念出发，可以从最佳法律适用的角度选择适用外国反垄断法的规定，以规制跨国限制竞争行为。

其次，缺乏对他国反垄断法域外效力接受与承认的规定。我国如何在反垄断法域外适用体系中设置承认和接受外国的规定也是目前面临的难题。这主要涉及两个方面：第一，对外国执法机构反垄断调查的接受与承认。我国现有法律没有规定在何种情况下对外国国家垄断行为调查采取协助。并且，目前是三个机构共同执法，这就给反垄断法域外协助带来了困难。另外，外国国家对垄断行为的调查主要涉及证据的收集，如果我国法律规定中没有具体规定，就有可能造成我国执法机关不予配合的问题。但是，如果有详细的规定明确执法机构如何采取配合措施，哪类证据予以承认与接受，则可以提高跨国垄断案件的解决效率。第二，对外国反垄断判决的承认，主要涉及对外国判决的承认与执行问题。虽然国际私法上有相关的规定，但是针对限制竞争领域的问题，其特殊性在于反垄断法涉及公法性质，可能是一国国家利益的体现。在没有具体规定的前提下，针对如何对其承认与执行，我国缺少相关的法律依据，只能凭借司法机关、执法机构的经验进行判断，如果该类型的案件不断增多，每一例案件便都可能需要相关机构重新考察，从而可能会使司法程序更加繁琐。

（三）缺乏涉外垄断行为的证据规则和查明外国法的规则

目前，我国三大机关关于垄断行为的调查步骤还集中针对国内的垄断行为，涉外垄断行为没有具体的规定。但是，涉外垄断行为的调查涉及的范围更广，调查取证的难度更大。归纳起来主要有以下几个问题：

首先，涉外垄断行为的证据取证很可能涉及我国境外，因此取证难度较大。针对此种现实情况，执法部门并未出台相关的取证规则。特别是对于一些涉外证据，若外国相关机构难以提供或者不愿提供，我国如果与他国相关机构进行沟通，采取何种方式对接将成难题。域外取证如果难以实现，是否可以降低证据标准，适用特殊规则，对现有证据进行整合，从而对案件作出定性？这些问题都直接催生出了涉外垄断案件调查的证据规则。虽然涉外垄断行为域外取证规则目前可能被适用得并不多，但是，从国际限制性竞争行为日益增多的趋势来看，有其制定的必要。如果能够在目前民事证据规则的基础之上制定专门的涉外垄断行为证据规则，则可以进一步完善反垄断法域外适用规则体系。

其次，缺乏查明外国法的具体规则。在对外国法院作出的涉外垄断行为判决的承认方面，必须基于对外国法律的了解才能对判决进行正确的认识。但是，目前我国并没有出台专门、具体的规则以查明该行为适用的外国法律。这就给我国执法机关带来了法律适用上的困难。在涉外垄断案件的处理中，由于没有具体的规则程序，仅凭借执法机关自身对外国法的查明，很可能导致办案效率下降。因此，需要给执法机关提供确定的规则和详尽的程序以查明外国法的规则，如此才能更好地理解外国法院对案件作出判决是基于怎样的法律目的。

（四）缺乏解决涉外垄断行为的域外管辖权冲突纠纷解决机制

我国反垄断法适用主要是针对国内垄断行为，涉外垄断行为与国内的垄断行为尽管在实质上并无差别，但是由于还涉及国外的相关因素，因此与国内在行为性质的认定上存在差异。各国的认定以及域外管辖肯定会存在相应的冲突，但是对如何解决涉外垄断行为的管辖权冲突，我国在立法中并未针对此项作出规定。假设我国对化解该冲突有着明确的法律规定，并且以法律的方式确立了主管机关与外国机关的纠纷解决机制，那么就可以为我国反垄断的国际合作打下基础。但是，我国目前恰恰缺乏这种纠纷的解决机制。我国与他国的执法机关只能针对具体的案件进行磋商，没有相应的法律依据作为支撑，可能导致管辖权冲突难以化解，进而引起更为严重的国际争端。

（五）缺乏域外效力适用的配套法律指南

我国《反垄断法》配套法规不全，导致适用原则和规定具有不确定性。如上文所述，我国是以概括式立法模式对反垄断法的域外管辖制度做出规定，若我国境外的商业行为不但对其他经营者构成了限制、排除的影响，还造成了对市场竞争的威胁，我国就可以运用《反垄断法》对此进行管辖。[1]但是，目前我国虽然采用了与欧美国家相类似的适用效果原则管辖，但是，与这些国家相比，我国的法律配套制度仍然是不完善的。特别是对限制竞争行为效果原则的解释，我们并没有在法律层面给予界定。那么，如何在实践中给予认定和排除便是摆在司法实践面前的问题。迄今为止，我国反垄断法域外效力并没有相应配套的法律程序，特别是对一些模糊的概念还没有法律界定。例如，社会公共利益、市场影响和域外性的判断、由哪个执法机构主要负责管辖冲突、遇到管辖冲突如何解决等等。执法机关应该在审查中按照怎样的程序进行认定和查明？在法律实践操作中，如何区分国家利益和社会公共利益？这些复杂的理论性问题对法律的实施均具有重要影响。[2]另外，模糊的立法用语还使得执法机关丧失了确定的标准。特别是对于重点词语的判断，例如"影响较大"，如何确定行为影响的相关市场？即使确定了相关的市场，如何判断影响的程度？达到何种程度才能适用我国的反垄断法？这些问题的提出，实际上需要现行规定做出解释。域外效力的应用实际上对《反垄断法》提出了更高的要求。仅是凭借第2条第2项规定的内容，很难对限制竞争行为是否属于我国管辖做出定论。并且，这个条款如果仅从字面意思理解，涉外限制竞争行为只要影响到国内市场就要适用我国反垄断法。在实际的操作过程中，无论是域外取证还是执行措施的承认与接受都要与外国执法机关沟通，如果丧失立法解释，生硬地与相关国家沟通，有可能会引起他国的立法抵制，或者报复行为。所以，在涉及该类案件时，为了能够有

---

〔1〕 张晨田："试论中国《反垄断法》之特色与缺陷"，载《经济研究导刊》2012年第3期。

〔2〕 戴龙："我国反垄断法域外管辖制度初探"，载《法学家》2010年第5期。

效解决问题，需要颁布配套指南提高法条的适用性。

综上所述，我国反垄断法发挥域外效力的现行法律制度体系不健全带来了一系列的问题。缺乏统一的规则体系导致我国法律适用不一致，而执法依据欠缺的状况更是增加了涉外垄断行为规制的难度。目前，我国难以建立反垄断法的配套制度，实际上削弱了我国反垄断法的域外效力。[1] 所以，配套细则的颁布是更好地发挥我国反垄断法域外效力的关键一步。

三、反垄断执法机构分工不明

反垄断法颁布的十年里，我国反垄断法执法机构由三部分组成，即商务部、国家市场监督管理总局和发改委，这三家执法机构独立对垄断行为进行规制。在实施体制上又根据国务院设立的反垄断委员会组织和指导反垄断工作。我国商务部的主要职责是负责处理经营者集中的案件，发改委和国家市场监督管理总局主要负责垄断协议，以及滥用市场支配地位的案件。[2] 但是，在实践中很难划清三家执法机构的执法界限，特别是发改委和国家市场监督管理总局负责的事项多数都与垄断行为相关联。可以看出，我国反垄断法的整体实施分别由上述三个行政机构组成，但是对这三个机构，并没有统一的机构对之进行管理，三个机构独立处理垄断案件，国务院反垄断委员会仅是作为唯一的指导机构协调执法机构之间的关系。除此之外，其

---

〔1〕　张炳生、蒋敏："技术标准中专利权垄断行为的理论分析及其法律规制"，载《法律科学（西北政法大学学报）》2012 年第 9 期。

〔2〕　2008 年 3 月第十一届全国人民代表大会第一次会议审议批准《国务院机构改革方案》，发布了《国务院关于机构设置的通知》（国发〔2008〕第 11 号）。根据该通知，国务院公布了关于发改委、商务部和工商总局的主要职责、内设机构和人员编制的"三定"（规定职责、机构、编制）方案，明确了三部委关于反垄断法执法的职能分工。

他行业主管部门也对本行业内的垄断行为具有一定指导，所以，我国反垄断实施的机制存在一些问题，这直接影响到了反垄断法的域外适用。主要表现在以下几个方面：

（一）执法机制缺少独立性

多年来，我国的反垄断执法机构容易受到其他行政部门的影响。我国反垄断执法受到行政性因素的影响过多，无论是境内案件还是境外案件都难以独立行使裁决权，其他部门对案件的看法对执法机关的判断会造成一定影响。尤其是在案件中，如果涉及多个垄断行为类型，则可能引发反垄断法实施过程中职责分工不明的问题。同时，省级政府经授权也具有执法权无形中又增加了执法机构的数量。与反垄断法域外效力相关的境外案件主要是由商务部受理，这些案件大多数都是在我国境内有分支机构的企业经营者集中案件。同时，发改委也可查处跨国公司价格垄断方面的案件。可见，多个机构都对反垄断案件具有管辖权，容易受到其他部门的干扰，不利于执法机构独立对案件情况做出判断。基于以上情况，执法机构对涉外垄断行为的审理也有可能受到外界的干扰，从而影响执法效果的实现。所以，有必要提升我国反垄断机构的独立性。

（二）我国现有反垄断执法机构的内部协调不足

我国反垄断法颁布后"三驾马车"的执法体系致使权力行使出现了一些问题，影响了执法效果。在2018年机构改革方案出台前，我国将执法人员同时分布在三个机构，执法权也分别配置。实践中对一个案件进行审理调查，有可能需要对三个机构不断进行协调。目前，我国政府机关已经意识到了这个问题，2018年3月13日已经出台了机构改革方案，合并上述机构中关于反垄断法执法的职能部门，设置统一的国务院市场监督管理总局。但是即便如此，涉外垄断本身可能涉及的标的额大，影响范围广，从而需要多部门联合调查，也可能会出现多方沟通与协调的情形，其中针对部门之间的协调方式、程序还未设置行之有效的细则规定。因此，执法中的内部协调问题仍是当下反垄断亟须解决的重要问题之一。

（三）我国反垄断专门机构准立法功能不足[1]

我国反垄断专门机构以行政功能为主，主要履行的职责包括：调查检查、审查批准以及行政处罚。除此之外，我国反垄断专门机构具备一定的准立法权，但是各国执法机构出台的相关指导意见和暂行办法较少，很难满足当前环境下域外垄断案件纠纷的复杂程度。近些年，商务部出台了《经营者集中审查办法》，用于解决执法机构审查的问题；针对经营者合并的申报问题出台了《经营者集中申报办法》；还出台了《关于实施经营者集中资产或业务剥离的暂行规定》等规定。[2]发改委制定了《反价格垄断规定》，国家工商总局（现国家市场监督管理总局）也制定了《禁止垄断协议行为的规定》。[3]尽管各专门机构都制定了相应的办法和规定，但是仍然存在执法标准不一的情况和界定模糊的地带。而产生的主要原因是专门机构未能及时地行使立法职权。部分学者认为，这是由我国反垄断法律逻辑体系在理解上的差异造成的。[4]

（四）反垄断执法透明度有待增加

目前，涉外垄断案件多呈现出涉及面广、情节复杂的特

---

〔1〕　刘宁元：《比较法视野下中国反垄断法运行机制研究》，法律出版社2013年版，第87页。

〔2〕　林文、甘蜜："2016年度中国反垄断行政执法报告"，载《竞争法律与政策评论》2017年第8期。

〔3〕　刘宁元主编：《比较法视野下中国反垄断法运行机制研究》，法律出版社2013年版，第87页。

〔4〕　李剑："中国反垄断法实施中的体系冲突与化解"，载《中国法学》2014年第6期。

点，需要调查的内容和环节较多、时间较长。我国反垄断专门机构执法透明有利于案件审理工作的开展，也可以提高执法机构的整体效率，增强案件的可预见性，这对指导实践具有重要的作用。

四、欠缺国际反垄断执法与合作

近些年，我国一直加强国际反垄断执法合作，但是多数合作并未形成影响力，我国反垄断国际执法合作主要存在以下问题：

（一）国际合作模式相对单一

虽然我国反垄断法律和政策与许多国家有着深刻的交流和合作，但是主要的合作仍是双边模式，双边合作本身不具有法律约束力，只能作为域外效力发生冲突时的参考，并不具有强制遵守的效力。仅有中美备忘录反映了案件执行合作的内容，但是也是原则性居多、具体操作内容较少。因此，单一的合作模式并不能从实质上解决反垄断法域外效力中存在的问题。欧盟、美国等国家已经建立起了反垄断案件执行的双边和多边模式。所以，我国需要扩充自身的合作模式、加强多边合作，并且积极参与到区域合作中，尽可能通过一系列合作达成反垄断法域外执行中的国际规范。

（二）执法机构缺少统一性使得国际执法合作难度加大

尽管目前我国已经由国家市场监督管理总局反垄断局负责处理反垄断及相关事务，但是十多年来，我国反垄断机构多头执法的模式对国际执法合作的影响深远。三家执法机构各自监管与执法的状态使得我国反垄断法域外适用需要多头对接，缺少统一性。有学者指出三个执法机构可能在案件审理调查、法律政策运用等多方面都存在差异，所以对外国裁决的承认与执行、信息交换、技术援助以及管辖权行使方面的政策和法律统一性都会受到不同程度的影响。[1]并且，从沟通效率上来讲，在多头执法模式下，与外国企业的对接与沟通也可能涉及多个执法机构，多重沟通不但会增加经济成本，也会增加时间和人力成本。2011 年，美国司法部、联邦贸易委员会与我国三家执法机构联合签订了《中美反垄断合作谅解备忘录》，在对该备忘录具体的实施过程中，就面临三家执法机构都要与美国当局进行沟通的问题。现阶段，我国虽然统一了反垄断执法机构，一定程度上缓解了权力分散带来的弊端，但是对于大型涉外垄断案件，国家市场监管总局反垄断局的监管职责毕竟有限，在一些跨国垄断案件的处理中，可能涉及多个相关执法机构，面临不同执法机构之间的冲突与矛盾，从而难以达成确定、统一的意见，这一问题无形中加大了国际反垄断执法合作的难度。

第二节 我国反垄断法域外效力体系的完善

目前，反垄断法域外效力的理论支撑主要体现在国际原则上，通过效果原则和国际礼让原则共同推动反垄断法域外效力的发展。[2]同时，需要引入反垄断法豁免原则，加强国内法体系规则的建立，从而完善域外效力适用理论。

一、严格遵守国际原则

全球反垄断法的制度发展有赖于这些原则的推动作用，所

---

〔1〕 刘宁元主编：《比较法视野下中国反垄断法运行机制研究》，法律出版社 2013 年版，第 373 页。

〔2〕 李乾贵、黄炳蓉："航空公司合并的反垄断法研究"，载《北京航空航天大学学报（社会科学版）》2012 年第 1 期。

以，我国建立统一协调的反垄断法域外效力体系，首先要明确这些原则在推动纠纷解决中的重要作用，并将这些原则运用到实践中，以期在我国法律制度范畴之内形成对涉外垄断行为的有效分析理论。

（一）合理使用效果原则

我国在发挥反垄断法域外效力的作用时，必须与国际反垄断制度接轨，遵循国际统一的原则。效果原则是反垄断法域外效力发展的重要原则，因此，我国应该引入和合理使用效果原则，以便于我国在解决跨国垄断纠纷案件时形成理论支撑，从而维持公平竞争秩序和社会公共利益。

1. 效果原则的法律溯源

效果原则是指如果某种行为发生在一国境外，这种行为对一国境内产生了实质的限制竞争影响，可以适用该国国内相关的法律。在通常情况下，按照传统的管辖原则，一国只能对本地居民或者具有本国国籍的居民享有管辖权。效果原则的特点是不以经营者的国籍或者所在地为标准进行评判，只要对国内的市场产生限制性的影响，顺理成章地会受到国内反垄断法的规制。[1]如果从域外效力的发展对反垄断法体系的影响作用进行考察，尽管对一国产生的效应应该是"直接性"和"实质性"的，但是经过大量的讨论，目前并没有对"直接性"与"实质性"的内容做出任何界定或者概述。但是，运用效果原则至少可以破除传统管辖原则中属人和属地主义的理论，受损害国家能够通过应用效果原则主张权利，这也正是我国引入该原则的重要原因。在反托拉斯领域中，"效果"的学说在美国被普遍接受。虽然这个学说确切的范围还没有被精确地划定，但是

---

[1] 戴龙：《反垄断法域外适用制度》，中国人民大学出版社 2015 年版，第 62～63 页。

欧洲经济共同体委员会也在应用竞争规则方面实质上采用了效果原则。在著名的"美国铝业公司案"中，效果原则首先引入了反托拉斯法，这一观点成了反垄断领域"效果"学说的应用基础，美国铝业公司在反垄断法适用时从本国内的"行为"转变为领土内的"经济影响"（未经领土内发生的"行为"）作为司法管辖的基础。[1]在先前的反托拉斯案件中，被告包括美国公司的案件，在国内发生了一些有效的限制竞争行为，除美国铝业公司外，所有与此类似存在管辖权争议的外国商业判决都全部或部分基于对美国境内产生严重的影响，而受到美国法院的管辖。就外国被告而言，与在美国境内采取经营行动并达成的协议，他们均被认定在美国境内行事或涉嫌行事。[2]但是，在有些案件中，美国反垄断法域外效力就会受到阻却。例如，在加拿大的"国际纸业案"中，加拿大政府就禁止向外国反垄断机关提供相关的证据。[3]所以，效果原则在发展过程中也并不是一帆风顺的。1976年，加拿大直接出台了相关法律，禁止向美国提供证据。[4]尽管效果原则在历史发展中很多国家一开始并不接受，但是，在反垄断法域外适用的发展中，国际垄断行为的数量日益增多，当传统的管辖原则已经不能作为处理案件的理论依据时，就需要制定新的原则，以指导办案法官对限

---

[1] See United States v. General Elec. Co.

[2] The cartel cases explain this argument: See e. g., United States v. Imperial Chem. Indus. Ltd. 100 F. Supp. 504 (S. D. N. Y. 1951); United States v. Timken Roller Bearing Co., 83 F. Supp. 284 (N. D. Ohio 1949), a/f′d. 341 U. S. 593 (1951); United States v. General Elec-tric Co., 82 F. Supp. 753 (D. N. J. 1949); United States v. National Lead Co., 63 F. Supp. 513 (S. D. N. Y. 1945), a/f′d. 332 US. 319 (1947).

[3] See Bruno Zanettin Cooperaration Between Antitrust Agencies at the International Level, Hart Publishing 2002, p. 50.

[4] See J. Atwood and K. Brewster, *Antitrust and American Business Abroad*, New York McGraw Hill, 1981, pp. 102~103.

制竞争行为做出判断。

2. 效果原则对我国实践的指导作用

美国反托拉斯法主张的效果原则对我国判断涉外垄断行为能否适用域外管辖权具有十分重要的意义。具体来说，我国可以借鉴以下几个方面的内容：

首先，关于涉外垄断行为的法律适用选择问题。对于适用《谢尔曼法》，美国的进口或出口必须同时存在意图和影响。如果有效果而没有意图，那么就不属于《谢尔曼法》的管辖范围；如果有意图但没有效果，则认为《谢尔曼法》也不适用。但是，与此同时，有人指出，限制竞争行为不需要违反反托拉斯法的实际意图。事实上，一个外国人可能会在没有充分了解这些法律的情况下违反这些法律，或者在极端的情况下违反，甚至不知道这些法律是存在的。另外，通过效果原则判断限制竞争行为是否属于应该规制的范畴，我国引入该原则，可以借鉴美国的一些判断方法。例如，反托拉斯法的研究报告指出：《谢尔曼法》只适用于对美国人之间纠纷的处理，或与外国公司进行协调，但是如果这些公司对一个国家或者外国的贸易或商业产生了巨大的限制竞争效应，则构成了不合理的限制。所以，我们认为，如果实际上对境内的商业产生了实质性的反竞争效应，即使是单独的外国竞争者之间形成的问题也应该属于《谢尔曼法》的管辖范围。尽管如此，美国的《外国直接投资法》（第二部分）仍规定：如果①行为及其影响一般被认为是犯罪的构成要件；②该行为及其影响通常被认为是构成犯罪的构成要件，则该国对其领土外发生的行为有管辖权，③行为及其影响是规则所适用的活动的组成要素；④在境内的影响是巨大的；⑤作为境外行为的直接和可预见的结果发生的；⑥这个规则不违背发展国家普遍认可的正义原则。综上所述，我们可以看到，通过对效果原则的采纳，限制竞争行为的判断便脱离了传统管辖原则的束缚，所以遵循效果原则不但有利于发挥反垄断法的域外效力，它还是我国形成反垄断法域外制度设计的又一关键原则。[1]

其次，效果原则是反垄断法域外效力遵循的基本原则，但是该原则的适用也是在境外垄断行为达到一定条件下才能够适用的，我国也要禁止其滥用。基于此，我们可以根据效果原则梳理出我国执法机关能否对限制竞争行为进行管辖。总结起来有以下几点：总的来讲，要考察行为对国家的利益的影响，与国家的密切联系程度，包括对外贸易的影响程度与其他国家相比是否较大。应按照以下相关因素进行分析：①考察与外国法律或政策造成的基本冲突；②经营者的国籍，以及所在地区或主要地区；③两国的执行在何种程度上可以达成一致；④与其他国家相比，对国家影响的相对重要性；⑤这种影响的可预见性；⑥与国外行为相比，对境内行为损害的相对重要性。[2]

综上所述，效果原则作为反垄断法域外效力的基础性原则，对构建我国反垄断法域外效力体系具有十分重要的作用。因此，我国引入该原则不但有利于执法机构对涉外限制竞争行为管辖权的认定和判断，还可促进我国与其他国家反垄断法域外适用的接轨。

（二）积极倡导国际礼让原则

反垄断法域外效力发挥的关键是解决执法冲突，那么，遵循国际礼让原则、积极倡导各个国家在该原则范围内化解垄断

〔1〕曹森林、张婷婷："论我国反垄断法的域外适用制度的完善"，载《金田》2013年第5期。

〔2〕Judge Choy relied on Hospital Building Co. v. Trustees of Rex Hospital, 425 U. S. 738（1976）.

行为引发的问题便是解决冲突的第一步。我国反垄断法域外效力的发展必须与国际接轨，目前欧美等发达国家几乎都遵循国际礼让原则，以此作为调整域外效力冲突的准则。因此，为了使反垄断法能够更好地发挥域外效力，我国也有必要遵守该原则。国际礼让原则的目的在于，对一个国家可以凭借国际礼让原则来适用另一个国家的法律。它通常包括积极礼让原则和消极礼让原则。有外国学者对国际礼让原则做出了解释，即一个国家在尊重其本国公民或其他受法律保护的人的权利，并兼顾国际义务和便利前提下，允许在其领土上立法，执行或行使其他国家的司法行为，目的是鼓励法院通过司法规范尊重外国主权，从而有权平衡各种公共、私人和国际因素，以平衡立法、行政和司法的情况。

国际礼让原则作为一种为了尊重外国主权而适用外国法律或限制国内管辖权的法理概念，其学说的使用也有一些实际的理论困难。例如，法院要适用外国法律，但是在先前的判例中并无类似的裁决，因此，涉及主权利益的跨国不当法律行为或不作为行为就可以选择遵循国际礼让原则，这也成了化解主权利益冲突的主要方式，有利于国家接受任何与其自身利益和政治背道而驰的外国法律。[1]所以，目前多数国家都将国际礼让原则应用于跨国案件，旨在调解主权与其法律之间的冲突。[2]国际礼让原则发挥作用主要是解决主权冲突的问题，如果这些法律损害了其他国家的权利，那么就很难赋予任何国内法律一种域外效力。如果对他国反垄断法域外效力的接受有可能损害该国的主权和平等，那么要求承认和执行这些国家的法律，或

---

[1] See Friedrich K. Juenger, "General Course on Private International Law", 193 RECUEIL DES COURS 119, 154 (1983).

[2] Loucks v. Standard Oil Co. , 120 N. E. 198, 201~202 (N. Y. 1918) (J. Cardozo).

者迫使接受他国利益而抛弃自己的利益对任何国家而言都是难以接受的。[1]有学者认为，有的国家可能会禁止在自己的领土内运用一切外国法律，或者承认和修改一些外国的法律，扩大或给予他人普遍的效果。这里的礼让，并不是执法者的礼让，而是国家管理者的礼让。执法者以实现主权意志为目标，它可能会阻碍他国反垄断法的适用，在这个概念下，执法者不会行使礼让。但是，国际礼让原则本身主张的是一个主权国家的执法者可能因冲突中的"共同利益和效用"而适用另一主权国家的法律。这一决定是由每个主权国家自行制定的，这通常以所有国家的利益为前提，而不是只关注一个国家的利益。如此看来，从公平与正义的角度分析，域外法律冲突的基本规则不但要具备现实基础，还要从各国谦让、礼貌的角度进行考虑。国际礼让原则作为打击涉外垄断行为的重要原则，可以在涉外垄断案件的处理中被普遍适用，具有重要的实践意义。[2]那么，国际礼让原则是如何具体被提出并且应用到反垄断法域外效力理论中的呢？对此，笔者将从以下几个方面进行探讨：

1. 国际礼让原则的提出

反垄断法域外适用是由跨国反竞争行为逃避一国反垄断法管辖衍生而来的。国际礼让原则是通过善良尊重、礼貌谦让的原则赋予反垄断法域外效力新的意义，协调各国之间的法律冲突，成了各国反垄断执法机构达成一致意见的理论依据。[3]国际礼让原则是由 1967 年经济合作与发展组织（OECD）出台的《关于影响国际贸易的限制性商业行为的成员国合作的理事会建

---

〔1〕 Yntema, supra note 5, at 9.

〔2〕 刘彤："美国反垄断法域外适用的价值取向及对中国立法的思考"，载《北京工商大学学报（社会科学版）》2010 年第 9 期。

〔3〕 See Bruno Zanettin, *Cooperation Between Antitrust Agencies at the International Level*, Hart Publishing, 2002, p. 183.

议》提出的。[1]该建议书自 1967 年 10 月通过以来，一直受到很多成员支持和频繁使用。[2]建议指出，成员在进行反垄断法调查时，如果涉及他国的国家利益，要履行通知义务。在调查他国的过程中，要尊重他国的国家利益。同时，1973 年经济合作与发展组织（OECD）再次出台《关于影响国际贸易的限制性商业行为的成员国合作的理事会建议》。这次建议反映了反垄断国际合作的积极礼让思想，它主张，一国在提出对外国企业反竞争行为的危害进行处理时，行为发生地国家应当根据本国法对该反竞争行为实施救济。[3]1995 年，理事会建议吸纳双边反垄断合作的成果，更加明确了在反垄断域外效力中合作和协助的重要性，并发布了《积极礼让报告：在竞争法实施中通过积极礼让使国际市场更富有效率》。该报告的颁布，实际上是对积极礼让原则的又一次肯定。

2. 国际礼让原则对我国实践的指导作用

国际礼让原则之所以可以作为解决国际法律冲突的重要原则，其优势主要体现在以下几个方面：第一，一国对境外企业利用本国反垄断法实施反竞争行为，很可能危及他国的政策利益，产生不必要的国际争端。国际礼让原则鼓励内在合作、减少反垄断法适用冲突、尊重他国主权、寻求更为合适的解决办法。目前，执法机关对立法的尊重主要是为了确保司法效力和效率。[4]因

---

〔1〕 OECD, Council Recommendation Concerning Cooperation between Member Countries on Restrictive Business Practices Affecting International Trade, 3 October 1967.

〔2〕 OECD: Report on the Operation of the 1967 Council Recommendation concerning Cooperation between Member Countries on Restrictive Business Practices Affecting International Trade〔C（67）53（Final）〕during the Period 1967~1975.

〔3〕 戴龙：《反垄断法域外适用制度》，中国人民大学出版社 2015 年版，第 81 页。

〔4〕 Consumers Union of U. S., Inc. v. C. P. S. C., 590 F. 2d 1209, 1219（D. C. Cir. 1978），rev'd on other grounds sub nom. GTE Sylvania, Inc. v. Consumers Union of U. S., Inc., 445 U. S. 375（1980）.

此，在冲突法中，这种国际礼让通常是一种司法礼让。但是，
这种司法礼让本身也涉及了国家间的关系，[1]所以，平衡国家
利益是国际礼让原则解决的关键因素。

国际礼让原则在实践中最早被应用在 1976 年"添柏岚诉美
洲银行案"中，该案主要反映了反垄断法适用中的冲突问题。
大致案情如下：1971 年和 1972 年，俄勒冈州的一家合伙公司添
柏岚准备接收洪都拉斯企业 Lima 的木材出口。Lima 发生了经营
困难，债权人美洲银行对其财产执行拍卖，当地工会组织主张
财产的优先权。添柏岚在洪都拉斯成立了两个子公司。但是在
出口木材时，美洲银行阻碍木材出口。[2]添柏岚为了推进这个
业务，只能寻求司法帮助，向加利弗尼亚州法院提起诉讼，声
称美洲银行违反了《谢尔曼法》第 1 条和第 2 条、《威尔逊关税
法案》第 73 条，要求美洲银行承担不正当竞争行为造成的损
失。[3]第九巡回法院认为，在决定是否行使域外管辖权时应该
考虑美国商业的影响程度以及相关国家利益。积极礼让原则首
先要考虑反垄断法执行机构与外国法律或政策的冲突程度，并
且与其他国家相比，限制竞争行为对美国的影响是否达到了显
而易见的程度，或以影响美国商业为目的，这种影响效果是可
预见性的。美国法院对其是否具备管辖权主要是看是否对商业
产生实质影响，并且是否有足够的证据证明影响情况，有充分
的依据对该主体行使管辖权。[4]对于第九巡回法院的判决，添
柏岚表示不服，又向美国联邦最高法院申请再审。1985 年 6 月，
美国最高院裁定不予受理。国际礼让原则在该案中主要体现在

---

〔1〕　Joseph Story, Commentaries on the Conflict of Laws § 38 (1883).

〔2〕　549 F. 2d 597 (9th Cir. 1976), as amended on denial of rehearing and rehearing en banc March 3, 1977.

〔3〕　549 F. 2d at 608.

〔4〕　168 U. S. 250 (1897).

第九巡回法院对外国利益的考虑上。自此，国际礼让原则需要通过两个方面确定有无管辖权，即主要依据"明显的损害或影响商业的目的的程度"和"可预见性"两方面进行判断。[1]

3. 国际礼让原则对域外效力制度完善的再思考

首先，积极礼让原则在推进我国反垄断法域外效力中的应用主要体现在增加反垄断法的双边和多边合作。我国遵循这个原则主要要做到以下几点：第一，在反垄断法域外适用时，对彼此的国家利益给予充分的考虑，特别是从经济全球化各国共同需求的角度来讲，保证良好竞争秩序是共同利益目标。因此，在实现反垄断法域外管辖的过程中，应该考虑域外管辖行为对他国是否造成了损失。从全球治理的角度来讲，如何协调与其他国家之间的关系，使垄断行为受损国通过发挥反垄断法的域外效力从而获得应有的竞争利益成了适用国际礼让原则的主要目的。从积极礼让的角度来讲，国际礼让原则强调的是通过合理程序请求一方国家按照他们国家的反垄断法对损害自己利益的行为进行调查。被请求方通过回应请求方的要求，采取措施遏制领土内的限制竞争行为。被请求方采取积极主动的方式对限制竞争行为进行规制，从而使受到该行为损害的国家获得帮助。积极礼让原则推行的是国家间主动协助，共同实现反垄断法规制，以达到共同利益的目标，实现全球治理。

其次，消极礼让原则主要是考虑本国利益，在不损害本国利益的前提下，对他国的利益给予充分的保护。从这点上来说，目前，我国如果合理地运用消极礼让原则，结合现有的反垄断法实施状况，是较为容易接受的。我国在反垄断法域外管辖中首先要考虑本国的利益，在此之外，应考虑能否采取有效措施

[1] Trautman, "The Role of Conflicts Thinking in Defining the International Reach of American Regulatory Legislation", 22 Onio ST. L. 586, 603~610 (1961).

与他国利益达到平衡。实践中，对消极礼让的应用主要是 1982 年美国《对外贸易反托拉斯促进法》通过立法的形式明确了美国必须对外国贸易或者商业行为产生直接、合理的实质性影响。该法虽然没有明确地指出必须要适用消极礼让原则，但是并没有在反垄断法管辖权问题上禁止对适用国际礼让原则的考虑。但是，域外管辖可能与他国的经济产生冲突，执行行为的救济效果也会对他国造成影响，这些都要根据案件的特定情况进行分析判断，并且需要我国反垄断执法机构与他国进行具体的磋商。我国执法机构要对他国的反垄断法有充分的理解，并且能够通过具体的解释做出选择，但是如何能正确地理解外国法律的效力，这对我国的执法机构又是一个考验。当然，对于这个问题，我们可以借鉴美国执法机构的做法。在美国司法部和联邦贸易委员会于 1995 年修订的《国际经营的反托拉斯实施指南》中，美国联邦贸易委员会和司法部在考虑运用国际礼让原则解决法律冲突问题时，要尽可能地通知行为地执法机关，使其了解即将要行使的法律措施，对于限制竞争行为，行为地国有着更加合理和有效的处理办法，能够同时兼顾两国的利益，美国一方可以暂停行使措施。因此，对消极礼让原则的运用实际上是一种探索，其不同于积极礼让原则要求双方国家及时建立合作关系，其是针对不同案件，请求执法国家对被请求国给予关注。

最后，国际礼让原则最终还是通过平衡国家利益达到合理发挥反垄断法域外效力的目的。各国执法机构在反垄断法域外适用的过程中，若发现国内反垄断法与外国的相关法律形成了冲突，为了使国际法律体制良性运转，需要发挥职能作用，衡量两个国家各自的利益以及共同利益，并选择适用哪一国法律。国际礼让原则目前已经是一国执法机构适用另一国反垄断法的理论依据，在此基础之上也起到了尊重该国主权的作用。同时，法院在对案件进行调查取证的过程中，应该尊重外国的立法和司法制度，协调双方国家的主权，并将国际礼让原则作为法理基础。所以，执法机构要在解决跨国纠纷时充分考虑这些问题。但是，国际礼让原则本身不是法律规则，因此不具有强制约束力，是否应该将其纳入法律规定作为执法机构的义务呢？这显然还需要很长的一段路要走，因此，我国反垄断执法机构只要在跨国反垄断案件的规制中充分考虑国际礼让所涉及的各方面因素就可以了。

4. 我国应在反垄断法中加强对国际礼让原则的运用

国际礼让原则是世界各国冲突法遵循的原则。因此，我国应该在与他国订立双边协定的过程中，对于涉及重大利益的涉外垄断行为，积极吸取礼让原则。从积极礼让原则来看，不但要保障被请求国的利益，还要努力扩大本国执法机构的执法程序，尽量实现国家间的双赢。通过运用消极礼让使得请求国对被请求国履行通知义务，目前，我国的反垄断法域外适用主要是针对跨国并购，也要积极地适用国际礼让原则。如果仅依照传统国际法的基本原理规制垄断行为，多数国家将很难运用管辖权打击涉外垄断行为，不能发挥反垄断法的域外效力。所以，积极的国际礼让原则可以加深与被请求国之间的沟通，尽量减少双方的法律冲突，实现双边合作。但是，我们也必须意识到，在具体的适用过程中，请求国境内的法律可能会与被请求国境内的法律相冲突。所以，积极礼让原则是最理想的状态，想要最大限度地发挥该原则，需要各国反垄断法域外合作的加深，并且在双方的合作中可以明确规定遵循这种原则，并在运用过程中不断修正其缺陷。

二、积极运用反垄断法域外豁免原则

反垄断法域外适用制度虽然有助于维护本国利益，但是应在法律规定的范围内发挥效力。世界各国在《反垄断法》中基本都明确规定了反垄断法的豁免制度，从完善反垄断法域外适用法律体系的角度来讲，我国有必要确立反垄断法域外适用豁免制度。基于此，我国可以引入以下几项原则作为建立豁免制度的基本原则：

（一）国家主权豁免原则

国家主权豁免原则（Sovereign Immunity of State），又称国家管辖豁免原则。它是指一个国家的国家行为、财产不受其他国家相应的司法管辖。非经一国同意，该国的国家行为和财产不被他国法院执行、扣押或者采取其他强制措施。国家主权豁免原则是国家基于公认的国际法原则所享用的当然豁免。在国际惯例中，如果涉外民商事案件的被告是国家，那么国内法院必须要经过外国的同意，否则该国不能受理该诉讼。1976 年，美国的《外国主权豁免法》就对豁免作出了相关的规定，该规定认为享有豁免的主体不但包括主权国家的国家机构，还包括其执行部门。[1] 该原则属于国际公法范畴，同时也可以作为反垄断法域外效力遵循的原则。我国引入这个原则，拓展了反垄断法域外适用的内容，但是，国家主权豁免实际上并不豁免针对政府作为商业主体参与活动所引起的诉讼。部分国家在实践中已经确立了关于主权及其财产不受地方法院管辖的豁免例外。[2]

---

〔1〕 刘彤："美国反垄断法域外适用的价值取向及对中国立法的思考"，载《北京工商大学学报（社会科学版）》2010 年第 9 期。

〔2〕 Doris Carroll, "Sovereign Immunity of Foreign State Enterprises in Anglo-American Courts", *Harvard International Law Club Bulletin*, Vol. 3, Issue 1 (December 1961), p. 43.

英美国家几乎都实行的是有限豁免，如果外国国家政府的行为性质属于商业行为，那么就不能豁免该行为。所以，在对外国政府行为判断的过程中，要从行为本身的性质出发看其是否属于商业行为，进而才能判断是否适用于国家主权豁免原则。

在我国的反垄断法域外适用法律体系中引入该原则的目的在于，明确我国反垄断法域外适用的除外情况，从整体上完善我国的域外效力制度。在英美法系国家，公用企业的组织形式能否适用国家主权豁免原则呢？长期以来，公用企业的活动在某些领域一直被认为是国家政府的行为，其在内部秩序的维持和免受外来攻击的保护方面涉及使用强制性的国家权力。目前，各国可以提供一些基本的服务。这些服务不依赖于国家意志的活动，通常可以从国家与私人的活动中区分出来，私人活动由税收提供资金支持。除此之外，各国经营的银行业务、铁路运输和邮政业务等也是由私营集团支持的活动。然而，在过去的几十年里，政府的活动显著地扩展到以前被认为是私人的领域，这部分的扩张由政治和经济需要决定。这些政府企业所采取的法律形式可能与其产生的原因和所代表的活动有很大差异。像中央政府部门一样，之前的一些公用企业（如邮政、烟酒垄断、铁路等）一般是国家进行资助和控制的。[1]这些企业可以由国库年度拨款，其全部或大部分收入都会缴入国库。它们的长期职员是公务员，其主管由政府部门的主要负责人担任。[2]因此，其行为就可能代表国家行为，它的权力、义务和豁免必须从创设它的法律中得到确认。所以，英美法的相关法令通常明确地

---

〔1〕 Law of April 8, 1946 ff945 -467 Recueil des lois adoptees par l´Assemblee nationale constituante, pt. 1 at 237（Fr.）.

〔2〕 Law of May 17, 1946, L194J67 Recueil des lois adoptees par l´Assemiblee nationale constituante, pt. 2 at 601（Fr.）.

规定,一个法人团体的性质是一个独立的法人实体,可以起诉和被起诉。公共企业的法律形式与私人企业相比,有可能不具备一些法律形式,例如有限责任、资本投资、股份转让等,而是从属于绝对的政府监管和控制,并且依赖于政府的年度拨款。必须指出的是,近年来,英国和美国趋向于将公共企业更加紧密地置于政府框架内,并使之受到中央政府的监督和控制。那么,如果一国的公用企业涉及他国反垄断法域外适用的问题,按照传统学说的观点是,一个主权国家不得在未得到法院同意的情况下起诉国家实际控制的企业。由于国际礼让原则或者国家礼节等原因,管辖权豁免早期被描述为延伸的特权。[1]在这一法律渊源下,国家主权豁免原则是以一个主权国家不服从另一国主权为前提的,如果企业将自己或其主权权利置于另一国的管辖权范围之内,则不得损害他国国家尊严,只能在明示许可的情况下从事行为。[2]那么,一旦构成了垄断状态,造成了垄断后果,如果是私人行为,则直接适用我国反垄断法规制,但是如果是一国国家明示或者暗示经营者的行为属于国家行为,则要重新对该行为进行考虑。[3]目前,各国对外国政府的行为基本都持豁免态度,但是,豁免的范围并没有定论。在反垄断法域外效力所涉及的内容中,外国国有企业的行为是否应该被豁免?这主要看国有企业的行为是否是一国主权行为,如果国有企业从事的商业活动对我国的市场造成了实质性的侵害,仍

---

〔1〕　See Keifer & Keifer v. Reconstruction Finance Corp. , 306 U. S. 381, 390, note 3 (1939).

〔2〕　In the United States the Government Corporation Control Act, 59 Stat. 597 (1945), 31 U. S. C. Sec. 841~849 (1958), provides inter alia that government corporations shall be subject to budgetary and auditing requirements much like those of government agencies.

〔3〕　The Schooner Exchange v. M'Faddon, ll U. S. (7 Cranch) ll6, 137 (1812).

然不能予以豁免。国家主权豁免原则在反垄断法域外效力的适用除外制度中，作为国际法的基本原则在英美国家延续多年，为了能够更好地与国家接轨，使域外垄断调查更有法有据，以该原则作为判定是否对垄断行为具有管辖权的标准也不失为一种积极的方式。任何国家都不能对另一主权国主张管辖权，如果反垄断的执行针对的是外国主权国家，或者强制执行行为可能被认为是不友好的行为，为了能够减少国家间的冲突，我国也应该遵循该原则的基本理念。引入该原则虽然有可能限制我国反垄断法域外管辖的范围，但是，我国按照国际通行的原则实现反垄断法域外调查与执行有利于国家间的共同合作。

（二）外国主权强制原则

1. 外国主权强制原则的概念

外国主权强制原则是指一个国家的政府部门通过强迫本国企业遵守其设置的法律规定，使该企业的商业行为变成了一国的国家主权行为。它是从美国的判例法中演变而来。《谢尔曼法》规定，对于采用外国主权强制原则形成的商业行为，法院不具有管辖权，可以豁免其责任。适用外国主权强制原则要具备两个方面的内容：第一，外国政府强制行为具有合法的性质；第二，一国出口企业的行为虽然违反了他国的反垄断法，但是该行为是由于本国政府的强制导致的。近年来，我国部分企业在向美国法院提起反垄断诉讼时，为了能够增加胜诉的概率，开始以外国主权强制原则为理由提出抗辩。反垄断法规制的是私人主体间的限制竞争行为，如果域外垄断行为是外国国家的意思表示，这种情况就成了国家行为，不再受到反垄断法的规制。由此，外国企业的行为就等于外国国家政府的行为，这种情况就会获得反垄断法的豁免。首先，涉外垄断行为适用外国主权强制原则的前提是：从事实上提供相应的证据，以证明该行为的确是被外国政府强迫的。但是，有两种情况不能适用该原则：第一，该行为仅是外国政府批准的事项；第二，外国政府仅是参与到该行为中却不主导该行为。[1]外国主权强制原则之所以能在反垄断法中适用，关键是如果根据本国的法律制度，认定经营者的行为具有合法的性质，但是该行为在外国法律制度视域下应该受到制约。这就表明，其会在不同的法律规范体系下产生不同的法律效果。如果本国对被告的商业行为进行了限制，但是被告在该国范围内是合法的，那么被告就可以依据该原则提出豁免抗辩。美国通常会依据外国主权强制原则对外国提出的反垄断诉讼提出豁免抗辩。日本、新西兰等国家也都曾运用该理论进行抗辩，并获得了反垄断诉讼的成功。[2]在既往的判例中，美国法院会充分考虑到对经营者的垄断行为是否能够提供确凿的证据，以证明其违反反托拉斯法，并且该行为要有充分的理由证明其是由受到主权国家政府的制约造成的，违反美国反托拉斯法的行为是受制于主权国家的政府行为的。[3]其次，外国主权原则的运用是从美国开始的，它作为豁免抗辩的理由成了保护经营者利益的重要途径，但是从某种程度上说，也成了抵御外国法院管辖的利器，可能会给他国带来损失。外国主权强制原则从美国的判例法中发展起来，并且已经形成了较为完善的理论体系，成了美国域外管辖豁免中的重要原则。但是，中国目前并没有明确引入该原则，这就导致我国在该领域的研究是空白的。基于此，我国可以引入这个原则，并以其

---

〔1〕 刘彤："美国反垄断法域外适用的价值取向及对中国立法的思考"，载《北京工商大学学报（社会科学版）》2010年第5期。

〔2〕 郝建明："从'维生素C反垄断案'看美国反垄断法"，载《中国知识产权报》2013年第5期。

〔3〕 刘彤："美国反垄断法域外适用的价值取向及对中国立法的思考"，载《北京工商大学学报（社会科学版）》2010年第5期。

作为我国反垄断法域外效力豁免的基本原则。引入该原则后，可以借鉴美国的分析和处理方法，以减轻司法实践中运用的难度。运用外国主权强制原则，有以下几点需要注意：第一，反托拉斯法根据外国强制原则对外国国家保护公司的经营行为认定责任。如果该企业的行为属于国家行为，那么被告的行为就不能受到强制惩罚。[1]第二，即使他国没有强制本国企业从事某种行为，但是他国基于对国家利益的考虑仍然可以保护被告。例如，如果是美国企业的利益受到影响，为了保障美国反垄断法能够发挥域外效力，根据美国法律的规定，法院可能会以损害了美国利益为由，争取行使管辖权。[2]美国法院关心的主要问题是国会对该垄断行为在适用外国主权强制原则问题上如何进行限制。美国法院并不关心美国禁止或者允许某些行为是否会对外国利益造成更大的影响，从而引发潜在冲突的问题。例如在"添柏岚诉美洲银行案"中，美国法院应该在确定是否给予外部控制权时，权衡外国国家的监管利益，以及对美国的反托拉斯法的影响。[3]从该案件来看，对外国的礼让和特权的尊重已经成为确定域外管辖权的一个基本要素。[4]

2. 适用外国主权强制原则的要素分析

如果一国政府强制本国国内的经营者从事某种民商事交易，此时就可以依据外国主权强制原则，豁免经营者的责任。1970年，美国法院就在"Interamerican Refining Corp. v. Texaco Mara-

---

[1]　549 F. 2d 597 (9th Cir. 1976).

[2]　For example, the European Economic Community and West Germany. For data on foreign antitrust legislation, see generally Organistion for economic co-operation and development comparative summary oflegislations on restrictive busi-ness practices (1978).

[3]　549 F. 2d 597 (9th Cir. 1976).

[4]　Timberlane Lumber Co. v. Bank of America, 549 F. 2d 597, 607~608 (9th Cir. 1976).

caibo. Inc 案"中确立了外国主权强制原则。我国可以借鉴美国在运用该原则过程中考虑的主要因素：①与外国法律或政策的冲突程度；②当事人的国籍、法人的营业地点或主要营业场所；③与其他国家相比，在美国造成影响的相对重要性；④明确该行为所造成损害的程度或者影响他国的商业程度，以及这种效果的可预见性；⑤与国外的行为相比，在美国境内行为所侵犯利益和造成损害的相对重要性。除了考虑以上因素之外，如果能够查明确属以下三种情况，仍然可以适用外国主权强制原则：①当一个外国主权强制实行贸易时，企业"别无选择，只能服从"；②外国规范本国内的商业行为；③迫使私人企业行为成为外国主权的行为。第一种情况虽然粗略，但是为能否适用外国主权原则进行抗辩提供了最好的支持。第二种情况是基于外国主权对企业管理的义务设定的情况，但是这种情况需要美国法院根据具体情况再次进行认定。对于第三种情况，美国法院的认定就需要权衡各方面利益了。上述因素作为外国主权强制原则需要考虑的主要内容，为我国判断是否应该适用该原则提供了参考，我国在引入此原则时也可以从这几个方面考虑。另外，外国主权强制性最重要的是注重外国监管利益的合法性，关注法院的判决可能会对本国对外关系产生的影响。

那么，我国引入外国主权强制原则，法院在何种情况下会驳回对域外经营者的诉讼行为呢？在伦敦的"阿尔弗雷德·登喜路诉古巴共和国案"中，多名英国最高法院法官认为，国家行为不包括外国主权强制的商业行为，因为其被认为不太可能触发罪责，理由是这些判决不影响外国的公共利益。[1]有些法院认为，有关外国主权行为背后的动机也是十分危险的，它可

---

〔1〕　549 F. 2d, at 607~608.

能赋予以商业行为的表象存在，但是实际上是外国国家主权行为。诸多案件均表明，当一个外国政府所控制的国内运营的私营企业违反美国反托拉斯法时，该企业的行为应该被视为外国政府为了国家目的而采取的行为。[1]美国法院接受了以下的理论：外国主权强制原则提供了抵制承担反托拉斯法责任的理由，如果主权决定体现在合同中，这个决定仅是为了执行计划专门做出的一种法律补救，也可以反映一个主权决定，那么私人的这种行为也可以被视为国家行为。但是，我们也要意识到，虽然国家强制行为表现出了较强的主权利益，但并不意味着干涉这种利益必然会造成对外国主权的不尊重。所以，美国法院认为强制只应该成为相关因素之一。另外，政府对私人限制性的任何解释都表明，本国和外国的监管利益之间存在一些冲突，这些冲突必须得到解决。但是，如果没有任何证据证明私人行为是基于政府支持，甚至任何政府强制的话，便不能运用外国主权强制原则。私人行为因为遵守本国国家的规定，所以不具备触犯他国主权的意图，但是依然可能会对他国产生一定影响。在涉嫌在外国司法管辖权范围内行使不正当行为的情况下，外国主权强制原则并不符合其传统目的，但是要防止对私人诉讼的不公正判定。在该原则之下，外国主权强化作为一种保护手段强调了本国与其他国家之间的管辖权和外交冲突，所以，在反托拉斯法执行的过程中，需要对案件进行特殊的考虑。[2]

---

〔1〕 Timberlane Lumber Co. v. Bank of America, 549 F. 2d 597, 606～607（9th Cir. 1976）；Interamerican Ref. Corp. v. Texaco Maracaibo, Inc.，307 F. Supp. 1291, 1298（D. Del. 1970）；United States v. Watchmakers of Switz. Information Center, Inc.（Swiss Watch），〔1963〕Trade Cas. 77, 414, 77, 456～457（S. D. N. Y. 1962），modfed，〔1965〕Trade Cas. 80, 490（S. D. N. Y. 1965）.

〔2〕 See Conti-nental Ore Co. v. Union Carbide & Carbon Corp.，370 U. S. 690, 705（1962）.

综上所述，我国在引入外国主权强制原则作为反垄断法域外管辖豁免制度的原则时，必须要考虑多重因素，它的运用与国际礼让原则和国家行为原则相比更为复杂，对执法者关于案件的审理和执法者本身的素质都提出了更高的要求。一国政府强制国内经营者实施某种行为，并且享有充分证据证明该行为属于国家行为，那么，就可以根据这种原则豁免其责任。若我国企业要运用此原则作为诉讼的抗辩理由，我国企业也必须充分证明其行为是在国家政府机构机关要求下进行的，只有正确适用该原则才能提高应诉的成功率。此原则作为丰富我国反垄断法域外适用制度的内容，具有重要的历史意义。

（三）国家行为原则

国家行为原则是一种与上述两种原则相类似的豁免原则，其是在英美法系发展起来的国际法学理论。在美国，国家行为原则源于 1812 年的"斯库拉交易所诉门法登案"（The schooner Exchange v. McFadden）。[1]主要是指一国对外国国家行为效力的承认。它主张外国国家的法院无权对另一主权国家领域内的行为进行合法化审查。该原则与上述两个原则一样都属于反垄断法域外效力制度的除外原则，由于与以上原则具有相似性，笔者在此仅作一简要的介绍。国家行为原则是对主权国家的尊重和礼让。从我国的实际情况来看，我国企业从事跨国经营活动，有可能会遇到外国法院的管辖，此时如果当事人主张该经营行为属于国家行为，那么外国法院就无权管辖，可以避免外国法院适用该国反垄断法。所以，从这个角度讲，国家行为原则可以作为反垄断法豁免制度中的原则。该原则与主权豁免原则相似，通常被当事人援引为抗辩理由，外国法院会基于此项

---

〔1〕 Michael J. Bazyler, "Abolishing rthe Ac to safe to Doctrine", 134U. Pa. L. Rev 325（1986）.

原则丧失审判权。该原则从对他国礼让的角度出发，认为法院如果对此类案件进行了审理，则可能会影响到国家之间的外交。通过美国法院的判例我们可以看到，以下行为类型可能构成国家行为：体现国家意志的私人行为、通过美国法院的生效判决、通过国家立法所形成的行政行为、通过地方政府立法所形成的行政行为。[1]申请国家行为原则豁免的主体并不特定，无论是国家还是私人都可以申请。因此，适用国家行为原则需要被告提供充分的证据，用以证明外国法院行使管辖权的目的是宣告外国政府在其主权领域内的官方行为无效。

根据上述内容，我们可以看出，援引国家行为原则必须要满足以下两个条件：第一，相关法规、政策或判决都具有抑制竞争行为的作用；第二，经营者的行为抑制了竞争，但是该抑制行为是由国家机关以及政府机构对经营者进行积极监督造成的。[2]

三、构建国内反垄断法体系

在当今国际反垄断法合作机制还未建立的前提下，如何构建反垄断法域外适用法律体系成了摆在我们面前的重要问题，也是解决涉外垄断行为的关键。[3]从法律逻辑上讲，通过制定法律来调整对竞争秩序产生负面影响的境外行为，并在其主权范围内执行该法律并非易事。除非他国同意，否则一国很难接受在他国主权范围内执行该法律。所以，立法中应该如何做出

[1] 刘彤："美国反垄断法域外适用的价值取向及对中国立法的思考"，载《北京工商大学学报（社会科学版）》2010年第5期。

[2] 刘彤："美国反垄断法域外适用的价值取向及对中国立法的思考"，载《北京工商大学学报（社会科学版）》2010年第5期。

[3] 周后春、屈广清："反垄断法域外适用管辖权冲突之协调——以美德两国法律的比较考察为基础"，载《河南省政法管理干部学院学报》2011年第3期。

规定，执法机构应该如何运用我国的反垄断法，部门之间应该如何协调，怎样能够提高执法效率，进而最终达到域外管辖的目的，需要我们从以下几个方面进行实践。

（一）完善我国立法体系

《反垄断法》颁布已有十余年，我国反垄断工作飞速发展，域外效力的理念内涵、条文规范以及评判标准都吸收了先进的国际反垄断法的发展成果。但是，在法律移植的过程中，引进的大部分都是发达国家的经验和理论，所以我国需要在此基础之上根据我国的特殊性对相关内容进行改良，特别是我国目前的反垄断法域外效力部分仍然需要不断补充和完善。那么，对于反垄断法域外效力的内容应如何进行补充和完善呢？笔者认为，对于这一问题可以从以下几个方面进行探讨：

（1）制定配套的实施细则。目前，我国反垄断法域外效力没有对应的实施细则，给实践带来了诸多不便，所以配套细则的制定势在必行。我国《反垄断法》第2条第2款对域外效力的确认采用的是概括式的立法模式，其立法的内容过于原则，因此我国有必要细化域外效力的相关规定。首先，立法机关应该对第2条规定的内容做出解释说明，明确界定其内涵和外延，提供与之相对应的实施细则。实施细则的制定主要围绕以下几个方面：

第一，修正我国反垄断法中域外效力模糊不清的内容。例如，"实质性影响"的界定。实施细则应该规定影响的范围和影响的程度，影响的范围涉及相关市场的界定。在之前颁布的配套指南中，已经有了对相关市场的界定，但是随着科技的发展，很多新兴产业崛起，相关市场的界定也就更加复杂。因此，在这样的条件下，影响的范围有可能就扩大到不止一个国家。此时，我国有必要对影响的范围做出高度抽象的概括。再比如，在我国反垄断法域外效力的规定中，缺乏对滥用市场支配地位、经营者集中等规则的细化。[1]这些概念的释义不但是反垄断法理论研究的重点，也是域外适用的前提条件。所以，我国在域外效力的体系构建中对含糊不清的理论给予明确规定是完善国内立法的第一步。第二，制定反垄断法域外效力实施细则的指南。目前，我国已经对各项指南完成了起草工作。《关于滥用知识产权的反垄断指南》《反垄断委员会垄断案件经营者承诺指南》《关于汽车业的反垄断指南》《关于垄断协议豁免的一般性条件和程序的指南》《反垄断案件经营者承诺的指南》《关于认定经营者垄断行为违法所得和确定罚款的指南》陆续组织各成员会签。[2]从以上指南我们可以看到，我国已经积极对反垄断法的内容做出解释，但是这些解释基本上都属于国内法的内容，对影响到我国竞争市场秩序的涉外垄断行为并无涉及。从目前国际反垄断的形势来看，我国有必要制定关于规制涉外垄断行为的指南。该指南首先要界定反垄断法域外效力的定义。虽然反垄断法域外效力并不是一个陌生的概念，但是我国立法机关并没有对此给出清晰的定义。所以，对此作出定义是细化规则的第一步。另外，该指南不但要包括对涉外垄断行为认定的标准、审查的程序，还要有各个执法机关管辖的分配、执行的具体程序、与国外管辖权冲突如何处理等内容。如果实施指南能够得到积极落实，我国反垄断法域外效力就可以得到最大程度的发挥。

（2）新增域外垄断案件的审查程序。尽管反垄断法域外效力问题的困难和阻碍总是比理论设计要繁冗和复杂，但是为了

---

〔1〕 杨柏国："从'两拓'合资案看我国《反垄断法》域外适用制度之完善"，载《法学》2009年第9期。

〔2〕 中国世界贸易组织研究会竞争政策与法律专业委员会编著：《中国竞争法律与政策研究报告2016年》，法律出版社2017年版，第11页。

有效地解决跨国性竞争的问题，我们还是要对审查程序做出规定，以提高域外案件的审查效率。我国目前的反垄断法已经出台的规定和指南都集中在行为认定和责任承担方面。但是，域外审查涉及多个方面，所以需要对审查的程序做出规定。基于此，我们可以从以下几个方面进行立法：第一，执法机关对案件审查的时效限制。目前，我国反垄断法审查不区分国内和涉外，但是涉外案件的审查周期明显较长、难度较大，如果进行调查取证，不但要收集域内的证据，部分证据还要在域外收集，而且要涉及与国外执法机关的交涉。鉴于这些问题的存在，在反垄断法域外适用的过程中，有必要增加相应的涉外案件审查程序。不但要对案件的审查时限做出特殊规定，还要适当延长取证的时间，为执法机关提供充裕的时间。第二，审查时各个机关的协调问题。我国目前实施多个机构共同执法的模式，所以我国各个机构之间的协调与分工有必要通过立法的方式明晰。特别是在审查中，若出现部门交叉，哪个部门应该进行主导，哪个部门应进行配合，为了达到最优的法律效果，充分实现各部门的职责，都应该在审查程序的立法中明确规定。第三，统一执法机构的审查程序。反垄断法颁布后，发改委、商务部以及国家市场监督管理总局各自对反垄断行为进行了审查，所以审查的程序均是在机构内部独立完成的，反垄断法域外案件情况复杂、调查取证难度高、审查的内容相对较多，并且需要一个主管机关负责对外沟通，如果没有统一的审查程序，我国各个机关之间审查的范围和事项均不统一，域外案件的定性就会受到极大的影响。所以，建立严格、统一的审查程序有利于对域外案件的判断。第四，审查程序的制定有利于提高案件审理的效率。制定审查程序对弥补我国现有法律空白、补足法律缺口具有重要的意义。从这点来看，审查程序的完善是从程序方面有效推进反垄断国际化的重要步骤。因此，积极改进我国反垄断域外案件的审查程序，提高执法机关对审查程序的重视程度，是我国反垄断国际化的有效路径，也是实现法治化进程必不可少的一步。[1]

（3）增加连接点数量的可选择性，并设计新的连接点，最大限度地争取我国反垄断法的域外管辖权。所谓连接点是指特定的民事关系和某国法律连接在一起的媒介或者纽带。[2]它的主要作用是将不同的对象进行连接，根据连接的各项要素，分析与法律规范所形成的关系，从而确立应该适用何种法律。[3]涉外垄断行为的发生会直接或者间接地影响到我国市场经济利益，所以我们应该拓展运用国际私法中的冲突规范连接点，为执法机构提供各种不同的、相关的冲突规范，以确定域外管辖权，最终实现援引某种法律的目的。伴随着经济全球化的进程，域外垄断行为的连接点也在不断发生变化，通常我们所说的连接点一般是行为履行地、合同缔结地、物之所在地或者居住地、住所地等，但是，其本身是缺乏灵活性的连接点。[4]所以，目前我国可以从利益相关地或者实际损害地等方面对"连接点"进行扩展，从而在一定程度上利用连接点理论来实现我国反垄断法域外管辖权。因此，我国在连接点的运用上，应对其做"软化处理"，增加例如"当事人选择""与事实有最强联系"或者"适用最有利"等连接点，以此扩充我国连接点的范围，

---

〔1〕 ［美］约翰·H. 杰克逊：《国家主权与 WTO 变化中的国际法基础》，赵龙跃、左海聪、盛建明译，社会科学文献出版社 2009 年版，第 35 页。

〔2〕 张仲伯、赵相林：《国际私法学》，中国政法大学出版社 2002 年版，第 50页。

〔3〕 杨利雅："论国际环境责任的私法化"，载《求索》2006 年第 7 期。

〔4〕 张仲伯、赵相林：《国际私法学》，中国政法大学出版社 2002 年版，第 50页。

争取发挥我国反垄断法的域外效力。

（4）探讨有无单独制定反垄断法域外效力法律规范的必要性。建立专门的反垄断法域外效力体系对处理涉外垄断案件有着积极的促进作用。所以，笔者大胆设想建立反垄断法的域外效力法律体系。虽然有学者认为我国《反垄断法》从颁布到现在尚没有形成体系，如果将域外适用的部分单列出来会增加立法的难度。但是从目前来看，制定相关的反垄断法域外效力法律体系具有重要的现实价值。从必要性来说，反垄断法域外效力与国内反垄断法的完善应该是同步的，但是，从反垄断法的发展现状来看，我国反垄断法主要关注国内法规制的部分，域外法律规范很难被提上日程。但事实上，域外垄断行为对我国市场造成的巨大冲击已经与国内企业造成的损失相等或者已经超越了国内垄断造成的损失。反垄断法域外效力法律规范如果能够系统化、法律化，从界定到实施规则，再到责任承担，以及外国反垄断案件判决的承认与执行，形成了一个完整的体系，不但会对我国反垄断域外执法产生重要的指导意义，也会在国际反垄断法域外效力的研究中位居领先地位。那么，如何制定涉反垄断法域外效力的相关规定呢？笔者认为，可以从以下几个方面进行制度设计：

第一，界定反垄断法域外效力的定义。尽管我国在《反垄断法》第 2 条中明确承认了反垄断法的域外效力，但是其定义都是学界的界定，并没有在法律上得以确认，基于反垄断法域外管辖的需要，有必要对反垄断法域外效力给予认定，以保证案件纠纷的管辖属于域外效力的内容，这是对域外管辖合法化的确认。当案件具有涉外因素时，如果从事的限制竞争行为主体是外国企业，那么可以根据反垄断法域外效力的定义对其进行判断，以确定其是否符合我国案件管辖的范围。有一些案件可能涉及涉外限制竞争行为，但是其主体或者行为实施与我国有一定的联系，并没有影响到我国的竞争秩序，从反垄断法的角度来讲，也不能适用我国的反垄断法调查。

第二，我国在反垄断法发挥域外效力的过程中，应规定与他国冲突协调的适用原则。我国《反垄断法》遵从效果原则，但是从案件执行情况来看，与他国产生利益冲突在所难免。所以，考虑到产生冲突的必然性，在建立反垄断域外法律体系时，应当将冲突解决的原则列入其中。在通常情况下，各国之间产生冲突是通过国际礼让原则、双边或者多边的国际合作解决的。在我国的法律规范中，首先要规定冲突产生后，由哪个执法部门负责解决涉外纠纷。由于我国目前是多个机构执法的模式，所以为了能够有效应对国家间的执法冲突，法律可以明确规定让专门一个机构主要负责协调对外的矛盾。根据实践情况，我国目前并没有在法律规范中明确规定由哪个机构应对冲突，因此，以立法的形式对其进行确认，更有利于解决冲突。其次，明确列入解决国际冲突的原则以及原则适用的步骤。对于国际礼让原则的适用，由于其本身来源于国外，所以在适用中没有明确、统一的标准，只能根据国外判例，再结合我国的实际情况，明确适用统一的标准。同时，要分析在何种情况下可以适用，并且在适用时应该注意什么问题。

第三，确定反垄断域外行为调查的启动程序。目前，反垄断法域外调查的启动程序主要是以私人诉讼为主，程序启动需要满足相应的审查条件。笔者认为，在反垄断法域外效力规范体系中，由于域外行为审查的难度要比国内垄断行为审查的难度大，所以应该明确域外审查的条件，不能同国内的审查一概而论。对于域外审查的问题应该做出特殊的规定。例如，在审查内容方面，除了与国内垄断行为相同的审查，还需考虑法律适用中所涉及的外国法查明，垄断行为发生地、结果地不同对行为定性的影响。

第四，责任承担、判决承认与执行的问题。发挥我国反垄断法域外效力的最终目的是适用我国反垄断法从而对损害我国利益的限制竞争行为给予规制，要求其行为主体承担相应的责任。所以，在域外效力体系的建设中，最终还是要落实到责任的承担。因此，规范体系应该对域外主体的责任也进行细化，其中包括罚款的数额、对我国企业或者造成侵权是否可以适用我国的《侵权责任法》。这些问题都应该在责任体系中体现，通过完善法律规定，提高司法效率。

从以上几个方面的内容来看，我国应修正反垄断法域外效力中含糊不清的内容，完善审查程序，通过增加连接点的数量以争取我国的域外管辖权，并且通过探讨有无单独制定反垄断法域外效力法律规范的必要性来完善我国的立法体系。由此可见，我国反垄断法域外效力从确认到法律适用再到责任承担，均需要一整套法律规定指导司法实践。

（二）强化反垄断法域外执法力度

近些年，我国反垄断执法部门越来越重视对域外垄断行为的规制，但是与发达国家相比还比较薄弱，执法力度有待加强。主要可以从以下几个方面提高：

（1）我国可以借鉴欧盟的执法模式，对我国的执法机构进行改革。欧盟委员会设置独立的反垄断法执法机构，我国执法机构的职责可以参照欧盟的模式，要求执法机构不但享有行政权、立法权还有准司法权，并且还要对执法机构的权力进行划分。欧盟执法机构本身享有绝对的独立性和权威性，这也是我国执法机构不断改进的重要一点。目前，虽然我国职责有所分工，但是仍然会遇到交叉，所以我国各个执法机关应该明确自身的职责范围。我国的执法机关不仅要处理反垄断调查，还有其他的行政职能，需要处理其他事务。因此，明确各个执法机构的反垄断法职责，避免与其他行政职责相混淆，按照法律规定的职责履行义务才能保证反垄断法的有效实施。

（2）调整目前我国反垄断执法机构设置，理性定位各个机构职责。多年来，我国反垄断执法机构的设置成了我国学者一直探讨的问题，多数学者均呼吁采用单一执法模式。目前，我国在最新的执法机构改革方案中已经明确提出由三个执法机构共同执法的模式。2018年3月13日，十三届全国人大一次会议第四次全体会议明确提出了国家机构改革的方案。方案提出组建国家市场监督管理总局，将国家工商行政管理总局的职责、国家质量监督检验检疫总局的职责、国家食品药品监督管理总局的职责、国家发展和改革委员会的价格监督检查与反垄断执法职责、商务部的经营者集中反垄断执法以及国务院反垄断委员会办公室等职责进行整合，组建国家市场监督管理总局，作为国务院直属机构。由此可见，我国三个机构分立的局面会随着方案的实施而被统一执法机构取而代之。笔者认为，执法机构的合理化是发挥反垄断法域外效力的首要保障。反垄断执法最终的归途仍是单一的反垄断执法机构模式。[1]执法机构必须经历自上而下的革新才能有效地克服反垄断域外执法中的问题。在实施新的机构方案以后，我国可以通过借鉴德国与美国的模式，对执法机构做出相应调整。[2]

首先，借鉴美国反垄断机构的设置规则。美国是由行政机

---

〔1〕 John E. Lopatka，"Missed opportunity：The Enforcement Recommendations of the Antitrust Modernization Commission"，New York：The Antitrust Bulletin，2008，p33.

〔2〕 "最全国务院机构改革方案：附详细名单及职责"，载新浪网：http://news. sina. com. cn/c/nd/2018-03-13/doc-ifyscsmu9523019. shtml，访问日期：2018年3月13日。

构、司法机构形成统一的整体，共同对反垄断行为负责。[1]其中，联邦贸易委员会和司法部共同组成联邦政府反垄断机构。联邦贸易委员会通常由5名委员共同组成，主要负责对限制竞争行为的专门审查工作。这5名委员由总统提名，任何人不得随意对其予以撤销，保证了委员会成员不受行政干涉和影响，并且委员会主席也是由总统亲自在委员中任命，任职期间不能从事其他工作。联邦贸易委员会作为美国经济体系的重要组成部分，基本目标是维护强有力的竞争企业。联邦贸易委员会的职责是根据法律、公共政策的多样性来阻止自由企业被扼杀，从而大大减轻被垄断或限制贸易束缚的状态，或者被不公平、欺骗手段所篡改的贸易行为。[2]简而言之，联邦贸易委员会主要是保持竞争的自由和公平。在大多数情况下，主要负责咨询意见、贸易监管规则，并通过发布指导方针完善法律制度，一些合伙或公司违反了一项或多项法规也由联邦贸易委员会管理，对于垄断案件通过命令的形式进行处理。[3]在此机构之下，美国联邦贸易委员会还下设有具体的执行机构，例如在各个地区设立地区办事处，及时与中央政府进行对接；设立消费者保护局，及时处理消费者的投诉举报以及影响到消费者的垄断案件。同时，还有竞争局、经济局、政策发展局等。[4]反垄断机构赋予了联邦贸易委员会若干职责，通过行使职权对限制竞争行为进行规制。其主要职责有以下几个：第一，行政职责。联邦贸易委员会的行政职责主要是收集经营者的相关资料，调查垄断

---

　〔1〕　曹友成、谢铁山、赵永奇："论我国反垄断机构的设置与完善"，载《郑州轻工业学院学报》2008年第3期。

　〔2〕　United States Government Manual, 1974, 486~487.

　〔3〕　National Technical Information Service, 5285 Port Royal Road, Spring field, VA 22151.

　〔4〕　American Bar Association, Section of Antitrust Law, State Antitrust Laws (1974).

行为，与其他政府机构建立联络，并负责收集国务院、商务部、国防部、劳工部以及外国运营管理部门和其他反托拉斯机构的意见。[1]并且，对已经造成垄断状态并且有可能形成垄断结果的企业发布禁令，同时听取相关方的理由，要求其提供自证的证据，确有需要时可以传唤证人到场。[2]第二，联邦贸易委员会可以提起诉讼。联邦贸易委员会有权根据当事人的请求对垄断行为中涉及民事诉讼的部分提起诉讼。第三，联邦贸易委员会行使准司法权。联邦贸易委员会有权对案件像法院一样进行审理，其审判程序和规则都遵循法院的具体流程。第四，联邦贸易委员会还有行使准立法权的权利。这主要是制定一系列对商业行为具有指导意义的、具有法律效力的规则和命令。

我国可以吸纳美国司法部的特点，用以完善我国的反垄断法机构设置。目前，美国司法部类似于我国的法院，其功能和职责也十分类似。1933 年，美国在司法部设立反托拉斯局，具体负责针对反垄断的指导、调查和诉讼工作。在反托拉斯局的人员构成上，其不但吸纳了部分国家公务人员，还有部分律师和经济领域的专家，并且律师占比较多。[3]另外，反托拉斯局在地方也设立了多个办事处。它的主要职权体现在以下几个方面：第一，法律指南的编写工作。反托拉斯局可以根据国内垄断行为的现状，对一定领域（例如知识产权、企业并购、市场经营集中等）进行指导。第二，反托拉斯局具有调查权。它可

〔1〕 T. Lindstrom and K. Tighe, Antitrust Consent Decrees, Voluntary Antitrust Compliance: Analysis and History of Justice Department Consent Decrees (1974).

〔2〕 American Bar Association, Section of Antitrust Law, Antitrust Law Developments (1975).

〔3〕 胡艳秋、宋国栋：“从美国经验看我国反垄断执法机构的完善”，载《黄河科技大学学报》2011 年第 1 期。

以在法院的协助下，对涉嫌垄断的企业和自然人进行调查，或者通过法院取得调令，对当事人行使传唤权利。第三，反托拉斯局还有起诉权。反托拉斯局和联邦贸易委员会都具有起诉权。反托拉斯局可以根据案件的性质提起民事诉讼或者刑事诉讼。并且，反托拉斯局可以根据垄断行为的程度、影响的范围等情况提出意见，尽量在短时间内消除垄断带来的不良影响。第四，反托拉斯局还可以提供咨询建议。

其次，借鉴德国的反垄断机构设置规则。德国的反垄断机构设置是由联邦卡特尔局、州卡特尔局负责本州内部的卡特尔行为，反垄断委员会的主要职责是提供咨询意见。[1]德国的反垄断委员会的职责与我国反垄断委员会相类似，都仅是咨询和指导反垄断相关事务，但是并没有强制约束力。从对加强反垄断域外合作来讲，由于缺少约束力，所以其不能发挥实际的作用。与反垄断委员会不同的是，德国联邦卡特尔局的职能更具有准司法性，通常具备司法机关的特征，它的权力范围较大，并且主要负责人在聘用制度上都是终身制，以保证权力行使的独立性。[2]它主要负责针对企业兼并的监督和审查、价格垄断案件、不同州之间的限制竞争，以及对结构性卡特尔情形的处理。卡特尔局不但可以进行罚款，还能收缴因违法行为造成的垄断后果所产生的收益。

综上，通过上述对美国和德国反垄断执法机构的分析我们可以看出，这两个国家的反垄断机构都具有很强的独立性，在审理、调查和指导中不受其他机构的约束，并且执法人员的配

---

〔1〕 杨建启、傅丽萍：“专门反垄断执法机构——我国反垄断执法机构设置的选择”，载《湖北经济学院学报（人文社会科学版）》2006年第6期。

〔2〕 刘旭：“大部制改革背景下反垄断委员会职能完善与反垄断法实施机制改革：欧盟与德国经验之借鉴”，载《经济法论丛》2013年第1期。

备也是选择多类型人员，不仅是政府机构的公务人员，还有专业人员的参与，更有利于开展反垄断调查。[1]美国和德国的层级划分、机构分工协作、职能权限都有清晰的定位，我国目前可以通过借鉴这两个国家职能部门的设置情况，对我国现有的职能部门进行内部协调和调整，使得我国对域外垄断行为的处理更加高效。[2]具体来看，其对我国的借鉴意义可以被归纳为以下几点：

第一，在反垄断执法机构设置方面，我国在反垄断法初期采取的多头执法模式虽然存在弊端，但是如果运用得当，对执法活动的权限和范围得以控制，尽量避免权力交叉和重叠，也有其优势。它最大限度地避免了由统一机构所带来的权力过度集中、一人独大的问题。现在我国在反垄断法域外执法中通常也是由一个机构负责，其他机构参与配合。所以，尽管这种多元格局会给反垄断执法带来冲突，但是考虑到目前的状况，这种模式如果能正确发挥其作用，也不失为一种积极的执法模式。第二，美国和德国十分注重反垄断法执行机构的独立性、权威性。[3]上述各国的反垄断执法机构部门之间相对独立，不受其他机构干涉，特别是行政机构的干涉。各国的执法部门能够独立执法，多数执法机构人员依照规定都享有较好的待遇，不被随意任免，这为执法人员提供了良好的执法环境，不会因违背个人利益或者集团利益而被免职。并且，这些国家执法机构的经费由财政统一划拨，资金上也不受限制，使得执法机构能够

---

〔1〕 孙博："德国企业合并控制中的'公共利益'——对我国《反垄断法》实施工作的启示"，载《中德法学论坛》2011 年第 1 期。

〔2〕 张炳生："论我国反垄断执法机构的设置——对现行设计方案的质疑"，载《法律科学》2005 年第 2 期。

〔3〕 程艳："中国反垄断执法机构评析"，载《四川行政学院学报》2008 年第 6 期。

积极执法，有充足和宽松的条件对域外垄断行为进行调查，并与其他国家的反垄断执法机构对接。为了能够赋予反垄断执法机构权威性，这些国家都以法定形式赋予了反垄断执法机构较高级别，并给予执法机构人员独立行使权力的能力，从各个方面都保障了执法机构人员的顺利实施。目前，我国反垄断执法机构人员与上述两个国家机构人员相比，都是部门独立，因此在反垄断机构建设中，为了能够更好地提升执法人员的积极性，保证反垄断法域外调查能够得到有效实施，可以加强对执法人员的保障，以保证执法顺利进行。在美国，除法定原因，联邦贸易委员会中的任何人都不能撤销执法人员的职务。[1]同样，在德国，直接由法律规定对反垄断执法人员的任免。《反对限制竞争法》第 24 条也提到，联邦卡特尔局独立执法，不受其他干涉。在人事任命方面，其通过联邦经济部提名，经内阁同意后，由总统任命。从任命的程序来看，德国政府也十分注重反垄断执法人员的独立性，为其提供了独立的执法环境。联邦卡特尔局本身独自处理案件，不受联邦经济部的影响。第三，从执法机构设置方面来看，反垄断执法机构采用多元设置，部门结构相对复杂，运行机制也相对复杂，所以需要建立更为科学和及时、高效的执行制度，以确保反垄断域外调查能够很好地开展。在新的改革方案执行实施之前，我国机构执法可以互相制约和监督。所以，在最新的机构改革方案中，设置统一的反垄断机构，也必须遵循基本的客观规律，以科学原则为基础。[2]第四，从专业性角度讲，全球经济一体化后，垄断行为将会跨越国境，

---

〔1〕 R. W. Ackerman, *The Social Challenge to Business*, Cambridge, Mass: Harvard University Press, 2000, p. 44.

〔2〕 葛庆敏、葛晓格："我国反垄断执法机构设置及完善探讨"，载《现代商贸工业》2013 年第 14 期。

并且需要更多具有专业知识的人去承担调查任务，美国的反垄断调查机构吸纳了许多具有丰富经验和专业知识的人才，设立竞争处和经济处两个职能部门，聘任律师和经济学相关专家。德国是由法律和经济相关专家组成联邦卡特尔局。日本是由法律和经济专家组成公正交易委员会。所以，在我国的执法机构中，也可以选聘一批具有专业知识或者在某一领域具有经验的人才协助执法机构做出及时、有效的判断。[1]笔者认为，我国应该对反垄断执法机构的管辖和职能给予理性的定位，通过对其他国家执法设置的学理思考，解决域外执法职能相互交叉的问题，尽可能加强机构之间的沟通与合作，同时保障各国机构也能独立、高效地开展域外反垄断调查工作。[2]

（三）增加涉外垄断行为的民事救济途径

涉外垄断行为的民事救济途径是指受害者为了维护自身合法的利益，以涉外垄断行为人违反反垄断法中有关民事关系的实体规定为由，向涉外垄断行为人请求承担责任。[3]域外反垄断法的实践证明，仅依靠公共执法力量解决跨国垄断纠纷是远远不够的，因此需要在通过民事救济途径鼓励更多的受害人维护自身权益的同时提高我国反垄断法的执法效率。

1. 引入民事救济途径的法理基础

首先，在反垄断法中引入私法自治程序通常是为了弥补反垄断法私法的不足。19 世纪末期，民法作为私法中的重要法律起到了至关重要的作用，但是在调整市场经济关系的过程中，

〔1〕 石英、袁日新："金融危机背景下的反垄断政策分析"，载《经济法论丛》2010 年第 1 期。

〔2〕 徐晓松："论垄断国有企业监管法律制度框架的重构"，载《政治与法律》2012 年第 1 期。

〔3〕 胡晓颐："浅谈反垄断法民事救济制度的完善"，《法制与经济（中旬）》2011 年第 12 期。

其很难对社会经济秩序进行有效调节。特别是《合同法》诞生后，当事人双方通过合同自治的原则形成联合，最终形成了市场的垄断地位、危害社会公共秩序时，美国通过《谢尔曼法》规定，垄断行为是在意思自治原则的指引下，经济实力雄厚的市场主体通过信托的方式形成联合，从而控制市场价格，形成地域限制，操纵市场价格。但是，在当时该行为因为没有相应的法律措施规制，所以属于合法状态，从事实上讲，该行为已经对市场经济秩序造成了危害。在民法体系下，通过保护私人的利益以实现法律目的，[1]遵循等价有偿的原则，但是交易双方明显处于不公平、不对等的地位，这样就会造成实质性的不公平，从而会忽视结果的公平性。所以，运用民法调整经济市场的秩序，民法作为私法是以意思自治等价有偿为原则的，其主要保护的是私人的利益。市场经济秩序的维护，需要从公法的角度进行调节，那么民法就显示出了它的局限性。所以，反垄断法的出现就对侵害社会经济的联合行为起到了保护和调节的作用，反垄断法正是对这种自由竞争形成的市场缺陷进行规制。实际上，反垄断法与民法的确存在差异性，反垄断法作为私法所倡导的合同自由、经营自由理念的补充，可以弥补私法对经济秩序调整的不足。

其次，经济法竞争秩序引入私法秩序之必要：反垄断法与民法关系之拓展。通说认为，经济法部门有其产生的基础，它是私法发展到一定程度时应运而生的，私法的调整范围经过修正，产生经济法。[2]从目前法的发展来看，两者之间是互相不重合

---

〔1〕　王玉辉："竞争秩序引入私法秩序之探讨——以垄断协议的私法效力之争为视角"，载《南阳理工学院学报》2012年第1期。

〔2〕　王玉辉："竞争秩序引入私法秩序之探讨——以垄断协议的私法效力之争为视角"，载《南阳理工学院学报》2012年第1期。

的促进关系。其中，反垄断法兼具公法的性质，从市场公共秩序的角度出发，民法从调整私益的结果出发，两者同时对市场秩序进行保障，形成有效的私法秩序和竞争秩序。同时，民法也可以对反垄断法起到补充和协调的作用。如果对市场经济秩序进行划分，就可以分为财产秩序和竞争秩序。财产秩序是民法规制的主要内容，它是指民法通过禁止滥用权利、公序良俗等原则对市场主体进行规制，通过所有者的意思表示，进行财产转移，同时追究侵权人的责任，实现对受害人的损害赔偿。[1]竞争秩序主要是指以竞争的方式，实现财产转移的目标。该秩序主要是通过实施禁止性的规定，以及反不正当竞争法的规定实现的。

最后，维护市场经济秩序，实现法律保障，需要注重反垄断法和民法之间的协调作用，两者的视角是从不同侧面对市场经济进行保障。反垄断法的制度体系是为了保证自由竞争的秩序，保证财产转移的秩序，有效规制滥用市场支配地位、垄断协议和经营者集中行为。民法本身属于私法范畴，物权法、债法均属于民法中重要的两方面，物权法通过保证私人财产权利对垄断行为的受害人给予保护，受害人可以通过民事诉讼救济方式保证财产所有权归属明晰。债权则保障财产流转的公平和自由。自由、公平竞争不仅是民法所维护的公共秩序，也是反垄断法产生的主要目的和意义。由此可见，竞争秩序不仅是反垄断法所倡导的，也是民法所倡导的法秩序原则。反垄断法所提倡的市场公平竞争秩序也是民法私法秩序所追求的价值理念。市场竞争秩序是从公法的角度对垄断行为进行规制，它与私法秩序的互相协调实际上是为了更好地保护消费者利益，也是为

---

[1] 王玉辉："竞争秩序引入私法秩序之探讨——以垄断协议的私法效力之争为视角"，载《南阳理工学院学报》2012年第1期。

了更好地实现竞争秩序。例如，交易双方签订了垄断协议，在私法上，该协议认定是有效的，但是在公法上则存在违反反垄断法的风险，这就导致了同一个法律行为的有效性在私法和公法的层面存在矛盾，那么财产流转秩序所依赖的自由、公平的竞争环境被打破后，就很难得到有效维护。私法的主要目的是遵循个人主义、自由主义，若能将竞争秩序引入到民法的私法秩序中，在此基础之上就形成了以私人所有权和合同自由的双重市场经济秩序为基本原理的法律价值体系。特别是对违法行为的处理，国家机关一般只是间接地对其进行监管，不直接处理市民社会的问题，而只是通过意思自治的途径，对当事人的关系进行调整。经营者若受到现实侵害，就必须通过民事诉讼的途径向法院寻求私法救济。民事诉讼法通过这种方式保障经济秩序，解决由市场自发性、逐利性导致的各种风险，弥补反垄断法的不足。因此，从这个角度来看，为了规制限制竞争行为，必须要借助国家宏观调控的经济法（特别是市场秩序法）进行调节。在经济环境下，反垄断法作为主要依据不能孤立地存在，必须依靠民法的共同作用相互协调。

2. 建立民事救济途径对解决涉外垄断案件具有重要作用

首先，民事救济制度有助于受害人维护自身利益。涉外垄断行为可能影响到各国受害人，所以可以通过向法院提起诉讼的方式，寻求民事救济，[1]受害人通过提起民事诉讼（例如以侵权为由提起诉讼），向行为人主张民事损害赔偿，要求其承担民事侵权责任，从而停止侵害、恢复原状、赔偿损失等。私人提起诉讼补充了公力救济的不足，从保护私人利益的角度来说，更加直接和明确。因此，民事救济途径比公立救济更加能保护

---

[1] 胡晓颐："浅谈反垄断法民事救济制度的完善"，载《法制与经济（中旬）》2011年第12期。

消费者的利益。其次，民事救济途径有助于更好地发现涉外垄断行为。我国反垄断法执法机构监管的范围较广，域外方面的监管与执行力度都较弱，但是，域外垄断案件的数量却显现出了不断增加的趋势。特别是对于附加条件销售、强制交易、拒绝交易等滥用市场支配地位的跨国垄断行为，受害人更容易发现违法行为，并且受害人因为直接受到垄断行为的损害，所以更容易收集证据、提供资料，有助于执法机构对案情做出进一步调查取证。再次，民事救济途径有助于配合涉外垄断案件的调查。因此，受害人若能通过民事诉讼的途径对垄断行为实施的经营者提起诉讼，则从私人角度对经济行为实施了监管。公力救济的范围较广，民事救济则表现得更为具体，受害人如果针对同一涉外垄断行为提起诉讼的人数较多，那么就可能发展为群体事件或者集体诉讼。这也与涉外垄断的危害相同，即侵犯了多数人的利益。受害人在维护自身利益的同时，其实也赋予了其民事监督的责任和权利。

3. 民事救济途径中的侵权规则应用

（1）反垄断法与侵权责任法竞合对民事责任承担机制的影响。反垄断法与侵权责任法法条上的竞合对民事责任的承担有着直接影响，从法律要素的角度分析，主要体现在以下几个方面：

第一，从法律关系的主体来看，《反垄断法》中垄断行为的构成主体涉及经营者，它主要包括自然人、法人和其他组织，不具有法人资格的民事主体也可以构成经营者。但是，《侵权责任法》对经济行为的侵权责任主体的法人资格问题未做出明确的规定。因此，市场上的主体存在多种多样的形式，经营者如果具有独立的意思表示，能够有独立的行为能力，并独立承担责任，则可以作为侵权责任的主体，适用《侵权责任法》的规定。所以，即使《侵权责任法》没有能够明确规定限制竞争行为是否能够适用侵权责任法，但是从法律推理的角度讲，该主体同样符合侵权法的规定。《反垄断法》第 11 条明确提出了行业协会的概念，行业协会在经济法中起到尤为重要的作用。它是指导行业发展、形成行业规范化运营的重要组织。其作用在于引导经营者在法律规范的范围下开展竞争，加强行业自律。有些行业协会为了达到行业保护的目的，组织经营者达成协议，从而使得经营者形成垄断的状态。这种行为涉及行业协议是否可以作为垄断行为的责任承担主体，也涉及侵权责任主体承担的问题。行业协会组织经营者达成垄断协议，与形成垄断的经营者共同形成侵权的民事责任，这种情况的出现使得侵权人应该与经营者共同承担连带责任。无论是垄断行为中的法律关系主体还是侵权行为中的法律关系主体都具有相同的性质，因此同样可以适用侵权法的相关规定。

第二，从法律关系的内容来看，无论是侵权法律关系还是垄断行为限制竞争的法律关系，其主要内容都是一方为了满足自身利益，对另一方造成了损害。对于涉及民事纠纷的案件，当然可以适用《侵权责任法》。笔者认为，《侵权责任法》与《反垄断法》虽然分属于民商法与经济法两大部门法系，但是对于解决经济纠纷的问题并不存在本质上的冲突，法律关系分析的内容也可以从这两个方面进行分析，但是无论适用哪一种法律，从公法上讲，其最终的目的都是要维护市场利益，从私法角度讲是要维护私人的合法权益。即使公法与私法的利益各有侧重，但是初衷仍然是利用法律的强制性与约束性保障权益。由此可见，反垄断法与侵权法两者法律关系的内容是针对不同经济法律关系问题展开的讨论。因此，《反垄断法》与《侵权责任法》是从不同的法律视角出发进行的研究，两者是并行不悖的。

第三，从法律关系的客体来看，反垄断法和侵权法的法律目的是相通的，都是为了保护某种特定的利益。两部法律承载的利益可能有所不同，侵权法主要是保护私人利益，反垄断法是维护市场交易安全与秩序，但是作为承载利益的法律关系客体总是为了获取某种利益。从整体上来说，《反垄断法》与《侵权法》具有相通的地方，因此两者虽然适用的条款不同，但是都是本着解决纠纷的目的，因此两者可以有效地衔接。在诸多的法律关系中，权利和义务指向的对象是行为结果，该行为结果可以作为特定的法律关系客体。该结果本身也可以分为两种：物化的结果和精神结果。商业行为中的交易相对人追求利益实际上是在追求物化和精神上的双重结果。在此情况下分析反垄断法中的问题，也可以将综合的法律关系分解为交易双方形成的法律关系、交易方与消费者之间形成的法律关系，通过多个单向的法律关系寻找客体。[1]在反垄断法与侵权法作用的结果上我们可以看出，他们规制的法律内容不同，这就决定了他们最终的客体也可能不同，反垄断法主要是规制垄断行为，侵权法主要解决民事纠纷，出发点虽然都是以解决问题为前提，但是最终获得的客体都是出于不同定律关系，相应的结果也会不一样，所以这两者之间可以形成衔接，而不是形成冲突的结果。

（2）《反垄断法》与《侵权责任法》的衔接适用。《反垄断法》第50条规定了如果经营者对其实施了垄断行为，并且该行为对他人造成了损害，则要按照法律的规定承担民事责任。[2]2012年最高人民法院颁布的《最高人民法院关于审理因垄断行

---

［1］ 彭义刚："论探矿权的客体——在德国民法理论体系下讨论"，载《国土资源导刊》2006年第6期。

［2］ 杨春华："消费者反垄断诉讼的本源与我国应然之探"，载《现代法学》2012年第9期。

为引发的民事纠纷案件应用法律若干问题的规定》（下文简称《反垄断民事案件司法解释》），对垄断行为引发的民事纠纷问题做出了更为详细的规定。[1]这类案件主要是合同类案件，通常是由合同内容出现纠纷，或违反行业协会章程的问题引发的争议，纠纷的主体包括但不限于自然人、法人或者其他组织。此类案件可以由纠纷主体向人民法院提起民事诉讼。《侵权责任法》第15条规定了8种侵权责任的方式，分别是"停止侵害；排除妨碍；消除危险；返还财产；恢复原状；赔偿损失；赔礼道歉；消除影响、恢复名誉"。[2]《反垄断法民事案件司法解释》第14条也明确提出，被告实施了垄断行为，并且给原告造成了损失，根据原告提出的诉讼请求，以及查明的事实情况，人民法院可以判令被告承担民事责任，停止损害或者赔偿损失等。因此，垄断行为的侵权责任承担的方式主要是停止损害和赔偿损失两方面的内容。虽然《侵权责任法》并没有对垄断行为的侵权责任做出规定，但是在相应的司法解释中，对此做出了民事责任承担的规定，并且在第14条的第2款中明确规定，原告一方通过调查或者制止垄断行为所支付的合理开支的所有费用应计入损失赔偿的范围。在这种情况下，反垄断法与侵权责任法在责任承担的问题上就形成了衔接关系。

目前，我国关于反垄断法与侵权法的适用可以通过"华为诉 IDC 公司案"得到体现。2013 年，华为公司向 IDC 公司提起诉讼，华为公司在起诉状上要求 IDC 公司赔偿现金 2000 万元人民币。深圳市中级人民法院作为一审法院作出如下判决：首先，

---

[1] 杨春华："消费者反垄断诉讼的本源与我国应然之探"，载《现代法学》2012 年第 9 期。

[2] 刘家安："侵权责任方式的类型化分析"，载《广东社会科学》2011 年第 1 期。

要求 IDC 公司立即停止对华为公司实施的侵害行为，这一侵害行为主要是指实施的过高定价和搭售的垄断民事侵权行为。其次，IDC 公司赔偿华为技术有限公司 2000 万元人民币的损失，赔偿的主要理由是原被告双方的当事人都没有能够提供证据证明，因被告方侵权导致原告受到损失或者被告方因为侵权而获取利益的数额的确切证据，并且案件考虑到 IDC 公司否认行为会导致华为公司在国内及美国因为委托律师而产生的律师费用，以及调查、公证、取证产生的各种律师费用，或者为了争取诉讼利益、竞争利益产生的其他律师费用损失。另外，还要考虑到 IDC 公司侵权行为的性质，主观过错的程度以及给华为公司组成损害的严重性，在综合以上费用计算后，酌定 IDC 公司赔偿华为公司垄断民事侵权的损失为 2000 万元人民币。二审时，广东省高级人民法院就此情况维持了一审的判决，对于损失赔偿金额的认定理由是：诉讼双方原告华为公司和被告 IDC 公司都没有提供相应证据证明 IDC 公司侵权是由华为公司造成的，并且没有提供证据证明 IDC 公司由于侵权行为实际获得了利益，原审法院综合案情的相关情况，考虑到 IDC 公司的侵权行为性质、主观过错程度以及侵权持续时间和华为受到损害的各种情况，并考虑到华为公司因为调查此案所花费的调查的合理支出费用。一审和二审法院在确定 IDC 公司的赔偿数额时，由于双方没有证据支持，回避了对垄断行为的损害赔偿数额的计算问题。在竞争利益方面应该考虑侵权行为的性质、主观过错程度的严重性。因此，二审法院对事实的认定也基本与一审法院的判决相同，这就说明在分析对竞争利益的损害考量过程中主要是考虑被损害方的实际损失和损害方的实际获利两个方面，司法机关对于反垄断的民事赔偿问题根据《侵权责任法》规定的几种侵权损害责任的方式来进行个案处理。这个案件就明确反映了反垄断案件与侵权法之间的衔接问题。事实上，在司法实践中，涉及反垄断的案件也当然地可以适用侵权责任法。

（3）涉外垄断行为关于侵权行为地和结果地的认定问题。[1]涉外垄断行为可能发生在多个国家，因此侵权行为地和结果地可能会造成法律上的不确定性，这就给案件的审理带来了一定的难度。根据涉外侵权责任的冲突规则，我国通常是以行为结果地确定为连接点，若涉外垄断行为的构成要件发生在其他国家，有可能会导致与其他国家发生管辖权冲突，当事人维护自身利益的难度就会增加。所以，民事侵权案件管辖认定直接影响当事人是否能够最终得到民事救济。欧盟法律明确规定了"侵权行为的一般冲突规则"，[2]从而形成了国际反垄断法案件中民事侵权责任法律适用的特殊规定。所以，我国可以吸取欧盟的规定，在涉外民事案件的侵权责任中对案件审理的连接点做出规定。

（4）关于诉讼时效的适用。反垄断法案件中关于侵权部分诉讼时效的规定适用于《民法通则》。《民法通则》规定了侵权行为的诉讼时效为2年。《反垄断民事案件司法解释》第16条对诉讼时间做出了规定，由于垄断行为产生的赔偿请求权的诉讼时间是从原告知道或者应当知道权益受到侵害之日起计算。诉讼时效的计算可以有以下三种情形：第一，如果反垄断执法机构是以收到举报的方式决定对垄断案件展开调查，那么时效的计算应该是从执法机构收到举报之日起中断。第二，经过执法机关对垄断案件调查，反垄断执法机构决定采取不立案，撤销案件等决定，自原告知道或者应当知道之日起重新计算。第

---

〔1〕　于馨淼：《欧盟反垄断法域外适用研究》，法律出版社2015年版，第281页。

〔2〕　Christian Handig, Neues im Internationalen Wettbewerbsrecht – Auswirkungen der Raom Ⅱ–Verordnung, GRURInt 2008, p. 28.

三，若反垄断执法机构对垄断行为进行认定，那么诉讼时效从反垄断机构的处理决定发生法律效力之日起重新计算。除此之外，还有特殊的规定，如果垄断行为持续时间已经超过 2 年，原告提起和主张的损害赔偿事由只能自提起诉讼之日起向前推 2 年计算，这就是说，原告可以主张赔偿金额只针对最近 2 年垄断行为造成的损害或者行为人实际获利的情形。

第三节　加强国际执法与合作

域外效力的产生必然引发世界各国的现实冲突，从国际执法与合作的角度寻找化解效力冲突的途径，通过借鉴美国反垄断执法与合作的模式，实现我国在反垄断法中的国际合作具有很强的现实意义。

一、域外效力的产生导致国际冲突

（一）反垄断实体法和程序法上的差异性带来冲突隐患

首先，各国法律基础的不同，给执法带来了冲突隐患和效率损失。各国反垄断实体法在制定和实施过程中必然要受到立法者的影响，而立法者又同时受到统治者的利益影响。因此，其制定的法律必然是为了满足本国利益的需要，各国利益倾向有所不同导致实体法规则也存在差异，导致针对同一个限制竞争行为，各国的反垄断机构可能作出不同的裁决，从而引发国际矛盾与冲突。基于法律基础和法律认识上的不同，各国实体法在涉外垄断行为的规制上也存在巨大的差异，这种差异性只能通过国际合作的模式尽量避免，但是不可能消除。

其次，由于各国法律程序存在差异，导致各国反垄断法域外适用存在明显冲突。有些学者主张对一国领域发生的经济行为采取调查取证或者执行措施，在这些程序的适用中会引发两国之间的冲突，这种冲突主要集中在政治、经济领域，从而导致反垄断法存在不稳定性。[1]各国调查取证的程序方式、证据的认定与采纳均存在诸多不同；执行措施也同样面临这样的问题，针对同一行为我国与外国反垄断法可能采用不同的程序措施。在主张域外适用的同时可能对同一个国际垄断行为适用的实体法和纠纷的解决程序均不同。例如，在滥用市场支配地位和企业合并管制规则上，美国反托拉斯法认为企业获得优势地位并不是违法的，但是该行为在欧盟法中则表现为企业要承担该种责任。还比如，在对涉外垄断行为优势地位的规制上，美国执法机关通常采用的是事前预防的机制，但是有些国家采用的则是事后救济的机制，对合并后形成的优势地位存在不同的处理方式，也会造成国家间的冲突规则。不同的程序规则如何有效避免该冲突则需要加强国际执法与合作。所以，各国反垄断实体法和程序法上的差异性可能导致各国在域外效力的发挥上产生冲突，引发国际纠纷。

（二）反垄断法惩罚机制上的差异性带来违法认定上的不同

各国在涉外垄断行为惩罚机制上存在诸多不同，从而导致垄断行为在违法认定上存在一定的差异性。例如，对同一个限制竞争行为，美国反托拉斯法通常认为，对于卡特尔的行为，不但要处罚实施该行为的企业，还要对实施该违法行为具有主要责任的个人给予处罚。但是，很多国家并没有对个人承担责任的问题给予特殊的规定。这种法律机制上的差异直接反映了一国反垄断法的执法理念。因此，其涉外垄断行为在惩罚机制上的差别可能会导致对违法行为的判定有所不同。另外，如果

---

〔1〕刘宁元主编：《比较法视野下中国反垄断法运行机制研究》，法律出版社2015年版，第393页。

在跨国公司的并购过程中造成了限制竞争的状态并对他国造成了一定影响，那么受害国和受益国之间在行为性质认定上便会出现矛盾，对涉外垄断行为的执行最终还是要归结到惩罚机制上，并且这种差异难以避免。各国基于自身利益考虑从而导致惩罚措施不同，进而造成国际上的冲突。

（三）各国域外适用法律政策目标的差异导致潜在冲突

首先，目前世界各国反垄断法的政策主要有三种表现：第一种表现为以美国为主的单边主义国家，作为法律的输出国，通过效果原则的理论，强调本国法在国际垄断案件中的适用。第二种表现为欧盟的理论，通过在国际规则中制定相应的准则，采取多边协议合作或者国家执法合作的模式强调竞争法的国际协调，以该种方式促进达成国际上的共识。在该政策目标的指导下，如果采用单边的反垄断法域外效力规则，再加之市场发展状况的不同，经济结构的不同所导致的职能上的差异就会导致在域外效力实现过程中产生冲突。[1]

其次，各国的反垄断法都具有一定的公法性质，体现了各国的竞争政策。竞争政策决定了各国的反垄断法域外效力适用存在差异，并且在对涉外垄断行为性质的认定中，会表现出忽视他国政策（甚至是牺牲他国利益）提升本国福利的倾向。特别是发展中国家与发达国家在经济实力上较为悬殊，国内对反垄断法的重视程度也存在差异，那么对于国际竞争环境下的涉外垄断行为，各国当然会存在截然不同的处理态度。例如，欧盟国家积极主张在 WTO 规则中建立反垄断法纠纷解决机制，形成统一的国际竞争规则。但是，美国则认为在 WTO 规则体系中建立该制度有可能仅形成针对成员国的最低标准，造成国际竞

---

〔1〕 颜海燕："发展中国家在竞争法国际协调中的路径选择"，载《山西省政法管理干部学院学报》2010 年第 3 期。

争法律制度发展标准的倒退，若各国在反垄断法制度发展中参照该标准，则会导致国内法的发展也受到影响。但事实上，这种理念上的冲突是由一国法律政策的目标所决定的。

所以，基于各国法律政策上存在的差异性，我们可以看出，法律政策上的不同也会引发域外效力适用过程中的差异，从而导致国家之间的冲突。

二、国际执法与合作是化解冲突的重要途径

（一）反垄断法性质的特殊性加大域外适用的难度

首先，反垄断法公法私法化的性质决定了在域外效力产生的过程中，其受到的阻碍远大于其他法律。因此，在实践中，反垄断法域外效力很有可能被各国立法者和执法者所排斥，其效力具有不确定性，需要各国的承认。对于同一涉外限制竞争行为，在选择适用哪一国法律的问题上会引发争议，从而需要通过国际执法与合作减少各国反垄断法的摩擦。基于反垄断法公法性质的特殊性，其主权性质也强于一般私法，所以给反垄断法的域外适用制造了很大的困难，并且这种自由建立与选择的结果，必然会导致相关国家在立法过程和法律实施过程中表现出具体的差别，从而引发管辖权等方面的冲突。因此，为了能够保障一国反垄断法域外效力的有效实施，必须通过加强国际执法与合作的途径以实现反垄断法的实施。[1]其次，目前我国反垄断法主要采用的是效果原则，我国反垄断法的公法性质直接反映了我国的竞争政策。基于国家利益的考虑，我国对涉外限制竞争行为的规制也具有一定的政策倾向性，是否能被他国接受与承认则需要通过国际执法与合作的有效途径去解决。

---

〔1〕 刘宁元：《反垄断法域外管辖冲突及其国际协调机制研究》，北京大学出版社 2013 年版，第 145 页。

并且，国际执法与合作不但可以有效地遏制国家间的垄断行为，还可以尽量缓解反垄断法的摩擦与冲突。所以，我国也只有通过加强与他国在反垄断法上的国际执法与合作，才能提高我国反垄断法在域外案件中适用的概率，扩大适用的范围。因此，尽管反垄断法在性质上具有公法的特殊性，但是如果我国能够与他国加深国际执法与合作，则可以通过该途径使我国反垄断法在国际限制竞争行为中得到广泛适用。

（二）现实冲突催生国际执法与合作

国际执法与合作的主要目标是化解各国在国际社会中由反垄断法域外适用造成的国家冲突。由于该冲突主要表现在域外管辖上，所以如果想要有效地解决由管辖权带来的冲突，则需要国际执法与合作。世界各国目前对域外效力引发的冲突一般是通过友好协商、沟通协调等方式加以解决。更多的国外经济主体看到了境外市场具有很强的拓展空间，国家之间若能够积极地沟通和协调，在实践中倡导积极合作与互动，可以通过积极礼让原则等国际原则避免主权侵犯，或者造成更多不利于国家不稳定的问题。但是，域外效力产生的冲突的确会对本国经济造成难以避免的不良影响，所以必须清晰地认识到关于主权和国际关系的问题从起源上来说都是不可避免的，因此应该将目标转移到有效执法与合作的维度中。

（三）国际执法与合作正在从避免冲突向有效执法转变

首先，通过前文对欧盟、美国等发达国家和地区国际合作模式的分析，从相关经验上进行梳理，我们可以看到国际合作实践对化解反垄断法域外效力的因素发挥着极为重要的作用。在目前的经济发展中，各国为了使自己的反垄断法得到有效执行，必须寻求与其他国家的合作。基于此目的，各国的重心已经从单纯地考虑维护国家利益而化解冲突，向积极探索国际合作从而维护国际竞争秩序的目的转变。并且，事实证明，各个国家之间需要反垄断法域外适用的合作与沟通，才能在全球竞争共同进步的进程中，更有效地保障我国的主权和经济利益。

其次，世界各国也在不断调整自身对反垄断法域外适用的法律规则与政策，从化解冲突到自我法律调整均体现了各国反垄断法的国际合作。无论是维护国内还是国际市场秩序，反垄断法的最终目的都是保护其他经营者的正当权益，同时也反映出了反垄断法的私法特征，反垄断法的私法效力就此体现。目前，为了能够加强国家和区域之间的执法与合作，维护公平的国际竞争秩序，世界各国主要加深国际组织间的联系，利用双边或者多边合作的方式，提升国际组织处理国家间纠纷的能力，通过订立条约、备忘录、双边合作协议和多边合作协议，将国家主权让渡给国际组织，由国际组织统一规制限制竞争行为。在此情况下，各国反垄断法的域外效力就能够得到更好的发挥。

因此，我国必须通过国际执法与合作的方式，减少国家间的矛盾冲突，并且达到规制涉外垄断行为的目的，从而实现我国保护民族产业的目标。

三、制定国际执法与合作的具体规则

加强我国反垄断法对境外案件的域外规范效力，促进多边国际执法与合作势在必行。反垄断域外管辖的本质是保护本国经营者的利益，一国基于主权性质，对国内的垄断行为享有管辖权。近些年，垄断行为已经不局限于一国境内，对于涉外的垄断行为，如何加深世界各国的合作与协调成了反垄断法化解域外冲突的重要内容。目前来看，无论是传统的合理管辖原则，还是目前所提倡遵循的效果原则，都说明国际执法与合作对解决跨国反垄断国际争端具有重要的意义。

（一）借鉴美国《国际执法和合作反托拉斯指南》的规定

美国《国际执法和合作反托拉斯指南》的主要目的是为国际反垄断合作执法提供指导。联邦贸易委员会和司法部于 2017 年 1 月 13 日发布了修订后的《国际执法和合作反托拉斯指南》。这个指引更新了《1995 年国际业务反托拉斯执法指南》的内容，并就涉及该机构国际执法政策的问题以及该机构的相关调查的内容做出规定，阐明了与外国政府的合作等问题，为从事国际活动的企业提供了指导。修订后的准则反映了反垄断执法在全球化经济中的重要性日益增强，各机构在政策和调查事项上与外国当局合作的承诺。美国司法部反垄断部负责代理助理司法部长雷纳塔·黑塞表示，该指南主要是通过减少跨国界的反竞争行为带来的与外国贸易产生的不利影响，指导反垄断执法行为，以保护美国的消费者和企业。FTC 主席伊迪丝拉米雷斯阐述了制定该指南的重要目的在于解决美国的反垄断执法机构在执行美国反托拉斯法时经常涉及美国以外活动的问题，越来越需要与国际同行进行合作。[1] 因此，需要发布该指南用于指导目前采取的国际执法政策和相关调查工具以及合作方式。

新颁布的《国际执法和合作反托拉斯指南》增加了国际合作的章节，涉及各机构的调查工具、保密保障措施、合作的法律基础、交换信息的种类和放弃保密、补救措施和刑事调查中的特殊考虑因素。更新了美国反垄断法适用于涉外商事、外贸反垄断改善法、外国主权豁免、外国主权强制、国家主权的讨

---

〔1〕 其英文表述为："He Federal Trade Commission and Department of Justice today issued revised Antitrust Guidelines for International Enforcement and Cooperation. These guidelines update the 1995 Antitrust Enforcement Guidelines for International Operations and provide guidance to businesses engaged in international activities on questions that concern the agencies' international enforcement policy, as well as the agencies' related investigative tools and cooperation with foreign authorities."

论。从其第五章专章规定的反垄断法国际合作的内容来看，主要有以下几个方面的内容：

（1）反垄断法国际合作的宗旨。该指南第五章明确了反垄断法国际合作的宗旨，即在全球经济环境下有效执行美国反托拉斯法，并与外国执法机关合作。各执法机构致力于与外国政府就政策和调查事宜进行合作与磋商。这种合作有助于实现实质性执法标准的趋同，在良好的经济基础上推进消费者福利、程序公正，增强透明度和对各方的非歧视待遇。如上所述，以上内容是对竞争法、政策和程序采取一致的调查方法。通过机构的合作解决在实践中出现的重要实质性和程序性问题，使国际执法和实践符合这些准则。国际合作可以促进更有效的合作以及对竞争结果的调查。它可以改进实质性的分析和程序，并确保调查和补救措施尽可能一致和可预测改善结果，并减少企业开展业务的不确定性。任何一个机构审查一个在美国以外的司法管辖区都可能引起竞争关注的案例，它可能会咨询有关外交部门就此事进行协调，配合反垄断执法机构进行平行调查。[1] 如上所述，合作可以包括广泛的实践，从发起非正式讨论并通知合作当局到调查的不同阶段，详细地讨论实质性问题、交换信息、两个或两个更多的机构的参与、协调补救设计和实施等内容。[2]

---

〔1〕　其英文表述为："An Agency may continue that cooperation when either it or the foreign authority has closed its investigation. The Agencies may also engage in general discussions with foreign authorities on matters in which only one authority has an open investigation."

〔2〕　其英文表述为："The Agencies do not conduct "joint investigations" with foreign authorities；neither Agency exercises control over foreign authorities regarding their investigations, nor accepts direction from foreign authorities regarding its own investigations. The Agencies, however, do cooperate with foreign authorities conducting parallel investigations. "[R]obust information-sharing and cooperation across parallel investigations" do not transform multiple parallel investigations into a joint investigation." United States v. Getto, 729 F. 3d 221, 231 (2d Cir. 2013).

（2）细化了国际合作的程序问题。首先，该指南在调查与合作一节中明确了越来越多的调查内容涉及行为、实体、个人和位于美国以外的信息。并且，这些调查要与外国反垄断执法机构合作，符合指南中的某些调查手段以及补救措施。调查工具的内容，主要是在切实可行且符合执法目标的情况下，执法机构可以要求各方和第三方自愿提供文件，采访或提供与调查有关的其他信息。这些请求可能会寻求位于美国境外的文件或信息。具体来说，执法机构可能会通过民事调查需求或传票强制获取文件或信息。[1]其次，在保密一节中，指南明确提出，执法机构在执法活动中获得的来自企业和消费者的非公开信息比较敏感。各机构应该认识到保护敏感的非公开信息的重要性。再次，在合作的法律基础一节中，美国反垄断执法机构与外国执法机构合作的权力是其内在的行动能力。[2]联邦贸易委员会和

---

〔1〕其英文表述为："The Department may issue CIDs pursuant to the Antitrust Civil Process Act, 15 U. S. C. § 1312, and the FTC may issue CIDs and subpoenas pursuant to the FTC Act. Id. § § 49, 57b-1 (c). In merger investigations, the Agencies utilize the mechanisms of the HSR Act to gather information from parties. Id. § 18 (a). See also U. S. Dep't of Justice, Crim. Resource Manual § 279 (discussing availability of subpoenas reaching individuals and evidence located abroad)."

〔2〕For example, the United States or the Agencies have bilateral cooperation agreements with eleven jurisdictions or competition agencies: Germany (1976); Australia (1982); the European Union (1991); Canada (1995); Brazil, Israel, and Japan (1999); Mexico (2000); Chile (2011); Colombia (2014); and Peru (2016). The Agencies also have entered into memoranda of understanding with the Russian Federal Antimonopoly Service (2009), the three Chinese antimonopoly enforcement agencies (2011), the Indian competition authorities (2012), and the Korea Fair Trade Commission (2015). These arrangements are available at https://www. justice. gov/atr/antitrust-cooperation-agreements and https://www. ftc. gov/policy/ international/international-cooperation-agreements. Multilateral arrangements include the Recommendation of the OECD Council Concerning Co-Operation on Competition Investigations and Proceedings, and the ICN Framework for Merger Cooperation. Org. for Econ. Co-Operation & Dev., Recommendation of the OECD Council Concerning Co-Operation on Competition Investigations and Proceedings (2014),

司法部以及每个国家都有自由裁量权，都可以获取执法利益。双边和多边合作可以促进执法机构按照要求制定并提供关于特定类型调查合作的文件。[1]最后，在信息交换的类型和保密的豁免中，如果在美国进行反垄断调查的交易或行为也是由外国当局调查，部门或委员会可能会在一定权限范围内与外国的执法机关分享相关的公开信息。[2]

综上所述，美国颁布的《国际执法和合作反托拉斯指南》十分细致地规定了反垄断法国际合作的各方面事项，对我国的反垄断法域外法律体系建设具有积极的指导意义。

（二）我国积极参与国际执法与合作

我国积极参与国际执法与合作的主要途径是与其他国家签订反垄断合作协议，在协议中明确约定双方合作的具体事项、案件调查与执行的程序，以及双方国家对各国判决的承认与执行。在签订协议中应该注意以下几个问题：

1. 明确反垄断执法机构间合作协议签署的主体

促进我国与其他国家的反垄断执法合作。由于我国执法机构呈现出多元化的设置，所以容易造成权力分别配置、监管失衡的局面。我国反垄断域外合作该由哪个机构主要负责？在签订协议时签订主体如何确定？这些问题都是十分不明确的。美国在反垄断对外合作中，主要是由反托拉斯局负责对限制竞争行为的诉讼、调查，由联邦贸易委员会和司法部负责签署对外的

（接上页）http://www.oecd.org/competition/international-coop-competition-2014-recommendation.htm；Int'l Competition Network，Framework for Merger Cooperation（2012），http://www.internationalcompetitionnetwork.org/uploads/library/doc803.pdf.

〔1〕　See 15 U.S.C. § 18a（h）．

〔2〕　其英文表述为："The types of relevant publicly available information that the Agencies may share with foreign authorities include background information regarding a particular industry or company and public records，such as court or securities filings."

合作协议。两个机构职责明确、分工到位。所以，中央级别的三大机构和反垄断执法机构应该是既互相联系又互相独立的。在对外签订反垄断执法合作协议的过程中，能否将其职权统一划归到一个机构，或者将反垄断域外合作执法职权明确设置在同一个部门？这些问题都反映了反垄断法合作主体难以确定给执法带来的困难。这种困难一时难以解决，但是它直接影响着国际合作的进展和深入程度，所以，从长远来看，行权主体不明晰是摆在执法机构面前亟须解决的问题。因此，反垄断委员会可以发挥它的指导作用，统一执法机构的意见、理清执法机构职责，形成合力共同对外签署合作协议。

2. 明确反垄断域外合作协议中的程序性规定

从司法实践的角度来看，我国在反垄断法域外合作的规定都是较为原则化的，也是相对简略的。因此，可以通过在反垄断法合作协议中引入信息交流制度，以完善合作协议中的程序性规定。

首先，在执法合作中推进信息交互原则。所谓信息交互是指在双方反垄断执法合作中，及时告知彼此与他国利益相关的反垄断政策和法律信息。信息的互通有无对反垄断法域外合作可以起到至关重要的作用，它不仅提高了一国反垄断机构在境外执法的效率，还为执法国在调查取证同时考虑行为地国法律提供了一定条件，可以尽量减少对他国的影响。但是，如果涉及保密性质的信息，则需要行为地国的同意。[1]在1991年美国与欧盟的合作协议中，缔约国双方十分重视信息交流、定期会晤，并且明确了双方对反垄断政策及时通告的义务。2011年签订的中美合作谅解备忘录约定，双方每年都有重大利益信息的

---

[1] 吴津：“欧盟竞争法双边合作协定的礼让模式研究”，载《法治论丛》2006年第3期。

交互。另外，在著名的"两拓合并案"[1]中，我国与日本机构通过对信息的互相传递与交流，促进了共同利益的实现。各个国家之间的信息交流与沟通，不但能够为更好地开展执法合作打下基础，而且也可为我国的反垄断法执法机构提供宝贵的学习机会，从而提高反垄断执法效果。

其次，反垄断法域外执行的程序。我国可借鉴美国所采用的互通制度，运用该制度的主要目的是通过国家间的相互告知和提前沟通，减少管辖权冲突，以便于受害人能够通过民事途径保护自身利益。这要求当事国在反垄断调查之前要及时、主动地通告另一国。例如，美国司法部和联邦贸易委员会之间就搭建了联络部门，该部门就是专门负责在垄断案件的调查之前就在当事人之间进行沟通，并且结合具体的案件，对相关领域的竞争环境进行调查。采用该制度有利于执法机构尽早掌握垄断案件的情况，了解案件产生的各方面原因，以及垄断行为所影响的范围。

最后，逐渐细化反垄断国际合作协议中的程序事项。目前，反垄断法国际合作协议约定的事项都较为原则化，细化合作协议的内容有利于司法实践的执行。因此，在国际合作协议中应该明确约定合作的事项、涉外垄断法律冲突化解的方式、法院地选择的问题。如果各国之间互动协调，那么应该确定一国中哪些机关可以参与到国际反垄断法的合作与执行中，这也会牵扯到各国执法机关应该如何履行程序。

3. 制定国际反垄断合作协议中注意的几个问题

从立法和执法层面看，我们必须意识到在借鉴国家和地区经验、重塑我国反垄断法立法和执法规则体系时应该注意以下

---

〔1〕 "'两拓'合并案或成中国反垄断第一案"，载和讯网：http://news.hexun.com/2008-07-29/107786587.html，最后访问日期：2018 年 1 月 6 日。

几点：

首先，在国内规制和国际合作层面，应该对限制竞争行为进行定性，明确其行为属于域内还是域外。若具有涉外性，则应该在争取维护我国国家利益的同时，考虑他国的竞争政策，进而更好地达成国际合作。所以，在规则的制定过程中，也应该对各国的法律予以尊重，只有在尊重的基础上才能与外国达成更多的合作。因此，国际执法与合作的规则也必须确立与外国执法机构充分协商的模式。

其次，制定国际合作协议的主要目的是加强反垄断的执法力度，落实我国反垄断法的域外效力，可以借鉴美国的做法，分章节细化合作的主要事项。我国在国际执法与合作中必须针对所面临的具体问题进行细化，从而使规则具有针对性，特别是在化解冲突的程序和措施上，应该在尊重各国的基础之上明确规则。

最后，基于目前国际已有的框架体系（例如 WTO 框架、经济合作组织、区域合作组织等），我国应该借助其形成反垄断合作，通过这些国际组织将自身对国际竞争政策的理解和想法贯彻其中。将国际反垄断执法合作的理念通过国际组织传递给其他国家，并与这些国家通过签订协议的模式形成法律上的约束力，以寻求建立跨国垄断纠纷解决机制。

综上所述，我国反垄断法域外效力的制度完善不但要合理运用效果原则和国际礼让原则，引入反垄断法豁免原则，还要搭建国内反垄断法域外效力体系，完善国内反垄断法域外效力的立法结构，借鉴美国与德国执法机构的设置，强化反垄断域外效力的执法力度。同时，通过确定反垄断执法机构间合作协议签署的主体、明确反垄断域外合作协议中的程序性规定来搭建国际平台。

反垄断法域外效力的产生是经济全球一体化、国际竞争秩序的需要，具有一定的社会、经济和法律基础。域外效力产生的主要目的是弥补反垄断法域内效力之不足，它是法律效力在实践中发展的必然选择，也是各国实现反垄断法立法目标的重要途径。反垄断法域外效力主要适用于跨国并购、国际卡特尔和出口卡特尔行为。它是在效果原则、国际礼让原则和合理管辖原则基础之上的进一步发展。当前，世界各国对反垄断法域外效力的接纳程度不同，能否承认与接受一国反垄断法域外效力主要取决于各国对政治关系和经济利益的考量。法律文化、法律意识以及执行标准上的差异也直接影响了各国对域外效力的接受态度。为了能够化解域外效力产生的各方面冲突，我国必须积极推进双边合作模式，探索区域组织合作模式的发展。

基于对我国垄断协议、滥用市场支配地位和经营者集中的案例分析，我们可以看出，现阶段我国反垄断法域外效力适用面临着法律意识缺失、执法机构分工不明、实体性法律规范薄弱和反垄断国际执法合作不足等问题。为了应对这些问题，必须合理使用效果原则，积极倡导国际礼让原则，并且引入反垄断法豁免原则；完善我国立法体系，增加民事救济途径，强化执法力度，重构国内反垄断法体系，加强国际执法与合作，最终建立和完善我国反垄断法域外效力体系。

参考文献

一、中文部分

（一）著作及编著类

1. 刘宁元、司平平、林燕萍：《国际反垄断法》，上海人民出版社 2009 年版。

2. 刘宁元：《反垄断法域外管辖冲突及其国际协调机制研究》，北京大学出版社 2013 年版。

3. 全国人大常委会法制工作委员会经济法室编：《中华人民共和国反垄断法（条文说明、立法理由及相关规定）》，北京大学出版社 2007 年版。

4. 商务部条法司编、尚明主编：《反垄断法理论与中外案例评析》，北京大学出版社 2008 年版。

5. 王铁崖主编：《国际法》，法律出版社 1995 年版。

6. 王晓晔主编：《中华人民共和国反垄断法详解》，知识产权出版社 2008 年版。

7. 王晓晔主编：《反垄断法实施中的重大问题》，社会科学文献出版社 2010 年版。

8. 王晓晔：《反垄断法》，法律出版社 2011 年版。

9. 王先林主编：《中国反垄断法实施热点问题研究》，法律出版社 2011 年版。

10. 种明钊主编:《竞争法》,法律出版社 2008 年版。

11. 于馨淼:《我国反垄断法国际合作的模式选择》,法律出版社 2012 年版。

12. 戴龙:《滥用市场支配地位的规制研究》,中国人民大学出版社 2012 年版。

13. 戴龙:《日本反垄断法研究》,中国政法大学出版社 2014 年版。

14. 戴龙:《反垄断法域外适用制度》,中国人民大学出版社 2015 年版。

15. 白树强:《全球竞争政策——WTO 框架下竞争政策议题研究》,北京大学出版社 2011 年版。

16. 曹康泰主编:《中华人民共和国反垄断法解读——理念、制度、机制、措施》,中国法制出版社 2007 年版。

17. 程卫东主编:《中国竞争法立法探要:欧盟对我们的启示》,社会科学文献出版社 2006 年版。

18. 董红霞:《美国欧盟横向并购指南研究》,中国经济出版社 2007 年版。

19. 孔祥俊:《反不正当竞争法新论》,人民法院出版社 2001 年版。

20. 孔祥俊:《司法理念与裁判方法》,法律出版社 2005 年版。

21. 顾功耘主编:《国有经济与经济法理论创新》,北京大学出版社 2005 年版。

22. 韩德培主编:《国际私法》,高等教育出版社、北京大学出版社 2000 年版。

23. 韩立余:《经营者集中救济制度》,高等教育出版社 2011 年版。

24. 何其生:《域外送达制度研究》,北京大学出版社 2006 年版。

25. 黄勇、董灵:《反垄断法经典判例解析》,人民法院出版社 2002 年版。

26. 黄勇:《国际竞争法研究:竞争法实施中的国际冲突与国际合作》,中国友谊出版公司 2003 年版。

27. 蒋悟真:《论竞争法的基本精神》,上海三联书店 2008 年版。

28. 赖源河编审:《公平交易法新论》,中国政法大学出版社、元照出版公司 2002 年版。

29. 林彩瑜:《WTO 贸易救济瑜争端解决之法律问题》,2006 年版。

30. 刘继峰:《竞争法学原理》,中国政法大学出版社 2007 年版。

31. 刘继峰：《横向价格卡特尔法律规制研究》，中国政法大学出版社 2010 年版。

32. 吕明瑜：《知识产权垄断的法律控制》，法律出版社 2013 年版。

33. 尚明主编：《主要国家（地区）反垄断法律汇编》，法律出版社 2004 年版。

34. 时建中主编：《反垄断法——法典释评与学理探源》，中国人民大学出版社 2008 年版。

35. 尚明：《对企业滥用市场支配地位的反垄断法规制》，法律出版社 2007 年版。

36. 尚明主编：《企业并购反垄断法控制：欧盟及部分成员国立法执法经验》，法律出版社 2008 年版。

37. 尚明主编：《中国企业并购反垄断审查相关法律制度研究》，北京大学出版社 2008 年版。

38. 史际春等：《反垄断法理解与适用》，中国法制出版社 2007 年版。

39. 王中美：《以反垄断替代反倾销的法律研究》，法律出版社 2008 年版。

40. 王先林：《WTO 竞争政策与中国反垄断立法》，北京大学出版社 2005 年版。

41. 王先林：《知识产权与反垄断法：知识产权滥用的反垄断问题研究》，法律出版社 2008 年版。

42. 刘进：《发展中国家反垄断法实施机制研究》，湘潭大学出版社 2014 年版。

43. 王健：《反垄断法的私人执行——基本原理与外国法制》，法律出版社 2008 年版。

44. 许光耀主编：《欧共体竞争立法》，武汉大学出版社 2006 年版。

45. 余劲松：《跨国公司法律问题专论》，法律出版社 2008 年版。

46. 于馨淼：《欧盟反垄断法域外适用研究》，法律出版社 2015 年版。

47. 金善明：《反垄断法法益研究：范式与路径》，中国社会科学出版社 2013 年版。

48. 李胜利：《美国联邦反托拉斯法百年：历史经验与世界性影响》，法律出版社 2015 年版。

49. 潘丹丹：《反垄断法不确定性的意义研究》，法律出版社 2015 年版。

50. 韩赤风等：《中外反垄断法经典案例》，知识产权出版社 2010 年版。

51. 胡甲庆：《电信行业规制与反垄断规制法律问题研究》，中国社会科学出版社 2012 年版。

52. 刘伟：《反垄断法中的量化问题研究》，法律出版社 2012 年版。

53. 时建中主编：《反垄断法——法典释评与学理探源》，中国人民大学出版社 2008 年版。

54. 尚明主编：《主要国家（地区）反垄断法律汇编》，法律出版社 2004 年版。

55. ［德］魏德士：《法理学》，丁晓春、吴越译，法律出版社 2005 年版。

56. 叶卫平：《反垄断法价值问题研究》，北京大学出版社 2012 年版。

57. 王先林：《中国反垄断法实施热点问题研究》，法律出版社 2011 年版。

58. 孔祥俊：《反垄断法原理》，中国法制出版社 2001 年版。

59. 万江：《中国反垄断法：理论、实践与国际比较》，中国法制出版社 2015 年版。

60. 吴越：《经济宪法学导论——转型中国经济权利与权力之博弈》，法律出版社 2007 年版。

61. 李昌麒主编：《经济法学》，中国政法大学出版社 2002 年版。

62. 王晓晔：《王晓晔论反垄断法》，社会科学文献出版社 2010 年版。

63. 赵维田：《世贸组织（WTO）的法律制度》，吉林人民出版社 2000 年版。

64. ［德］瓦尔特·欧肯，《国民经济学基础》，左大培译，商务印书馆 1995 年版。

65. ［比］保罗·纽尔：《竞争与法律：权力机构、企业与消费者所处的地位》，刘利译，法律出版社 2004 年版。

66. ［比］罗伯特·特里芬：《垄断竞争与一般均衡理论》，于慕英、陈尚霖译，商务印书馆 1995 年版。

67. ［德］曼弗里德·诺伊曼：《竞争政策——历史、理论及实践》，谷爱俊译，北京大学出版社 2003 年版。

68. ［德］瓦尔特·欧根：《经济政策的原则》，李道斌译，上海人民出版社 2001 年版。

69. ［德］罗尔夫·施托贝尔：《经济宪法与经济行政法》，谢立斌译，商务印书馆 2008 年版。

70. ［法］贝尔纳·克莱芒：《自由竞争》，黄传根译，商务印书馆 2001年版。

71. ［美］穆雷·罗斯巴德：《权力与市场》，刘云鹏、戴忠玉、李卫公译，新星出版社 2007 年版。

72. ［美］戴维·格伯尔：《全球竞争：法律、市场和全球化》，陈若鸿译，中国法制出版社 2012 年版。

73. ［美］斯基·N. 希尔顿：《反垄断法：经济学原理和普通法演进》，赵玲译，北京大学出版社 2009 年版。

74. ［美］赫伯特·霍温坎普：《联邦反托拉斯政策：竞争法律及其实践（第 3 版）》，许光耀、江山、王晨译，法律出版社 2009 年版。

75. ［美］赫伯特·霍温坎普：《反垄断事业：原理与执行》，吴绪亮、张兴、刘慷等译，东北财经大学出版社 2011 年版。

76. ［美］迈克尔·D. 温斯顿：《反垄断经济学前沿》，张嫚、吴绪亮、章爱民译，东北财经大学出版社 2007 年版。

77. ［美］小贾尔斯·伯吉斯：《管制和反垄断经济学》，冯金华译，上海财经大学出版社 2003 年版。

78. ［日］村上政博：《日本禁止垄断法》，姜珊译，法律出版社 2008年版。

79. ［日］根岸哲、舟田正之：《日本禁止垄断法概论》（第 3 版），王为农。陈杰译，中国法制出版社 2007 年版。

80. ［美］马歇尔·C. 霍华德：《美国反托拉斯法与贸易法规——典型问题与案例分析》，孙南申译，中国社会科学出版社 1991 年版。

81. ［美］E. 博登海默：《法理学：法律哲学与法律方法》，邓正来译，中国政法大学出版社 1999 年版。

（二）论文类

1. 宣言：“论对跨国公司的反垄断法律规制”，载《公民与法》2014 年第2 期。

2. 李剑："中国反垄断法实施中的体系冲突与化解"，载《中国法学》2014年第 6 期。

3. 陈兵："论《谢尔曼法》域外适用制度及其启示——以美国 20 世纪 70年代成型期案例考察为基础"，载《江汉论坛》2010 年第 4 期。

4. 陈小燕："反垄断法域外适用的二元观与我国立法的完善——以'效果原则'为限"，载《湖南社会科学》2014 年第 5 期。

5. 廖伟凡："经济全球化形势下我国的反垄断法研究"，载《长春教育学院学报》2014 年第 3 期。

6. 李悦、冯宗宪："论反垄断法的域外管辖制度及对我国的借鉴"，载《经济体制改革》2013 年第 2 期。

7. 刘益灯、沈常阳："论反垄断法视野下国际并购行为的法律规制"，载《财经理论与实践》2011 年第 6 期。

8. 陈美忠、王一流："论民意与反垄断执法——以可口可乐收购汇源案为例"，载《广西民族大学学报（哲学社会科学版）》2010 年第 6 期。

9. 马存利："论我国反垄断法的域外适用制度——美国和欧盟的经验启示"，载《西北工业大学学报（社会科学版）》2012 年第 3 期。

10. 刘硕："论我国反垄断法域外适用的相关问题"，载《商品与质量》2012 年第 3 期。

11. 孙凌云："论我国反垄断法域外适用原则的选择"，载《郑州大学学报（哲学社会科学版）》2012 年第 5 期。

12. 曾国安、兰荣蓉、张河水："论中国参与反国际垄断的必要性、面临的障碍及对策"，载《学习与实践》2012 年第 4 期。

13. 刘彤："美国反垄断法域外适用的价值取向及对中国立法的思考"，载《北京工商大学学报（社会科学版）》2010 年第 5 期。

14. 陈广平："反垄断法视野中消费者利益保护问题的新思考"，载《河北法学》2008 年第 10 期。

15. 李悦、冯宗宪："论反垄断法的域外管辖制度及对我国的借鉴"，载《经济体制改革》2013 年第 2 期。

16. 黄勇等："反垄断法实施的文化维度论纲——以竞争文化、诉讼文化与权利文化为中心"，载《江西社会科学》2008 年第 7 期。

17. 黄勇等："'国家-市场'尺度下的反垄断法三十年——迈向'自治-回应'型法"，载《法学论坛》2008 年第 3 期。

18. 黄勇："中国《反垄断法》中的豁免与适用除外"，载《华东政法大学学报》2008 年第 2 期。

19. 李平："垄断行为认定研究"，载《社会科学研究》2008 年第 4 期。

20. 刘继峰："论我国反垄断法中竞争政策与产业政策的协调"，载《宏观经济研究》2008 年第 4 期。

21. 童兆洪："大陆、英美两大法系法律适用之比较"，载《杭州商学院学报》2002 年第 5 期。

22. 齐虹丽："政府规制与反垄断法的适用除外制度——以日本反垄断法中的适用除外制度为讨论中心"，载《法学评论》2004 年第 6 期。

23. 时建中："我国《反垄断法》的特色制度、亮点制度及重大不足"，载《法学家》2008 年第 1 期。

24. 史际春："《反垄断法》与社会主义市场经济"，载《法学家》2008 年第 1 期。

25. 史际春、杨子蛟："反垄断法适用除外制度的理论和实践依据"，载《学海》2006 年第 1 期。

26. 史际春、肖竹："《反垄断法》与行业立法、反垄断机构与行业监管机构的关系之比较研究及立法建议"，载《政法论丛》2005 年第 4 期。

27. 王先林："试论竞争政策与贸易政策的关系"，载《河北法学》2006 年第 1 期。

28. 王晓晔："剥削性滥用行为的反垄断管制"，载《价格理论与实践》2008 年第 10 期。

29. 王晓晔："我国反垄断立法的宗旨"，载《华东政法大学学报》2008 年第 2 期。

30. 王晓晔、陶正华："WTO 的竞争政策及其对中国的影响——兼论制定反垄断法的意义"，载《中国社会科学》2003 年第 5 期。

31. 王晓晔："入世与中国反垄断法的制定"，载《法学研究》2003 年第 2 期。

32. 郑鹏程："欧美反垄断法价值观探讨——兼评《中华人民共和国反垄断

法（草案）》第 1 条"，载《法商研究》2007 年第 1 期。

33. 郑鹏程："美国反垄断刑事政策及其对我国反垄断立法的启示"，载《甘肃政法学院学报》2006 年第 5 期。

34. 郑鹏程："美国反垄断法三倍损害赔偿制度研究"，载《环球法律评论》2006 年第 2 期。

35. 游钰、毛大春、林婉婷："反垄断法研究综述"，载《经济法论丛》2001 年第 2 期。

36. 沈敏荣："论反垄断法的域外效力"，载《山东社会科学》2000 年第 2 期。

37. 赵守东、徐旭："反垄断法在我国对外贸易中的作用及其局限性"，载《黑龙江对外经贸》2006 年第 12 期。

38. 齐爱民、何培育："涉外知识产权纠纷的法律适用——兼评《涉外民事关系法律适用法》相关规定"，载《知识产权》2011 年第 2 期。

39. 王先林："论我国反垄断立法中的域外适用制度"，载《法学杂志》2006 年第 1 期。

40. 程宗璋："国际反垄断法的若干探要"，载《内蒙古经济管理干部学院学报》2000 年第 2 期。

41. 倪振峰，王朝阳："我国不宜在反垄断法中规定域外效力"，载《长白学刊》2007 年第 1 期。

42. 陈新建："由'两拓'合资看反垄断法的域外适用"，载《改革与开放》2011 年第 3 期。

43. 周华："反垄断法实施中双边合作的法理学问题研究"，载《产业与科技论坛》2006 年第 3 期。

44. 王晓晔、吴倩兰："国际卡特尔与我国反垄断法的域外适用"，载《比较法研究》2017 年第 3 期。

45. 梅新育："中国外资并购反垄断条款的缺陷及其弥补"，载《国际贸易》2007 年第 12 期。

46. 何智慧："论经济管制立法的域外适用——兼评我国《反垄断法》第 2 条"，载《河北法学》2008 年第 10 期。

47. 张炳生、蒋敏："技术标准中专利权垄断行为的理论分析及其法律规制"，载《法律科学（西北政法大学学报）》2012 年第 5 期。

48. 仲春："标准必要专利相关市场界定与市场支配地位认定研究"，载《知识产权》2017 年第 7 期。

49. 王新生："试论反垄断法域外适用的效果原则"，载《长沙电力学院学报（社会科学版）》2002 年第 4 期。

50. 张晨田："试论中国《反垄断法》之特色与缺陷"，载《经济研究导刊》2012 年第 9 期。

51. 陈娜："搭售行为的反垄断法分析路径"，载《湖南警察学院学报》2015 年第 4 期。

52. 王清春："结构主义与行为主义反垄断法——公平和效率的博弈"，载《法制与社会》2011 年第 27 期。

53. 金善明："经济法治：政府与市场的规范逻辑"，载《江海学刊》2013 年第 5 期。

54. 慕亚平、沈虹："并非法律关系主体——跨国公司法律地位再探讨"，载《国际贸易》2002 年第 6 期。

55. 于馨淼："我国《反垄断法》条款中影响原则的设定及其问题"，载《东方法学》2012 年第 6 期。

56. 侯德红："刍议欧盟反垄断法执行"，载《科技与企业》2013 年第 9 期。

57. 王晓晔："美国反垄断法域外适用析评"，载《安徽大学法律评论》2002 年第 1 期。

58. 杨柳："论经济法的域外效力"，载《经济师》2007 年第 1 期。

59. 林燕平："论 WTO 体制下发展中国家的竞争政策和竞争立法"，载《法学》2005 年第 11 期。

60. 彭双五："专利池滥用及其反垄断规制"，载《南昌大学学报（人文社会科学版）》2012 年第 5 期。

61. 阎桂芳、刘红："滥用市场支配地位的反垄断规制研究"，载《生产力研究》2010 年第 10 期。

62. 王先林："反垄断法的基本性质和特征"，载《法学杂志》2002 年第 1 期。

（三）案例类

1. "关注微软黑屏事件：是否涉嫌垄断"，载新浪网：http://news. sina. com. cn/c/2008-10-28/155816541935. shtml，访问日期：2008 年 10 月 28 日。

2. "商务部公告 2015 年第 44 号关于附加限制性条件批准诺基亚收购阿尔卡特朗讯股权案经营者集中反垄断审查决定的公告"，载中华人民共和国商务部网站：http://www. mofcom. gov. cn/article/b/c/201510/2015100 1139748. shtml，访问日期 2015 年 10 月 19 日。

3. "商务部公告 2015 年第 64 号关于附加限制性条件批准恩智浦收购飞思卡尔全部股权案经营者集中反垄断审查决定的公告"，载中华人民共和国商务部网站：http://www. mofcom. gov. cn/article/b/c/201511/201511011 96189. shtml，访问日期：2015 年 11 月 27 日。

4. "商务部公告 2016 年第 38 号关于附加限制性条件批准百威英博啤酒集团收购英国南非米勒酿酒公司股权案经营者集中反垄断审查决定的公告"，载中华人民共和国商务部网站：http://fldj. mofcom. gov. cn/article/ztxx/201607/20160701369044. shtml，访问日期：2016 年 7 月 26 日。

5. "商务部公告 2015 年第 41 号关于变更西部数据收购日立存储经营者集中限制性条件的公告"，载中华人民共和国商务部网站：http://www. mofcom. gov. cn/article/b/c/201510/20151001139045. shtml，访问日期：2015 年 10 月 19 日。

6. "商务部公告 2015 年第 43 号关于变更希捷科技公司收购三星电子有限公司硬盘驱动器业务经营者集中限制性条件的公告"，载中华人民共和国商务部网站：http://www. mofcom. gov. cn/article/b/c/201510/2015100 1144107. shtml，访问日期：2015 年 10 月 22 日。

7. "商务部公告 2016 年第 23 号关于解除沃尔玛收购纽海控股 33.6% 股权经营者集中限制性条件的公告"，载新浪网：ttp://finance. sina. com. cn/roll/2016-06-08/doc-ifxsvexw8695984. shtml，访问日期：2016 年 6 月 08 日。

（四）网址类

1. "独占鳌头的中国跨国并购热潮：全球视角看'并购'（下）"，载和讯网：http://news. hexun. com/2016-10-09/186330059. html，访问日

期：2016 年 10 月 9 日。

2. "浅析欧盟反垄断法执行及对中国之借鉴"，载北大法律信息网：http://article. chinalawinfo. com/ArticleFullText. aspx？ ArticleId = 92541，访问日期：2015 年 10 月 15 日。

3. "12 家日本汽车零部件和轴承企业因价格垄断被罚款 12 亿"，载国际在线：http://news. cri. cn/gb/42071/2014/08/20/6891s4661136. htm，访问日期：2014 年 8 月 20 日。

4. "政府回应微软黑屏 黑屏事件的四个'有没有'"，载人民网：http://politics. people. com. cn/GB/1026/8306773. html，访问日期：2008 年 11 月 10 日。

5. "律师建议加大处罚力度 对微软罚款 10 亿美元"，载人民网：http://mnc. people. com. cn/GB/8241496. html，访问日期：2008 年 10 月 28 日。

6. "诺基亚收购阿朗终获商务部批准，但核武器专利却被雪藏"，载和讯网：http://tech. hexun. com/2015－10－20/179967633. html，访问日期：2015 年 10 月 20 日。

7. "商务部附限制条件批准美国百特收购瑞典金宝"，载中央政府门户网：http://www. gov. cn/jrzg/2013－08/13/content_ 2466376. htm，访问日期：2013 年 8 月 13 日。

8. "商务部附加限制性条件批准谷歌收购摩托罗拉移动"，载网易财经：http://money. 163. com/12/0519/20/81T76EFL00253B0H. html，访问日期：2012 年 5 月 19 日。

外文类

（一）著作类

1. R. W. Ackerman, *The Social Challenge to Business*, Cambridge, Mass：Harvard University Press, 2000.

2. Anestis S. Papadopoulos, *The International Dimension of EU Competition Law and Policy*, Cambridge University Press, 2010.

3. Chris Nooan, *The Emerging Principles of International Competition Law*,

Oxford University Press, 2008.

4. D. C. Goyder, *EC Competition Law*, 4th ed., Oxford University Press, 2003.

5. ABA Section of Antitrust Law, *Antitrust Law Development*, 7th ed., ABA Book Publishing, 2012.

6. R. W. Ackerman, *The Social Challenge to Business. Cambridge*, Mass: Harvard University Press, 2000.

7. David J. Gerber, *Global Competition: Law, Markets, and Globalization*, Oxford University Press 2010.

8. Alison Jones and Brenda Sufrin, *EU Competition law, Text, Cases, and Materials*, Oxford University Press, 2011.

9. Mitsuo Matsushita, Thomas J. Schoenbaum and Petros C. Mavroidis, *The World Trade Organization: Law, Practice, and Policy*, Oxford University Press, 2006.

(二) 论文类

1. Eleanor M. Fox, "Toward World Antitrust and Market Access", *America Journal of International Law*, Vol. 91, 1997.

2. Stanford S. "The Application of the Sherman Act to Conduct Outside the United States: A View from Abroad", *Cornell International Law Journal*, 1978, 195 (11).

3. Deniel J. Giggord, Leo J. Raskind, *Federal Antitrust Law*, Anderson Publishing Co. 1998.

4. Eleanor M. Fox, "Toward World Antitrust and Market Access", *America Journal of International Law*, Vol. 91, 1997.

5. UNCTAD, "Capacity—building on Competition Law and Policy for Development United Nations", New York and Geneva: UNCTAD, 2008.

6. Paul Krugman, "Bailouts for Bunglers", *The New York Times*, February 1, 2009.

7. Calvin S. Goldman and Mark Katz, "International Cartel Cases: A Canadian Perspective", *Antitrust*, Vol. 14, Issue 3 (Summer 2000).

8. Mayo J. Thompson, "Antitrust and the Multinational Corporation: Competition or Cartels", *International Lawyer (ABA)*, Vol. 8. Issue 3 (July 1974).

9. James R. Atwood, "Positive Comity-Is it a Positive Step?", *Fordbam Corporate*

Law Institute（1992）.

10. Won-Ki Kim, "The Extraterritorial Applicatiuon of U. S. Antiitrust Law and its Adoption in Korea", *Sigapore Journal of International and Comparative Law*, No. 7, 2003.

11. ICC, "Competition and Trade in the Global Arena", *Draft Report by the International Chamber of Commerce*, February 1998.

12. Havana Charter for an International Trade Organization, with annexes（A to P）. CTS 1948/32.

13. Mitsuo Matsushita, "Basic Principles of the WTO and the Role of Competition Policy", *Washington University Global Studies Law Review*, Vol. 3, Issue 2 （2004）.

14. Josef Drexl, "Trade-Related Restraints of Competition-The Competition Policy Apprpach", in Roger Zech, *Towards WTO Competition Rules*, Kluwer Law International, 1999.

15. Hiroshi Iyori, "Competition Culture and the Ains of Competition Law", Towards WTO Competition Rules-Key Issues and Comment on the WTO Report （1998）on Trade and Competition.

16. William S. Laufer, "Japan, Regulatory Compliance, and the Wisdom of Extraterritorial Social Controls", *Hastings International and Comparative Law Review*, Vol. 18, Issue 3（Spring 1995）.

17. Lucio Lanucara, "The Globalization of Antitrust Enforcement: Governance Issuesand Legal Responses", 9 Ind. J. Global Legal Stud. 433, 439（2002）.

18. *Bruno Zanettin Cooperaration Between Antitrust Agencies at the International Level*, Hart Publishing 2002.

19. J. Atwood and K. Brewster, *Antitrust and American Business Abroad*, New York McGraw Hill, 1981.

20. John E. Lopatka, *Missed Opportunity: The Enforcement Recommendations of the Antitrust Modernization Commission*, New York: The Antitrust Bulletin, 2008.

（三）判例类

1. United States v. American Tobacco Co. , 221 U. S. 106（1911）.

2. United States v. Aluminum Co. of Am. , 148 F. 2d 416（1945）.

3. American Banana Co. v. United Fruit Co. , 213 U. S. 347，357（1909）.

4. Hartford Fire Ins. Co. v California，509U. S. 746（1993）.

5. Timberlane Lumber Co. v. Bank of America，549 F. 2d 597，607～608（9th Cir. 1976）.

致谢

　　在本书的最后，我想要对在本书写作过程中给予无私指导和帮助的各位老师、同学和家人们致以最诚挚的谢意。

　　感谢我的博士生导师赵相林教授、杜新丽教授，本书能够完成，离不开两位导师的睿智指点。从开题到完成，两位导师不断地从选题、构思、结构、理论原理、案例支撑、写作方法、资料提供等方面进行细致入微的指导，并抽出宝贵的时间对本书中出现的问题予以悉心指导。三年以来，正是恩师对我学业上的悉心教导，以及在生活中给予我的关心、帮助、理解和支持，才使得我可以顺利完成学业。对恩师温文儒雅的人格魅力、一丝不苟的治学风范、宽容耐心的精心点拨，我都会铭记心间。

　　感谢宋连斌教授、齐湘泉教授、霍政欣教授、刘力教授的指导，他们对本书给予了难得的建议和意见，使得提纲能够精益求精，得以在更宽宏的视角下展开写作。

　　感谢我的同窗张溪瑶、张建、邵莉莉，以及师弟祁壮，师妹刘瑾。在本书写作的过程中，他们帮助我搜集资料，提出修改建议，并且为了能让我专心完成本书，协助我处理毕业的相关事宜。因为有了他们的关怀与分享，我的博士生活才呈现得丰富有趣。

　　最后，要特别感谢我的家人。感谢我的先生车海星，无论工作多么繁忙，他总是做我研究思路的第一个倾听者，为本书提出建议，后期时间紧迫，他也协助我一起校对文稿。感谢父母亲人的支持与关爱，是他们尽全力帮我分担，我才得以腾出时间静心写作，集中精力完成学业。感谢我的儿子，无论我是如何疲惫，一看到他纯真的笑脸就会立刻充满动力。在这些年的求学之路上，家始终是我最温暖的港湾，让我对未来充满期待。

　　在此，我衷心地感谢我的博士生导师教授、我的父母、爱人对于我完成本书写作的支持！